Kati Ahl

Schule verändern – jetzt!

Wegweisende Antworten auf drängende Fragen

Klett | Kallmeyer

Ich widme dieses Buch den Menschen, die mich auf meinem Weg begleitet und mich inspiriert haben: den vielen Lehrkräften, Pädagoginnen und Pädagogen, die mit Engagement und Herzblut unterrichten, und den Kindern, die mit ihrer Lebendigkeit und Lust auf Lernen meine besten Lehrerinnen und Lehrer waren.

***

Bibliografische Information der Deutschen Nationalbibliothek
Die Deutsche Nationalbibliothek verzeichnet diese Publikation in der Deutschen Nationalbibliografie; detaillierte bibliografische Daten sind im Internet über http://dnb.d-nb.de abrufbar.

Impressum

Kati Ahl
Schule verändern – jetzt!
Wegweisende Antworten auf drängende Fragen
In der Reihe *Bildung kontrovers*

2. Auflage 2021

Redaktion: Inge Michels, Bonn
Realisation: Sabine Duffens
Druck: BELTZ Grafische Betriebe GmbH, Bad Langensalza
Printed in Germany

ISBN: 978-3-7727-1412-2

Kati Ahl

Schule verändern – jetzt!

Wegweisende Antworten auf drängende Fragen

Klett | Kallmeyer

Inhaltsverzeichnis 4
Vorwort 8
Prolog 10
Einführung 11

1 Bildung für die Zukunft – welche Zukunft? **14**
1.1 Gute Schule – erfolgreiche Bildung 14
1.2 Wann ist Bildung wirksam? 14
1.2.1 Der gesellschaftliche Auftrag an Schulen 17
1.2.2 Bildung kommt immer zu spät 18
1.3 Zukunftstheorien „to go" 18

2 Heterogenitätsgerechte Schule **22**
2.1 Diversität oder: Wer sind die anderen? 23
2.2 Kooperationen als neuer Arbeitsschwerpunkt in Schulen 25
Interview mit Hans Anand Pant: zu Gast bei Humboldt in Berlin
2.3 Heterogenität gibt es überall 36
2.4 Inklusion steckt in den Anfängen 39
Interview mit Margret Rasfeld: Gespräch am Rande einer Diskussion in Frankfurt/M.
2.5 Digitale Bildung – (k)ein Themenschwerpunkt in diesem Buch 49

3 Ganztagsschule gut machen! **50**
3.1 Ganztag als „Verwahrung"? 50
3.2 Ganztag als Belastung? 51
3.3 Kindermeinungen zum Ganztag 51
3.4 Ganztag im Vergleich 53
Interview mit Brigitte Schulz: „Küchen-Talk" mit einer Kollegin

4 Standortbestimmung: Schule heute **61**
4.1 Kinder im Fokus der Gesellschaft 61
4.2 Doch, wir brauchen „Kuschelpädagogik"! 62
4.2.1 Über die Qualität pädagogischer Beziehungen 64
4.2.2 Leitungsfähigkeiten von Lehrkräften 65
Interview mit Nicole Schäfer: zum Frühstück in Mengerskirchen

4.3 Verantwortung für professionelle pädagogische Beziehungen 75
4.3.1 Beziehungen in schwierigen Konstellationen 75
4.4 Wie werden Beziehungen überprüft? 75
4.4.1 Befragung zur Qualität der Beziehungen aus Kindersicht 76
Interview mit Falk, Helene und Mala: Im Wohnzimmer entsteht eine Traumschule

5 Stärken stärken 85
5.1 Spezialisierung fördern 86
5.1.1 Talent oder Übung? 87
5.1.2 Die Bedeutung von Förderung und Forderung 88
5.2 Bewertung als Botschaft 91
5.3 Bildungsverlierer 93
5.3.1 Selektion 93
5.3.2 Overachiever und Hochbegabte besser fördern und fordern 94
Interview mit Anna: „Mein Kind ist anders" – ein Rückblick im Café

6 Nicht mehr unterrichten, sondern anders 104
6.1 Denken lernen 105
6.2 Aus Handeln wird Können 106
Interview mit Jürgen Kaube: Zu Gast in der Chefetage der FAZ

7 Veränderung ja – aber wie? 113
7.1 Veränderung als Ansteckungsprozess 113
7.1.1 Die Kraft der wenigen – eine Vision entsteht 114
7.1.2 Die Kraft der Gruppe – das kreative Feld 115
7.1.3 Die Kraft des sozialen Tanzes 115
7.1.4 Die Kraft des richtigen Moments 117
7.1.5 Pioniere und Changemaker 118
7.2 Educational governance – veränderte Hierarchie und Schulaufsicht 119
7.2.1 Meinungen zur föderalistischen Struktur in Bildungsangelegenheiten 120
7.2.2 Schulaufsicht – zwischen Kontrolle und Fürsorge 121
7.2.3 Educational governance: Merkmale 122

7.2.4 Evaluation der Wirksamkeit von Schulaufsicht – ein neues Feld 123
7.2.5 Bildungsoffensive 2040 124
Interview mit Thomas Bachmeier: ein Blick auf uns aus Südafrika
7.3 Das Change-Modell nach Kotter 132
7.4 Gute Schulleitung 133
7.4.1 Schulleitung besser vernetzen 135

8 Voneinander lernen 137
8.1 Kinder wollen lernen 137
8.2 Gehirngerechtes Klassenzimmer 138
8.3 Gute Aufgaben und das Problem mit der Sehnsucht 139
8.3.1 Problemhaltige Situationen, die sich zum Lernen eignen 141
8.4 Erkenntnisse, die wirken: die Hattie-Studie 142

9 Unterricht für die Zukunft 145
9.1 Guter Unterricht, weniger Störungen 146
9.2 Die Bedeutung von Spiel, Kultur und Bewegung für den Lernerfolg 146
9.3 Die Bedeutung von digitalen Medien für den Unterricht 147
Interview mit Ulf-Daniel Ehlers: ein Telefonat über den digitalen Mehrwert der Corona-Krise
Interview mit Andreas Schleicher: skypen mit Paris

10 „Leuchtturm"-Schulen und ihre Reichweite 160
10.1 Die Einzelschule ist entscheidend 160
10.1.1 Das geht nicht! – Oder doch? 160
10.2 Lob den Fehlern 161

11 Die Not mit der Zeit 163
11.1 Arbeitszeitbelastung konkret 164
11.2 Unterrichtsverpflichtung im Vergleich 166
Interview mit Jürgen Müller: ein Tag in der Villa Mohr
Interview mit Nils Reubke: Austausch am Abend

11.3 Partizipation als Lernprozess für alle Akteure 174
11.3.1 Partizipation durch Evaluation 174
11.3.2 Schülerparlamente und echte Anliegen 175
11.3.3 Evaluation als Rechenschaft 176
11.4 Partizipation von Eltern 177
Interview mit Kevin Saukel und Paul Harder: Schüler machen Lokalpolitik

12 Schule als gemeinsame Verantwortung 185
12.1 Schule und das öffentliche Interesse 185
12.2 Darstellung von Schulen in den Medien 187
Interview mit Olaf A. Burow: zur Vorlesung ans Telefon
12.3 Räume in Schulen – Schule als Raum 194
12.3.1 Architektur von Schulen 194
12.3.2 Räume: pädagogisch betrachtet 195
12.3.3 Bildungsräume 199
Interview mit Micha Pallesche: ein Videogespräch über die Chancen digitaler Schulkultur
12.4 Mehr Geld! – oder: Wie viel ist Bildung wert? 209
12.4.1 Staatliche und private Mittel als Bildungsinvestition 210
Auszüge aus einem Gespräch mit René Behrendt auf der Didacta: die German European School in Singapur

13 Der BETA-Zirkel als Zusammenschau 215
13.1 Der BETA-Zirkel für förderliche Bedingungen 215
13.1.1 Der BETA-Zirkel im Detail: 216
13.1.2 Der Innenkreis im BETA-Zirkel 219
13.1.3 Der Außenkreis im BETA-Zirkel 220
13.1.4 Wandel der Arbeitszeitmodelle 220
13.1.5 Autonomie und Verantwortung 221
13.2 Meine 17 Thesen auf einen Blick 222

14 Ausblick und Dank 224
15 Literatur 228

Vorwort

Dies ist kein konventionelles Buch darüber, wie man Schule verbessern kann. Es ist ein viel ehrgeizigeres Werk, das bisherige Herangehensweisen an Schulentwicklung infrage stellt. Im Gegensatz zu üblichen Ansätzen zur Reform des Bildungssystems der letzten Zeit verschreibt sich die Autorin nicht der Ideologie des „Ich weiß es besser". Vielmehr macht sie sich, nachdem ihr eine „Zukunftswerkstatt" Möglichkeitsräume eröffnet hat, auf die Suche nach Antworten auf die großen Fragen wie „Wann ist Bildung wirksam?", „Welche Zukunft hat eine Schule, die nicht mehr zu den Kindern und Jugendlichen von heute passt?", „Wie viel ist uns Bildung heute überhaupt wert?"

Fragen, mit denen die Autorin als Schulleiterin immer wieder konfrontiert wurde, die sie selbst bisher aber nie zufriedenstellend beantworten konnte. Daher hat sie sich auf den Weg gemacht, um viele Akteure innerhalb des Schulwesens wie Eltern, Schülerinnen und Schüler, Bildungsexpertinnen und Pädagogen zu befragen. Gleichzeitig wirft sie aber auch den Blick über den Zaun des eigenen Horizonts. Dabei bleibt kaum ein Thema ausgespart, das Wissenschaft und Politik global sowie lokal zu lösen versuchen. Der Autorin geht dabei alles zu langsam, daher der programmatische Titel „Schule verändern – jetzt!".

Der Titel hätte auch vor dem Hintergrund der Corona-Krise nicht besser gewählt werden können. Wir können angesichts des Aussetzens schulischer Routinen ohne Übertreibung von einer Jahrhundertchance für unser Bildungssystem sprechen. Was Maßnahmen, Appelle und Investitionen nicht geschafft haben, gelingt innerhalb kurzer Zeit durch Covid-19. Von der Hoffnung, dass sich endlich eine „Kultur der Digitalität" entwickelt, in der es um Partizipation geht und darum, Schule von Kindern und Jugendlichen her zu denken, spricht etwa ein Schulleiter im Interview mit der Autorin.

In der ersten Auseinandersetzung mit Kati Ahls Werk könnten provokante Formulierungen den Berufsstolz von Lehrkräften verletzen, aber die Autorin spricht eine Sichtweise an, die meiner Meinung nach weltweit wächst: Obwohl auf den unterschiedlichen Ebenen des Schulsystems heute die Vision vorherrscht, dass alle Kinder lernen können, werden trotzdem die meisten Kinder und Jugendlichen so behandelt, als ob sie alle auf die gleiche Weise lernen würden. Das Homeschooling in der Corona-Krise hat jedoch gezeigt – darauf verweist ein Hochschullehrer in diesem Buch – ‚dass junge Menschen zu unterschiedlichen Zeiten und an verschiedenen Orten in ihrer eigenen Art und Geschwindigkeit lernen können.

Das ist eine wichtige Erfahrung. Denn sowohl als international tätiger Forscher als auch als Politikberater in verschiedenen Ländern habe ich die Erfahrung gemacht, dass die realen Bildungsstrukturen der Vorstellung zuwiderlaufen, dass alle Schüler ihren Voraussetzungen nach lernen können: Der Unterricht ist meist immer noch in Jahrgangskohorten organisiert, die Inhalte sind in curriculare Einheiten zersplittert, die Bedeutung wird aus den Inhalten abgeleitet, die Interaktion im Klassenzimmer wird durch didaktische Orientierung mit wenig Raum für Individualität konstruiert. Verstärkt wird dies noch durch ein System der Segregation von Kindern durch gegliederte Schulsysteme und frühe Trennung nach vermeintlicher Leistungsfähigkeit.

Kati Ahl glaubt nicht an Lösungen mit einheitlichen Testvorgaben und vergleichbaren Ergebnissen. Sie verknüpft die aus den Gesprächen mit ihren unterschiedlichen Interviewpartnerinnen und Interviewpartnern gewonnenen Einsichten sowohl mit den Ergebnissen aus vielperspektivischen Publikationen und Studien sowie mit ihren eigenen Erfahrungen als Pädagogin und Schulleiterin. Daraus entwickelt sie eine Vision von „Schule als gemeinsame Verantwortung", die sie in 17 Thesen für gute Schulen mit Blick auf das Zusammenleben von morgen aufbereitet. Deren rasche Umsetzung soll verhindern, dass die visionären Gedanken nicht nur innere Bilder einer wünschenswerten Zukunft bleiben.

Vertraute Abläufe und alte Sicherheiten erschweren gewöhnlich den gesellschaftlichen Fortschritt. In der Corona-Krise lässt sich aber erkennen, wozu Lehrkräfte und ihre Schülerinnen und Schüler in der Lage sind, wenn Gewohnheiten aufgebrochen werden müssen. Sie nutzen ihre neuen autonomen Freiräume, manche wachsen gar über sich hinaus.

Kati Ahls Buch lässt sich vor diesem Szenario wie ein Entwurf für die Schule von morgen lesen. Wieweit die wegweisenden Antworten auf die drängenden Fragen veränderungswirksam werden, ist allerdings der engagierten Leserschaft überlassen, die dazu in diesem Buch jede Menge Anregungen findet.

Prof. Dr. Michael Schratz (Universität Innsbruck)
Sprecher der Jury des Deutschen Schulpreises

Prolog

Eine „Zukunftswerkstatt" öffnete mir die Augen. Ein engagierter Lehrbeauftragter an der Uni hatte sie während meines Studiums in einem Seminar angeboten. Er stellte Fragen wie: „Wie soll die Schule der Zukunft aussehen? Was hat Sie an der eigenen Schule besonders gestört oder besonders unterstützt? Wie sehen Sie Ihre Traumschule?" Im Seminar haben wir Studentinnen damals gezeichnet, diskutiert, kreativ gedacht und gemeinsam gelacht. Und wir haben uns bestärkt in dem Wunsch, gute Schule zu machen. Erst in den Vorbereitungen für dieses Buch fiel mir das Seminar wieder ein. Welche Begeisterung, welche Kraft in diesen Fragen lag! Damals hätte ich mir ein Buch wie dieses hier gewünscht als Orientierung und als Inspiration für einen langen Weg durch Schule: zuerst als Referendarin, dann als Lehrerin einer engagierten Privatschule, als Lehrerin im Gemeinsamen Unterricht (Integration von Kindern mit Behinderung vor der Inklusion), als Mentorin, als Ausbildungsbeauftragte und schließlich als Schulleiterin und Beraterin für Schulentwicklung. Wo wollen wir hin? Diese Frage geht im alltäglichen, wasserfallartigen Abarbeiten von vielen dringenden Angelegenheiten oft unter. Jetzt ist es an der Zeit, sie zu stellen!

Ich alleine kann diese Fragen jedoch nicht beantworten, daher bin ich für dieses Buch den umgekehrten Weg gegangen: Ich habe zuerst Eltern, Schülerinnen und Schüler, Bildungsexperten und Pädagoginnen befragt: Was muss sich aus Ihrer Perspektive verändern? Wie kann das gelingen? Wo fangen wir an? Die Interviews waren für mich wie eine lange Weiterbildungsreihe. Immer habe ich neue Einsichten gewonnen und Erkenntnisse wie bei einer Kette als Perle an Perle aneinandergereiht. Ich bin allen Interviewpartnerinnen und -partnern sehr dankbar für die Offenheit und die Bereitschaft, mich an ihren Erfahrungen und Erkenntnissen teilhaben zu lassen! So konnte ich das Buch erst schreiben, nachdem alle Interviews abgeschlossen waren und ich 17 Thesen herauskristallisieren konnte, wie der Wandel gelingen kann. Die gewonnene Klarheit fasse ich in meinem BETA-Zirkel für Schulen© am Ende des Buches zusammen und hoffe, dass möglichst viele Schulen davon profitieren können, weil sie konkrete, praxisbezogene und umsetzungsfähige Anregungen vorfinden!

Einführung

Dieses Buch war – zumindest in der Rohfassung – bereits fertig geschrieben, da kam der Shutdown wegen des Coronavirus und damit verbunden die Schulschließungen. Der Schulalltag musste schlagartig digital und auf Homeschooling umgestellt werden. Auch ich habe in diesen Wochen viele neue Impulse zum digitalen Lernen erhalten und bin im Nachhinein froh über diese Chance, das Buch noch aktueller zu gestalten. Trotzdem liegt der Schwerpunkt dieses Buches nicht auf der Digitalisierung des Unterrichts. Denn das trat im Gespräch mit dem Experten Micha Pallesche und Prof. Ulf Ehlers klar hervor: Die technische Ausstattung und Verlagerung der Inhalte auf mediale Plattformen allein reicht bei Weitem nicht aus, um Lernende auf das Leben im 21. Jahrhundert gut vorzubereiten!
Dass weitreichende Veränderungen in Schulen notwendig sind, darüber sind sich viele einig. Aktuell stehen Schulen nahezu täglich in der Diskussion: Rechtschreibung lernen, die Wahl der richtigen Schule, Inklusion und der Digitalpakt sind nur einige Stichworte, die immer wieder medial in die Schlagzeilen geraten; oft mit kritischem Unterton gegenüber Schulen. Auch unter den Betroffenen in Schulen selbst zeigt sich Unmut: Brandbriefe von Schulleitungen sind ebenso aktuell wie die Ergebnisse der unterschiedlichen Studien und Ländervergleiche und die Schlüsse, die von verschiedenen Seiten daraus gezogen werden.

Aber sind die Positionen wirklich so gegensätzlich? Gibt es einen gemeinsamen Nenner, welche Veränderungen dringend und welche wichtig sind? Was können wir in der anstehenden Veränderung von anderen Ländern, voneinander lernen? Und wie beginnt eine solche Veränderung eigentlich?

Denn das Bestreben, Schulen zu verändern, ist sicher fast so alt wie Schule selbst. Ursprünglich war Bildung etwas für Jungen. Eine Schule für alle wollte schon Comenius, Theologe und Pädagoge im 17. Jahrhundert, und legte damit einen Grundstein für die Schulpflicht von Jungen und Mädchen aus unterschiedlichen sozialen Schichten. Ob Reformpädagogen oder Maria Montessori, alle wollten – mit den Worten von Hartmut von Hentigs Titel gesprochen – die „Schule neu denken". Einzelne sind auf diesem Weg gescheitert, andere haben bleibende Spuren hinterlassen.

Kinder und Jugendliche leben heute in einer sich immer schneller verändernden Gesellschaft. Bildung soll sie auf die Zukunft vorbereiten, sowohl beruflich wie auch persönlich. Aber welche Zukunft ist gemeint? Und wie soll die Veränderung genau aussehen? Wer sind die Vorbilder und welche Vision für Bildung als Vorbereitung auf die Zukunft haben wir? Wie kann es dann gelingen, etablierte Strukturen eines großen Systems in Bewegung zu bringen?

Schülergruppen formieren sich und formulieren ihre Anliegen nach mehr Demokratie für Schulen, Eltern zweifeln die Autorität von Lehrkräften an und wünschen sich gleichzeitig Kooperation. Und die Lehrkräfte? Sie meistern den Alltag im Spagat zwischen Inklusion, immer größer werdender Heterogenität in den Klassen und geringen Zeit- und Personalressourcen so gut es eben geht. Wie kann da Schule innovativ gedacht werden? Wo finden wir die Kraft für große schulische Innovationen?

Dieses Buch ist eine Suchbewegung nach den notwendigen Veränderungen für Schule, die mehrperspektivisch angelegt ist. Daher habe ich unterschiedliche Vertreterinnen und Vertreter aus Schülerschaft, Elternschaft, Wissenschaft und Praxis interviewt und ihnen wiederkehrende Leitfragen gestellt. Die Kernfragen haben sich an den Kriterien des „Handbuchs Gute Schule“ (2016) orientiert und gingen darüber hinaus: Was muss sich in Schulen aus Ihrer Sicht verändern? Wie fangen wir das an? Was ist die (gemeinsame) Vision?

Und warum schreibe ausgerechnet ich dieses Buch? Habe ich denn neue Antworten auf die großen Fragen? Was ich besonders gut kann, ist, spitze Fragen zu stellen und scheinbar wenig Zusammenhängendes in einen Kontext zu setzen. So bringe ich Menschen und deren Erkenntnisse zusammen, und es lassen sich einzelne Puzzleteile zu einem größeren Ganzen zusammenfügen. Daraus entsteht für mich – und hoffentlich auch für andere – eine neue Vision für Schulen. Ich freue mich, wenn auf diesem Weg neue Impulse entstehen und sich Suchende zusammenschließen, denn zusammen können wir mehr bewegen.

Alle Bemühungen um eine gute Bildung brauchen jedoch einen fruchtbaren Boden; sie können nur gelingen, wenn Bildung endlich mehr zählt. Innovation ist nicht ohne Investition möglich und geschieht nicht allein durch die forcierte Förderung von digitaler Ausstattung in Schulen – ohne gemeinsame pädagogisch wirksame Konzeption.

Deutschland als ein Land mit aktuell steigendem Wirtschaftswachstum gibt ca. 4,2 Prozent des Bruttoinlandsprodukts für Bildung aus.[1] Damit liegt es hinter zahlreichen anderen europäischen Ländern! Können wir uns das leisten? Wie wollen wir in Zukunft leben? Für Deutschland betrachtet, ist gute Bildung ein Fundament für gesellschaftlichen Wohlstand, Gesundheit und entscheidend für die weitere gesellschaftliche Entwicklung – sie entspricht damit einer Investition in unsere Zukunft und geht alle an. Oder um es mit einem Zitat von John F. Kennedy zu sagen: „Es gibt nur eins, was teurer ist als Bildung, keine Bildung."

Kati Ahl
Frankfurt/M., im Juli 2020

1 Anteil der Ausgaben der öffentlichen Haushalte in Deutschland für Bildung am Bruttoinlandsprodukt von 1995 bis 2018. In: https://de.statista.com/statistik/daten/studie/161321/umfrage/anteil-der-oeffentlichen-bildungsausgaben-am-bip/ (recherchiert am 5.5.2020)

1 Bildung für die Zukunft – welche Zukunft?

Bevor wir uns einigen Variationen zur Vorstellung von Zukunft und einer möglichen Vorbereitung auf diese zuwenden, ist es wichtig, den aktuellen Stand in Bildungsfragen zu betrachten.

1.1 Gute Schule – erfolgreiche Bildung

In der GEO kompakt fand ich einen interessanten Artikel. Für die Psychotherapie wurde jetzt nachgewiesen, dass man ihre Wirksamkeit messen kann: „Wir können den Erfolg einer Psychotherapie heute anhand der veränderten Hirnaktivität direkt nachweisen – ein Meilenstein", schreibt Gerhard Roth, Neurobiologe (GEO kompakt, Nummer 57, 11/2018 S. 12). Das subjektive Erleben von spürbar weniger Leid und die neurobiologische Beobachtung, dass sich Gehirnaktivitäten gleichzeitig messbar veränderten, stimmten hier überein. Es lässt sich also nachweisen, dass – nach erfolgreicher Therapie und dem subjektiven Empfinden, dass das Wohlbefinden sich verbessert hat – bestimmte Gehirnregionen miteinander kommunizieren oder im Laufe der Therapie wieder entkoppelt wurden. Und ist Therapie nicht auch Lernen?

1.2 Wann ist Bildung wirksam?

Daraus lassen sich mehrere Fragen für die Bildung ableiten: Wie würde das für ein lernendes Gehirn aussehen? Ist eine Therapie einem Lernprozess ähnlich? Wann ist Bildung erfolgreich? Um diese Frage zu beantworten, müssten wir zunächst festlegen, was erfolgreiche und wirksame Bildung ist.

Ist es der Lernerfolg? Ist es das Selbstvertrauen, mit dem ein Jugendlicher die Schule verlässt? Ist es das Wissen, das dauerhaft und nachweislich abgespeichert wurde? Wie nachhaltig ist der Lernerfolg wirklich und können Noten darüber Aussagen treffen? Denn das Lernen in der Schule ist bis heute nicht immer nachhaltig. Zwar merken sich viele die Grundbegriffe des Lesens, Schreibens und Rechnens. Aber komplexe Inhalte, die insbesondere für die Abiturprüfungen gelernt werden, sind meist nicht langfristig abgespeichert. Sind nicht die **PISA-Studie** und die **Hattie-Studie** bereits valide Aussagen über die Wirksamkeit von Lernen? Aus meiner Sicht haben beide Studien viele Impulse geliefert für gelingenden Unterricht und gelingendes Lernen. Der Veränderungsprozess für Schulen, der sich daran anschließt bzw. anschließen sollte, ist allerdings zäh.

Die PISA-Studie

In der PISA-Studie werden seit dem Jahr 2000 die Kompetenzen von 15-Jährigen in Lesen, Mathematik und Naturwissenschaften und einer weiteren innovativen Domäne getestet. Ziel ist es, Bildungssysteme vergleichbar zu machen. Die Aufgabenstellungen werden in jedem Durchgang verändert.

Die Ergebnisse lauteten unter anderem,

- dass Deutschland 2000 nicht gut abgeschnitten hat, nämlich schlechter als der Durchschnitt, und auf Platz 21 aller teilnehmenden OECD-Staaten landete;
- dass soziale Herkunft und Migrationshintergrund in Deutschland einen großen Einfluss auf den Bildungserfolg haben, größer als in vielen anderen Ländern.

Im Jahr 2015 lag Deutschland über dem Durchschnitt auf Platz 16 und hatte sich deutlich verbessert. Im zusätzlichen Testbereich, ob sich die Schülerinnen und Schüler wohlfühlen, lag Deutschland 2015 ebenfalls im Mittelfeld. Gefragt wurde nach Belastung durch Mobbing, Unterstützung von Eltern und Lehrkräften. Beim Einfluss der sozialen Herkunft und des Migrationshintergrundes lag Deutschland auch 2015 immer noch über dem Durchschnitt.

Die PISA-Studie 2018 enthielt zum ersten Mal Aufgaben zur Kollaboration (kooperativ zu lösende Aufgaben). Sie fragte weniger gelerntes Wissen ab, sondern konzentrierte sich auf dessen Anwendung, zum Beispiel auf die Unterscheidung zwischen echten Fakten und Fake News oder Meinungen. In den Fächern Deutsch und Mathematik lag Deutschland leicht über dem OECD-Durchschnitt, in den Naturwissenschaften stärker. Der sozioökonomische Hintergrund hatte weiterhin deutlichen Einfluss auf den Schulerfolg.[1]

1 PISA 2018: Deutschland stabil über OECD-Durchschnitt (3.12.2019). In: https://www.bmbf.de/de/pisa-2018-deutschland-stabil-ueber-oecd-durchschnitt-10349.html (recherchiert am 5.5.2020)

Hattie-Studie

Prof. John Hattie hatte 2009 mit seinem Buch „Visible Learning for Teachers" eine international hoch beachtete Zusammenfassung von 800 Metaanalysen zu 52.600 Einzelstudien veröffentlicht. Grundlage war die Frage, welche Faktoren großen und welche geringeren Einfluss auf das Lernen haben. In einer 15-jährigen Forschungsarbeit hatte er einzelne Faktoren in Faktorengruppen gebündelt und die Effektstärken gemessen. Das Ergebnis lautete: Den stärksten Effekt auf das Lernen haben die Lehrperson und die mit ihr zusammenhängenden Faktoren. Ebenso wirkungsvoll sind die Bereiche Selbsteinschätzung der eigenen Leistung durch die Lernenden, Berücksichtigung der Kompetenzstufen nach Piaget im Unterricht und die regelmäßige Erhebung des individuellen Lernfortschritts. Besonders negativ wirken sich aus: Umzug des Schülers oder der Schülerin mit der Familie, Sitzenbleiben und hohe Fernsehzeiten (Terhart, 2014, S. 10ff.).

Der hohe Einfluss der Lehrperson wurde weiter ausgeführt in dem Buch „Visible Learning for Teachers", in welchem Hattie die Planung und den Fluss von Unterrichtsstunden sowie die Geisteshaltungen von Lehrkräften analysierte (Hattie, 2018). Um den Lernerfolg und die Einzelfaktoren für Lernen besser sichtbar werden zu lassen, hat er zahlreiche Checklisten entwickelt.

Ich möchte an dieser Stelle nicht intensiver darauf eingehen, dass Studien natürlich auch kritisiert werden und dass sie nur einen gewählten Ausschnitt einer Realität belegen. Manche Kritiker fragen zum Beispiel nach der Intention, mit der eine Studie in Auftrag gegeben wurde, und dem möglichen Einfluss der Geldgeber von Studien.

Bei aller Kritik gilt: Schulen müssen sich stets hinterfragen, wie gut sie sind und wie sie dies herausfinden können. Dies ist umso wichtiger, weil Schulen selbst sehr regelmäßig messen und bewerten und damit Schülerbiografien beeinflussen. Es ist deshalb notwendig, dass sie sich selbst in ihrer Wirksamkeit prüfen und prüfen lassen, um die sogenannten „blinden Flecken" zu erkennen und zu umgehen. Dafür gibt es unabhängige Institute, es gibt Lernstandserhebungen und Vergleichsarbeiten, Feedbackinstrumente und Eltern-/Schülerbefragungen. Was aber soll genau gemessen werden? Misst man die Lernergebnisse? Die Zufriedenheit der Schülerinnen und Schüler? Oder die Abschlüsse und Abschlussnoten am Ende der Bildungsbiografie? Es erscheint naheliegend, dass insbesondere die Abschlussnoten kaum vergleichbar sein können, da Noten keine vergleichbare und valide oder gar objektive Bewertung darstellen.

> Klaus Zierer sagt über die Aussagekraft der PISA-Ergebnisse zum Erfolg von Bildung: „Lesen, Rechnen, Schreiben, auch Naturwissenschaften sind Kulturtechniken, die den Zugang zu weiterer Bildung ermöglichen, Bildung aber nicht erschöpfend beschreiben. Wir können durchaus von PISA profitieren, wenn wir die Studie auf das zurückführen, was sie leisten kann. PISA als Momentaufnahme kann nur einen kleinen Teilbereich messen: Ethische, ästhetische oder musische Fähigkeiten beispielsweise lassen sich kaum beziehungsweise nicht messen. Oder nehmen Sie Glücksfähigkeit und Zufriedenheit. All das ist wesentlich für den Einzelnen, für das Zusammenleben einer Gesellschaft und in diesem Sinn ebenso für Wohlstand."
> (K. Zierer in NordWestZeitung, 10.1.2014)

Daran wird deutlich, dass Lernergebnisse und Noten, aber auch die PISA- und die Hattie-Studie allein nicht ausreichen, um die Wirksamkeit von Lernen und Bildung in Schulen zu messen. Befragungen sind notwendige Ergänzungen: Wie geht es den Menschen an unserer Schule? Kommen die Kinder gerne? Fühlen sich die Lehrkräfte ausgelaugt? Wo brennt es?

1.2.1 Der gesellschaftliche Auftrag an Schulen

Schon in unserem Grundgesetz ist für Schulen neben dem Bildungsauftrag ein staatlicher Erziehungsauftrag festgelegt. Näheres regeln die Schulgesetze der Bundesländer, die in ihrer Zielsetzung relativ ähnlich formulieren:

Schülerinnen und Schüler sollen zu einer freiheitlich-demokratischen Grundhaltung erzogen werden und sich zu kreativen Menschen mit Eigeninitiative entwickeln, die für sich und aus Verantwortung für die Gemeinschaft lernen. Sie sollen zu einer solidarischen, toleranten und gerechten Haltung finden und andere Kulturen und Glaubensrichtungen kennenlernen und respektieren und Konflikte lösen können. In manchen Schulgesetzen sind ebenfalls die Mitgestaltung des Schullebens als Schülerperspektive, die Verantwortung für Europa als Gemeinschaft oder der bewusste Umgang mit Medien und Informationen aufgegriffen. Die Schulgesetze lassen hier Spielraum, wie Schulen diese Ziele erreichen.

1.2.2 Bildung kommt immer zu spät

Ein weit verbreiteter Anspruch an Schule ist, dass sie Schülerinnen und Schüler auf die Zukunft vorbereiten soll. Das betrifft das Berufsleben, aber auch persönliche Kompetenzen. Wie gut gelingt das? „Die Erziehung ist aber immer rückständig. Ihr Fortschritt besteht darin, dass ihre Rückständigkeit ein wenig überwunden wird … Jede Erziehung ist in Bezug auf die erziehende Gesellschaft konservativ organisiert“ (Bernfeld, 1973, in Burow 2017, S. 9). Das betrifft nicht nur die Erziehung, sondern auch die Unterrichtsinhalte. Bis neue wissenschaftliche Erkenntnisse den Weg in die Schule, die Schulbücher, die Ausbildung der Lehrkräfte finden, vergehen mindestens Jahre, manchmal ein Jahrzehnt. Nun, da gesellschaftliche Entwicklungen noch schneller als in den letzten Jahrzehnten voranschreiten und Digitalisierung und Globalisierung den gesellschaftlichen Wandel und die Arbeitswelt bestimmen, sind noch größere Diskrepanzen zu erwarten. Aber von welcher Zukunft sprechen wir eigentlich, wenn Schule darauf vorbereiten soll?

1.3 Zukunftstheorien „to go“

Eine spontane Auswahl an Literatur zu Zukunftstheorien soll schlaglichtartig belegen, wie divergent die Vorstellungen davon sind, was uns in Zukunft erwarten könnte.

- Ray Kurzweil betont in „Menschheit 2.0: Die Singularität naht“ (2014), wie künstliche Intelligenz und neue Technologien unser Leben verändern werden. Er sagt voraus, dass sich die Lebensbedingungen und Anforderungen so stark verändern werden, dass er diesen Wandel mit der Entwicklung der letzten 20.000 Jahre vergleicht und die Überwindung der biologischen Grenzen eines Menschenlebens mittels technischer Innovation bis 2045 voraussagt.
- Ranga Yogeshwar beschreibt in „Nächste Ausfahrt Zukunft“ (2017), dass die Maschinisierung von Arbeitsprozessen zu Arbeitslosigkeit und einer größeren Schere zwischen Arm und Reich führen kann. Er stellt der Nutzung von Künstlicher Intelligenz die Gefahr von Big Data gegenüber und sagt eine grundlegende Veränderung des sozialen Miteinanders voraus. Zivilcourage und den wachsamen Umgang mit den neuen Technologien hält er zukünftig für wesentlich, wie auch die

Besinnung auf analoge Zeugnisse der Kultur. Sie sollten nicht verloren gehen.

- In „Time is honey. Vom klugen Umgang mit der Zeit“ (K. Geißler/ J. Geißler, 2017) wird dargelegt, wie sich immer mehr Menschen dem Takt der Uhr unterworfen haben und dadurch in immer stärkeren Stress und Zeitdruck geraten. Die Autoren plädieren dafür, zu einer gesünderen und qualitativeren Zeiteinteilung zurückzufinden. ›Digital natives‹ sollen selbst entscheiden, welchen Zeitstrukturen sie folgen, da das Internet durch viele simultane Prozesse den Druck der Pünktlichkeit eher wieder aufhebt. Diese neuen Zeitstrukturen haben viele in den Arbeitsprozessen und der Phase des Shutdowns im Homeoffice kennengelernt.
- „Unsere kreative Zukunft“ (D. Pink, 2008) beschreibt die Notwendigkeit, in zukünftigen Arbeitsprozessen die rechte Hirnhälfte zu nutzen. Da das Informationszeitalter gerade eine Wandlung erfährt, sei der Blick auf Gesamtzusammenhänge und die Arbeit mit der rechten Gehirnhälfte ein wichtiger Schritt. Dabei schreibt Pink der Arbeit mit der rechten Gehirnhälfte kreative Prozesse wie Kreativität, Empathie und Spiel zu, also Fähigkeiten und Tätigkeiten, die nach seiner Prognose für die Zukunft wesentlich wichtiger werden.
- Stephan Grünewald beschreibt in „Die erschöpfte Gesellschaft“ (2013), wie wir unter der Orientierung auf Leistung, Selbstoptimierung und Effizienz leiden. Dazu hat er mit seinem Marktforschungsinstitut rheingold zahlreiche Studien zur Zufriedenheit von Menschen durchgeführt. Er stellt Zusammenhänge her zwischen Leistungsdruck und einer großen Erschöpfung, die viele Menschen betrifft. In seinem Buch bietet er Perspektiven an, wie wir aus der Tretmühle des Leisten-Müssens aussteigen und Kreativität und Innovation in unser Leben bringen können. Für ihn ist eine Schlüsselqualifikation, die die Menschen zukünftig mehr brauchen, das Träumen.
- In „Die Sharing-Economy“ (B. Stone, 2017) wird dargelegt, dass die neue Start-up-Generation das Onlinesharing entdeckt hat. Es werden Onlinefirmen beschrieben, die durch charismatische Persönlichkeiten unter ihren Führungskräften zu Milliardenunternehmen aufgestiegen sind. Der umweltschonende Gedanke, Ressourcen zu teilen, scheint dabei ein Erfolgsmodell zu sein, das in der Zukunft ausgebaut werden sollte.
- In „Die glückliche Gesellschaft“ beschreibt Richard Layard (2009), dass die Messung des Wohlstands in Faktoren wie Wirtschaftswachstum

und Steigerung des Bruttoinlandsprodukts überholt seien, da sie in den letzten Jahrzehnten nicht zu einem gesteigerten Empfinden von Glück und Zufriedenheit geführt haben. Glück und Wohlbefinden der Bevölkerung sollten zukünftig gemessen werden und das oberste Ziel der Politik sein. Zur Orientierung nennt der Autor den Leitsatz des Königreichs Bhutan der 1970er Jahre: „Gross National Happiness is more important than Gross National Product." Einer von mehreren wichtigen Lebensbereichen für mehr Glück ist nach ihm die Förderung von Familien und familienfreundliches Arbeiten sowie bessere Betreuung von Kindern.

Die Liste ließe sich fortsetzen. Schließlich wissen alle nicht genau, wie die Zukunft aussehen wird und wie wir uns angemessen vorbereiten sollten. Globalisierung und Digitalisierung werden eine große Rolle spielen, darin sind sich die meisten Autoren einig. Das Sprichwort „Die Wahrheiten von heute sind die Irrtümer von morgen" (es wird Jakob Johann von Uexküll zugeschrieben) relativiert unsere Überzeugungen, die rückblickend betrachtet schon recht häufig widerlegt wurden. Ein letztes Beispiel möchte ich noch abschließend einfügen, weil es weitreichende Auswirkungen zu haben scheint und während der Corona-Krise von vielen Menschen rezipiert wurde:

– „Im Grunde gut" findet Rutger Bregman die Menschheit. Er erklärt: „Letztlich gibt es nur wenige Vorstellungen, die die Welt so sehr beeinflussen wie unser Menschenbild. Was wir voneinander annehmen ist das, was wir hervorbringen. Wenn wir über die größten Herausforderungen unserer Zeit sprechen (…) glaube ich, dass deren erfolgreiche Bewältigung mit der Entwicklung eines anderen Menschenbildes beginnt." (Bregman 2020, S. 27) Und er belegt diese Aussage mit der Entdeckung des russischen Genforschers Dmitri Beljajew: „The survival of the friendliest" als beste Überlebenschance und damit genetische Auswahl. (ebda., S. 85)

Das Menschenbild prägt auch die Vorstellung von Bildung und Lernen maßgeblich. Prägt es womöglich auch unsere Vorstellung von der Zukunft und wie wir ihr begegnen sollten?

Deutlich wird an den Beispielen zumindest, dass der Anspruch, auf die eine oder andere Idee von Zukunft vorzubereiten, ein hoher und schwierig zu erfüllender Anspruch an Schule ist. Und doch sind Überlegungen, wie Schule in dem aktuellen Wandel die Erwachsenen von morgen unterstützen kann, wesentlich. Wie kann Schule diesen Widerspruch zwischen fundamentaler Aufgabe und kaum zu erfüllendem Anspruch lösen?

OECD-Bildungsexperte Andreas Schleicher sagt in diesem Zusammenhang: „Heute müssen Schulen das weitgehend Unbekannte unterrichten: für Jobs, die es noch nicht gibt, Technologien, die noch nicht erfunden sind, Probleme, die wir noch nicht kennen." (Interview Spiewak/Schleicher, „Mit Drill allein erreicht man wenig", in DIE ZEIT, 6.6.2018) Er schlägt als Vorbereitung auf die Zukunft das „4K-Modell des Lernens" vor, welches sich an überfachlichen Kompetenzen orientiert. Diese sind: Kommunikation, Kreativität und kritisches Denken sowie Kollaboration; also Lösungen durch kollektive Intelligenz und gemeinsames Arbeiten. Schleicher spricht von „learning and innovation skills". Wir werden das Modell an anderer Stelle näher betrachten. Auch andere Zukunftsmodelle für Unterricht aus didaktischer Sicht werden betrachtet, wenn wir uns dem Unterricht konkret widmen (s. 5.1).

Zwei Schwerpunkte möchte ich wegen der großen Komplexität der Fragestellung setzen, da diese Entwicklungen bereits in Gang und daher absehbar sind: Globalisierung, die zu mehr Heterogenität der Schülerschaft führt, und die Entwicklung von Ganztagsschulen als Folge der Vereinbarkeit von Familie und Beruf.

2 Heterogenitätsgerechte Schule

Die Globalisierung als gesellschaftliche Entwicklung spielt auch in die Klassenzimmer. Nicht nur Fluchtbewegungen führen dazu, dass die Schülerschaft sehr heterogen ist. Gleichzeitig hat die UN-Behindertenrechtskonvention von 2006 mit der Inklusion als Menschenrecht eine größere Heterogenität insbesondere im Leistungsniveau ergeben. Es ist mittlerweile müßig, eine Klasse als sehr heterogen zu beschreiben, denn das sind nahezu alle Klassen, und es ist absehbar, dass die Heterogenität zunehmen wird, auch an Gymnasien. Einzige Ausnahme mögen einzelne Privatschulen oder Internate sein, die aufgrund der Gebühren nicht für alle zugänglich sind. Aber auch diese Institutionen können sich öffnen, wenn sie es wollen (s. Deutsche Auslandsschule in Johannesburg, Interview mit dem Schulleiter Herrn Thomas Bachmeier).

Damit ist Heterogenität der neue Standard, mit dem Schulen umgehen. Grundschulen sind zum Umgang mit Heterogenität besonders befähigt: Sie wurden vor 100 Jahren eröffnet, um wegen der damals neuen gesetzlichen Schulpflicht die einzuschulenden Kinder aller Familien aufzunehmen. Sie hatte also von Beginn an eine große heterogene Schülerschaft und besitzt nun einige Erfahrung, mit Heterogenität umzugehen. Das damals entwickelte selektive Schulsystem tut sich deutlich schwerer. Erst die Gesamtschulen haben hier wieder eine vergleichbare Heterogenität in den Klassenzimmern – so gesehen sind die Grundschulen die Gesamtschulen für den Schulanfang. Und doch sind mittlerweile alle Schulformen herausgefordert, der weiter wachsenden Vielfalt in den Klassenzimmern gerecht zu werden. Wie kann das gelingen? Hans Anand Pant hat in seinem Vortrag „Lehrkräftebildung für eine heterogenitätsgerechte Schule: Notwendigkeiten, Ansätze, Beispiele“ (Berlin, Heft 7/8, 11.2018) die Grundlagen zusammengefasst und die Fortbildungswünsche von Lehrkräften aufgenommen (IQB Bildungstrend 2015[2]):

Dabei haben 63,4 Prozent aller befragten Lehrkräfte Inklusion von Schülerinnen und Schülern mit sonderpädagogischem Förderbedarf, 66,4

2 Hans Anand Pant (7./8.11.2018); Lehrkräftebildung für eine heterogenitätsgerechte Schule: Notwendigkeit, Ansätze, Beispiele. In: https://www.qualitaetsoffensive-lehrerbildung.de/files/QLB-Programmkongress2018_Pant_Vortrag_07112018.pdf (recherchiert am 5.5.2020)

Prozent ebenfalls die differenzierte Förderung von lernschwachen Schülerinnen und Schülern angegeben und 55 Prozent die Binnendifferenzierung und individuelle Förderung. Hier zeigt sich also ein großer Bedarf. Heterogenität im Leistungsspektrum von hochbegabten bis leistungsschwächeren Kindern ist damit eine der größten Herausforderungen in Schulen. Das erfordert die Veränderung unterrichtlicher und schulischer Strukturen; ganz gleich, ob man Inhalte, Zeit- oder Raumstrukturen betrachtet. Hier reagieren Schulen unterschiedlich, es gibt bereits Modelle wie beispielsweise

- Lerninseln (zeitweiser Zusammenschluss von Kindern mit ähnlichem Leistungsniveau);
- Unterrichtsfächer und Förderangebote „auf Band", also zeitgleich, um verschiedene Lernniveaus anzubieten;
- Einzel- und Kleingruppenunterricht, teilweise mit Förderschullehrkräften, Integrations-Assistenz sozialpädagogischer Fachkräfte sowie anderen Helfermodellen;
- Anpassung von Lerneinheiten in anderen zeitlichen Strukturen;
- neue schulische Strukturen wie flexibler Schulanfang, Flexibilität in der Pflichtschulzeit.

2.1 Diversität oder: Wer sind die anderen?

Es gibt Strategien, wie Menschen sich zu Gruppen zusammenschließen und Gemeinschaft empfinden. Eine davon ist die Stärkung der eigenen Gruppe durch das Ausschließen anderer und durch eine gemeinsame Zuschreibung, wer anders ist und nicht dazu gehört. Manchmal erwächst daraus ein gemeinsames Feindbild, das die eigene Gruppe stärkt. Diesen Prozess nennt man „**Othering**" und er findet häufig dort statt, wo Machtverhältnisse definiert werden.

„Othering“

Beim „Othering“ wird wiederholt eine Grenze gezogen, um zu kategorisieren und deutlich zu unterscheiden zwischen einem „Wir“ und „den anderen“. Es wird also eine Gruppe als deutlich anders definiert. Edward Said erklärt, wie „das andere“ konstruiert wird unter der Annahme, dass das Eigene als normal, höherwertig und überlegen anzusehen sei. Das definierte andere wird als nichtzugehörig und anders abgewertet. Ziel ist damit die eigene Aufwertung durch die Abwertung des anderen. Als Beispiel mag man an die Lektüre „Die Welle“ von Morton Rhue denken.

Christine Riegel schreibt für den Bildungsbereich: „Sehr deutlich wurde die Involviertheit von Pädagog_innen (…). Damit ist gemeint, dass es auch entgegen einer antirassistischen Überzeugung von Pädagog_innen und trotz der Absicht diskriminierungskritisch vorzugehen, in der Bildungsarbeit und im pädagogischen Handeln zu Othering und Ausgrenzungen kommt.“[3]

Riegel beschreibt weiter, dass durch Zuschreibungen auch im Schul- und Jungendhilfebereich bestimmte Kinder und Jugendliche zum Problem gemacht werden: „Die PISA-Studien haben gezeigt, dass Geschlecht, Klasse, Ethnizität, Migration etc. große, wirkmächtige Faktoren bezüglich der Möglichkeiten und Chancen im formalen Bildungsbereich sind. Normalitätskonstruktionen (…) spielen sowohl in der Jugendarbeit und im Jugendhilfebereich als auch in der Schule eine große Rolle. Gerade in der Sozialen Arbeit ist die Unterscheidung von Normalität und Abweichung zentral, z.B. durch die Frage, wer eigentlich die Zielgruppe ist, (…) wem ein soziales Problem zugeschrieben oder wer zu einem Problem gemacht wird.“ Auch im „Index für Inklusion“ von Tony Booth und Mel Ainscow (Universität Cambridge und Universität Manchester) wird die kritische Betrachtung des „institutionellen Rassismus“ gefordert, um tatsächlich eine Schule für alle zu ermöglichen (2017, vgl. S. 60).

Deutlich wird daran, dass die heterogenitätsgerechte Schule weiterhin ein Entwicklungsschwerpunkt sein muss, insbesondere unter der Prämisse,

3 Interview mit Christine Riegel (27.2.2018): Es geht darum, Macht- und Herrschaftsverhältnisse zu hinterfragen. In: https://transfer-politische-bildung.de/mitteilung/artikel/es-geht-darum-macht-und-herrschaftsverhaeltnisse-zu-hinterfragen-interview-mit-christine-ri/ (recherchiert am 5.5.2020)

dass die gesellschaftliche Vielfalt eher zunehmen wird. Die Vielfalt bezieht sich dabei auf die Herkunft, den Sprachstand, das Lernniveau und alle anderen Faktoren, die Einfluss auf das Lernen haben. Damit wird auch deutlich, dass Lehrkräfte alleine dieser Herausforderung nicht gerecht werden: Es gibt zunehmend andere Professionen in Schulen, sodass auch die Kollegien vielfältiger werden. Diese Entwicklung ist dringend notwendig. Die sich ergebenden Fragestellungen für Lehrkräfte sind bisher nicht oder nur gering Bestandteil der Ausbildung. Sie sollten lauten:

- Wie werde ich den unterschiedlichen Schülerinnen und Schülern gerecht?
- Wer ist oder wird im Lernen benachteiligt?
- Wie muss ich meinen Unterricht dafür verändern?
- Wann überschreitet der Hilfebedarf meine Kompetenzen?
- Wie arbeite ich in einem multiprofessionellen Team?
- Wie gestalten wir schulische Strukturen, um diese Kooperation zu fördern?

2.2 Kooperationen als neuer Arbeitsschwerpunkt in Schulen

Die heutigen Lehrkräfte der Regelschulen sind in der Ausbildung nicht auf sonderpädagogische Inhalte vorbereitet worden. Viele wünschen sich daher Unterstützung durch Expertinnen und Experten. Die personellen Ressourcen sind jedoch knapp – insbesondere bei den Förderschullehrkräften, und das Recht auf Inklusion wurde umgesetzt, ohne dass vorher Strukturen zur Umsetzung dafür geschaffen wurden (s. Interviews Pant, 2.2, und Bachmeier, 7.2.5). So bleibt es weiter ein zu entwickelndes Arbeitsfeld, wie Kooperation gelingen kann.

Diese Unterstützung wünschen sich viele Lehrkräfte, aber sie erfordert auch eine Öffnung für unterschiedliche Sichtweisen und neue Perspektiven auf Menschen und Situationen. Und schließlich steckt in der Lehrerkooperation auch noch ungenutzte Ressource: Gute Absprachen, gemeinsam erarbeitete Inhalte und Vorgehensweisen können längerfristig eine echte Unterstützung und Zeitersparnis erbringen. Die Kooperation muss damit breiter angelegt sein: mit den Förderschullehrkräften genauso wie mit den anderen Professionen in Schule, im Jahrgangsteam und mit den pädagogischen Kräften der Nachmittagsbetreuung.

Hans Anand Pant beschreibt in seiner Studie zu Lehrerkooperation, wie wenig diese Ressource bisher genutzt wird und welches Potenzial sie beinhalten könnte. Demnach tauschen zwar 62 Prozent der befragten Lehrkräfte regelmäßig Lehr- und Unterrichtsmaterial mit Kolleginnen und Kollegen aus, aber nur 18 Prozent beteiligen sich an gemeinsamen Aktivitäten (wie z.B. Projekten) und gerade einmal 9 Prozent hospitieren im Unterricht anderer und geben Feedback. Während 32 Prozent Feedback über den Unterricht von der Schülerschaft einholen, planen nur 20 Prozent ganze Unterrichtseinheiten oder Projekte zusammen mit Kolleginnen und Kollegen. Während also noch ein recht hoher Prozentsatz die Form des Austauschs nutzt, werden Kooperationsformen wie Arbeitsteilung oder gemeinsame Entwicklung von Standards und Feedback zum Unterricht weniger genutzt (Ko-Konstruktion von Unterricht, vgl. Pant/Richter, S. 19). In der gleichen Studie finden Pant und Richter Zusammenhänge zwischen der Häufigkeit und Art der Lehrerkooperation, der empfundenen Selbstwirksamkeit, Berufszufriedenheit und der emotionalen Erschöpfung (ebda., S. 24). Als Fazit empfehlen die Autoren die Etablierung fester Kooperationsstrukturen, „um der neuen Vielfalt angemessen begegnen zu können“ (ebda., S. 37), aber auch zur Professionalisierung und zur Gesunderhaltung der Lehrkräfte. Dazu ist allerdings eine deutlich andere Zeitstruktur für den Lehrberuf notwendig. Hierzu ist der Vergleich unter den Bundesländern, aber auch unter den Staaten der OECD, und der Anteil an Unterrichts- und Vorbereitungszeit ein wichtiger Faktor und wird in Kapitel 11 nochmal genauer beleuchtet.

Meine erste These bündelt die hier aufgeführten Erkenntnisse für eine gute Schule und lautet:

Gute Schulen brauchen Lehrkräfte, die in multiprofessionellen Teams gut kooperieren.

Interview mit Hans Anand Pant: zu Gast bei Humboldt in Berlin

Die Arbeit von Prof. Hans Anand Pant fiel mir zum ersten Mal in einem Interview in der ZEIT (Ausgabe Nr. 17/2015) auf. Dort wurde er als der deutsche Schulmeister und Papst des deutschen Bildungswesens bezeichnet. Meine Anfrage zum Interview bezog sich aber auf seine inhaltlichen Aussagen wie beispielsweise jene, dass Inklusion nicht zum Nulltarif zu haben sei. Bekannt wurde er u. a. durch seine leitende Tätigkeit beim IQB (Institut zur Qualitätsentwicklung im Bildungswesen). Pant lehrt heute als Professor für Erziehungswissenschaftliche Methodenlehre an der Humboldt-Universität zu Berlin. Seit 2015 ist er zusätzlich Geschäftsführer der Deutschen Schulakademie. Pant war ein guter Schüler. Den Schulalltag beobachtet er heute in seiner Funktion als Jurymitglied des Deutschen Schulpreises.

Kati Ahl: *Was hat Sie bewogen, zusätzlich zu Ihrer Arbeit an der Uni die Aufgabe eines Geschäftsführers der Deutschen Schulakademie zu übernehmen? Was treibt Sie an?*

Hans Anand Pant: Es ist eine jahrelange Erfahrung, dass Reformprozesse nicht von oben durch die Schulverwaltungsebene am besten gelingen, sondern von den Personen der Schulen gewollt sein müssen. Die Deutsche Schulakademie unterstützt mit ihren Angeboten genau diesen Ansatz „Aus der Praxis für die Praxis".

KA: *Wie muss sich Schule verändern, um gut auf die Zukunft vorzubereiten? Das ist natürlich ein sehr großer Fragenkomplex …*

Pant: Allerdings, die Frage ist fast zu groß, würde ich sagen. Oder ich könnte genauso gut zurückfragen: Welche Zukunft meinen Sie denn eigentlich? Meinen Sie die Zukunft in Deutschland, in einem relativ reichen industrialisierten mitteleuropäischen Land, oder zielen Sie auf eine globale Zukunftsfrage? Ansonsten unterliegt man leicht der Gefahr, mit Trivialitäten zu antworten. Aber ich versuche es: Die Zukunft liegt sicherlich in einer Kombination aus inhaltlichen Fähigkeiten, die wir nach wie vor vermitteln müssen, und bedarf wesentlich stärker als bisher bestimmter Metafähigkeiten; dazu zählen Motivation und die Fähigkeit, das eigene Lernen zu organisieren. Dieses muss selbst wiederum gelernt werden. Das gelingt nicht mit den klassischen

Modellen der Beschulung, sondern dadurch, dass ich auch systematisch Gelegenheiten zum „Lernen lernen“ schaffe. Dann gehört dazu, dass man neben den klassischen Kulturwerkzeugen die digitalen wirklich als Werkzeug zu benutzen lernt. Hier droht aus der Balance zu geraten, wer wen oder was beherrscht: Beherrschen die digitalen Tools mich und meine Persönlichkeitsentwicklung und Bildungsgeschichte oder ist es umgekehrt? Und kann ich die digitalen Tools überhaupt nutzen?

KA: *Das sind dringende Fragen. Wie kann sich Schule hier für Kinder und Jugendliche klug positionieren?*

Pant: Diese Überlegungen sollten für Schülerinnen und Schüler schon früh auf eine bewusste Ebene geholt werden, und zwar in dem Sinn: Macht das was mit mir oder mache ich etwas mit dem? Ich kann beides zeitweilig und bewusst zulassen. Für Jugendliche liegt die große Versuchung in den digitalen Medien darin, dass diese sofort eine Rückmeldung geben: Ein Screen verändert sich nach einem Drauftippen, ein Emoji wird zurückgetextet. Das wirkt unmittelbar belohnend. Hier sehe ich ein Risiko. Es könnte die Belohnungsstruktur im Kopf verändern, weil langfristige Lernziele, bei denen eben keine unmittelbare Belohnung passiert, nicht mehr attraktiv erscheinen. Daneben sind alle Zukunftsthemen wichtig, die mit der globalen Vernetzung zu tun haben. Der Schulalltag in Dortmund kann sich beispielsweise verändern, weil in Syrien ein Stellvertreterkrieg stattfindet und Menschen fliehen müssen. Solche Zusammenhänge zu sehen und darauf reagieren zu können, das wird in Zukunft wichtiger werden. Auf solche Herausforderungen müssen sich Schulen immer wieder neu einstellen.

KA: *Welches sind – neben der Digitalisierung und der Globalisierung – die größten Herausforderungen?*

Pant: Das ist sicherlich ein veränderter Umgang mit Zeit, für den die nächste Generation ganz andere Ansätze finden muss. Einerseits wird alles sehr viel schneller und reaktionssensibler. Andererseits wird es auch im Berufsleben viel mehr nicht verplante Zeit geben, bedingt etwa durch Automatisierungsprozesse im Wirtschaftsbereich. Meine Zeit als arbeitender Mensch wird vielleicht gar nicht mehr so sehr gebraucht. Deshalb ist nicht nur die Schule, sondern die gesamte Gesellschaft gefragt, sich über den Gebrauch der Zeit neue und andere Gedanken zu machen.

KA: *Der nächste Themenbereich, den ich ansprechen möchte, ist der Bereich Leistungsmessung. Brauchen wir Noten?*

Pant: Das Bildungssystem und die Abnehmersysteme von Schule glauben, Noten zu brauchen, weil wir unsere Bildungschancen auf das Prinzip der Berechtigung gründen; dazu gehören die Zugangsberechtigung zur Hochschule oder zu einer bestimmten weiterführenden Schule. Seit Ingenkamps Forschung wissen wir, dass Ziffernnoten zur Kompetenzmessung ungeeignet sind; sie sind unreliabel, unvalide und nicht objektiv. All das, was man an jedes Auswahlkriterium als Maßstab anlegen würde, erfüllen Noten erwiesenermaßen gerade nicht. Das Problem sind die Alternativen, die auch nicht gut entwickelt sind. Es gibt Leistungsbeurteilungsinstrumente wie Kompetenzraster, Lernentwicklungsgespräche und -berichte und Verbalzeugnisse. Diese haben im Moment nur den Status von ergänzenden Beurteilungssystemen. Viele Schulen, die den Deutschen Schulpreis gewonnen haben, machen von der Möglichkeit Gebrauch und verzichten bereits bis einschließlich der achten Klasse auf Ziffernnoten – mit guten Erfahrungen übrigens.

KA: *Welche Erfahrungen machen diese Schulen damit?*

Pant: Die Erfahrungen zeigen, dass die Schülerinnen und Schüler später auch nicht schlechter dastehen. Es gibt also aus pädagogischer Sicht und aus der Sicht der bildungsgerechten Leistungsbeurteilung keinen Grund, an Ziffernnoten festzuhalten. Verzichtet man allerdings konsequent auf Noten, z. B. die Abiturgesamtnote, dann verlagert man Auswahl- und Zugangsentscheidungen auf Assessment Center oder Aufnahmetests der Unis oder Unternehmen.

KA: *Wie sieht guter Unterricht für die Zukunft aus?*

Pant: Es gibt seit ein paar Jahren empirische Forschung, die drei Dimensionen guten Unterrichts herausstellt: Lernwirksamer Unterricht ist kognitiv aktivierender Unterricht. Der Unterricht muss unterstützend sein, die Beziehungsebene zwischen Lehrkraft und Schülerin oder Schüler muss gegeben sein. Und: Die Grundvoraussetzung für Lernen ist ein gutes Classroom Management, bei dem „time on task“, also echte Lernzeit, maximiert wird. Das bedeutet die Abkehr von „Schwarz-weiß-Diskussionen“ darüber, ob Frontalunterricht immer schlecht ist oder selbstorganisierte Lernformen allein modern und lernförderlich sind. Es kommt auf die Passung für die Lerngruppe an. Was für die jeweilige Schülerin oder den Schüler das beste Angebot ist, kann sehr unterschiedlich sein. Wir brauchen viel mehr Flexibilität für einen guten Unterricht. Jede Lerngruppe weist schon am Ende der Grundschulzeit eine sehr hohe Heterogenität auf, es muss also eine Entkoppelung von Zeit- und Inhaltsstrukturen möglich sein. Es geht nicht mehr darum, wie Helmke sagt, an den „sieben Gs“ festzuhalten: Der *gleiche* Lehrer unterrichtet alle *gleich*altrigen Schüler im *gleichen* Tempo mit dem *gleichen* Material im *gleichen* Raum mit den *gleichen* Methoden und dem *gleichen* Ziel.

KA: *Kinder kommen mit großer Freude und viel Neugier in die erste Klasse. Jahre später sieht das meistens anders aus. Lernunlust und Frustration sind bei älteren Schülerinnen und Schülern keine Seltenheit. Was geht da schief?*

Pant: Das kann individuell bedingt sein. Es gibt jedoch einen Aspekt, der eine entscheidende Rolle spielt: Das ist die Gestaltung der pädagogischen Beziehungen. Damit meine ich, dass es zum Selbstverständnis einer Lehrkraft gehört, die Beziehung zu Schülerinnen und Schülern professionell zu gestalten. Sie ist Grundlage für Motivation und Vorbildlernen und für die Fähigkeit, an einem Lerninhalt dranzubleiben. Professionelle Beziehungsgestaltung ist deshalb ein wichtiger Ansatzpunkt in der Lehrkräfteausbildung. Und: Lehrende brauchen ein Repertoire an diagnostischen Fähigkeiten, um zu erkennen, welche Schülerin und welcher Schüler wo steht und was sie dann tun müssen.

KA: *Was brauchen Jugendliche in der Pubertät, um gut lernen zu können?*

Pant: Auf die Pubertätsphase wird in der Schule noch nicht gut reagiert. Es gibt in dem Zusammenhang radikale Modelle wie beispielsweise in der Montessori-Oberschule Potsdam. Dort wird durchgängiger Unterricht im Klassenzimmer für die siebte und achte Klasse nicht für sinnvoll erachtet, weshalb ein Viertel der Schulzeit außerhalb des Schulgebäudes im Freien stattfindet. So kann Schule in dieser Stufe das Lernen wesentlich stärker durch andere Lernorte anreichern.

KA: *Brauchen wir neue Fächer? Das Fach Glück zum Beispiel?*

Pant: Die meisten neuen Inhalte können im bestehenden Fächerkanon gut aufgenommen werden. Sie müssen bedenken: An einem neuen Schulfach hängt immer ein ganzer Rattenschwanz notwendiger Änderungen, angefangen bei der Lehrerbildung, entsprechenden hochschuldidaktischen Lehrstühlen oder geeigneter Fortbildung; das wird oft unterschätzt, da das System träge reagiert. Es gibt für mich zwei Ausnahmen: das Fach Informatik, in dem eine eigene Souveränität im Umgang mit den Grundlagen von Informatik vermittelt werden könnte. Und das Fach Wirtschaft im Zusammenhang mit nachhaltiger Entwicklung. Ich frage mich, ob man im Sinne einer echten Teilhabe an gesellschaftlichen Prozessen nicht mehr kritische Fähigkeiten aus dem Bereich Wirtschaft im Unterricht oder als Schulfach vermitteln sollte. Die globalen wirtschaftlichen Krisen betreffen uns alle direkt, aber Schülerinnen und Schüler können die komplexen Zusammenhänge, die ihr Leben persönlich beeinflussen, noch nicht einmal ansatzweise wirklich verstehen.

KA: *Stichwort Bundesländer – wie denken Sie zum Beispiel über die föderalistische Struktur der Lehrpläne?*

Pant: Darüber kann ich unter verschiedenen Aspekten nachdenken. Es gibt sogenannte Systembruchstellen. Eine davon zeigt sich, wenn eine Familie umzieht und dann im anderen Bundesland ganz andere Lehrpläne und Voraussetzungen gelten. Eine zweite stellt sich bei der Frage, ob Lehrkräfte zwischen den Bundesländern wechseln können. Der Föderalismus kann in meinen Augen nur funktionieren, wenn er ein echter Wettbewerbsföderalismus ist, der um die besten Konzepte, Ideen und Umsetzungen konkurriert. Es gibt aber bisher keinen systematischen Abgleich dazu, was beispielsweise im Bereich der Inklusion, des jahrgangsübergreifenden Lernens oder der Ganztagsbeschulung am besten funktioniert. In allen entscheidenden Ebenen – von der Bildungspolitik bis über die Verwaltung und über die Praxis in den Schulen – müssten Austauschprozesse stattfinden, um die besten Modelle zu identifizieren. Dieser Austausch findet jedoch nicht statt. Stattdessen gibt es eine Tendenz der Abschottung und Selbstdarstellung, ohne sich in einen echten Wettbewerb der Ideen und Konzepte begeben zu haben. Aktuell ist der Föderalismus daher für notwendige Qualitätsentwicklungen von Schulen nur sehr eingeschränkt produktiv. Deshalb passiert es ja zunehmend, dass sich die Schulen untereinander darüber austauschen, welche Modelle gut funktionieren. Schulen organisieren sich dazu in Netzwerken wie „Blick über den Zaun“, schaffen systematische Lerngelegenheiten und beobachten dann, was in einem anderen Bundesland eventuell besser funktioniert.

KA: *Kommen wir zum Umgang mit Vielfalt und Heterogenität: Nach meiner Erfahrung ist Inklusion in den Grundschulen schon länger angekommen. Wir arbeiten unterschiedlich erfolgreich darin.*

Aber wie geht es mit Inklusion weiter? Welche Zukunft sagen Sie zum Beispiel den Förderschulen voraus?

Pant: In der jetzigen Situation sehe ich Inklusion als Ansatz vielfach kurz vor dem Scheitern. Das hat zum einen den Grund, dass wir uns viel zu wenig über die Situation in den Schulen vor Ort Gedanken gemacht haben. In den Schulen gab es teilweise nur wenige Wochen Vorlauf vor der Umsetzung der inklusiven Beschulung. Da wurden Reformprozesse unangemessen abgekürzt. Zum anderen war die Lehrkräftebildung lange nicht auf Inklusion ausgerichtet. Die Gleichzeitigkeit der einzelnen Schritte hat sicherlich geschadet. Darüber hinaus ist die Ressourcenfrage zentral: Eine gute Inklusionsentwicklung zum Nulltarif gibt es nicht. Das ist eine Prioritätenfrage, die politisch ausgefochten werden muss. Es geht aber auch um die „soft factors“ wie Haltung und Einstellungen. Hier nehmen wir empirisch das Phänomen wahr, dass Lehrkräfte erst einmal grundsätzlich eine relativ positive Einstellung zur Inklusion haben, in der Grundschule noch positiver als in den weiterführenden Schulen. Diese Einstellungen verkehren sich ins Gegenteil, wenn negative Erfahrungen gemacht werden, etwa weil die Rahmenbedingungen nicht stimmen oder Lehrkräfte sich alleine gelassen fühlen; von der Schulverwaltung und der Schulpolitik, manchmal auch von den Eltern. Es gibt zudem das ungelöste Problem der „Insel-Inklusion“, da das Leben nach der Schule meistens nicht inklusiv ist, wie wir zum Beispiel im ersten Arbeitsmarkt sehen. Wir bräuchten also parallele Prozesse, die in anderen gesellschaftlichen Bereichen neben der Schule auch funktionieren und so inklusive Bildungs- und Berufsverläufe ermöglichen.

KA: *Wo sollten wir uns hin entwickeln, wenn man die Heterogenität in den Klassenzimmern bedenkt?*

Pant: Wir sollten uns darauf einstellen, dass die Heterogenität nicht wieder verschwinden wird. Sie wird zunehmen. Sie hat ja mittlerweile auch die Gymnasien erreicht. Insgesamt müssen wir vor allem in der Lehrkräftebildung an den Unis schneller werden, um eine heterogenitätsgerechtere Schule zu erreichen; im unteren Leistungsspektrum wie im oberen Leistungsspektrum.

KA: *Es gibt Schulen, die das Wir-Gefühl besonders stärken. In amerikanischen Schulen kennt man beispielsweise den Stolz auf das eigene Sportteam und die eigene Schule. Wie kann es gelingen, dass Schülerinnen und Schüler sich stärker mit der eigenen Schule identifizieren?*

Pant: Sie sprechen das Schulklima an. Da würde ich gerne zwischen Oberflächenstruktur und Tiefenstruktur unterscheiden. Natürlich können wir durch Schuluniformen und Marketingprogramme Identifikation fördern, aber wir könnten es auch durch mehr Partizipation versuchen. Dadurch, dass Schülerinnen und Schüler zu vielen relevanten Fragestellungen tatsächlich und nicht nur symbolisch mitbestimmen können, fördern wir Identifikation. Wichtig ist aber auch die Beteiligung der ganzen Lehrerschaft bis hin bis zur Schulleitung, denn dort geht es um die Frage des Führungsverständnisses.

KA: *Würden Sie also sagen, echte Partizipation führt zu Identifikation und zu einem guten Schulklima?*

Pant: Man prägt das Schulklima nur dann langfristig positiv, wenn man auf vielen Ebenen partizipative Elemente einführt. Bei der Leistungsbeurteilung gelingt das, indem man in einen Austausch über die Leistungskriterien tritt. Das Schulklima lässt sich am besten daran messen, wie angstfrei Schüler und Schülerinnen in die Schule gehen. Es wird meiner Meinung nach oft noch übersehen, welche Situationen Angst auslösen und wie Schulen damit umgehen können. Noch nicht alle Schulen wissen beispielsweise, was sie bei Fällen von sexuellem Missbrauch oder Mobbing überhaupt tun sollen und haben auch keine Ansprechpartner.

KA: *Dazu fällt mir das Buch von Haim Omer „Stärke statt Macht" ein, in dem es um einen neuen Autoritätsbegriff für Schulen geht. Brauchen wir einen neuen Autoritätsbegriff an Schulen?*

Pant: Ich meine, dass der klassische Autoritätsbegriff bereits überholt ist. Im Lateinischen unterscheidet man ja zwei Machtbegriffe, Auctoritas und Potestas (so viel wie Ansehen vs. Amtsgewalt, *Anm. d. Autorin*). Ich glaube, es ist selbstverständlich, dass ein Bildungsziel wie Teilhabe und Demokratiefähigkeit nicht eingeübt wird, wenn man dauernd auf Machtelemente wie formale Zuständigkeiten hinweist. Das gilt für Schulleitung ebenso wie für das Schüler-Lehrer-Verhältnis.

KA: *Was können Eltern beitragen, damit Kinder angstfrei in die Schule gehen und sich ein solches Wir-Gefühl etablieren kann?*

Pant: Eltern können sich für ihre Schule interessieren. Schulpreis-Schulen bieten beispielsweise für Eltern Programme an, sodass Eltern unter anderem im Unterricht hospitieren können. Eine weitere Möglichkeit ist, die Lern-Entwicklungsgespräche in Triaden zu denken, also zwischen Lehrkraft, Elternteil und Kind. Das bedeutet, Eltern da, wo sie unterstützend sind, zu verstärken. Dort, wo Elternhäuser für Lernprozesse nicht unterstützend sind, gilt es abzupuffern. Lehrkräfte müssen dafür manchmal heikle Gespräche mit Eltern führen.

KA: *Eltern haben unterschiedliche Vorstellungen von Mitbestimmung und Mitgestaltung, bis hin zur Wahl der zu lehrenden Schriftart. Wo sind da die Grenzen?*

Pant: Prüffrage könnte sein: Wann handeln Eltern ausschließlich für ihr Kind und wann wollen Sie das Beste für möglichst alle Kinder der Klasse?

KA: *Ein anderes wichtiges Thema: Wenn sich die Schule so stark verändert, was folgt daraus für die Veränderung des Lehrberufs? Wie können sich Lehrkräfte in Zukunft ihren Beruf vorstellen?*

Pant: Die Professionalität von Lehrkräften hängt in Zukunft stärker denn je von den diagnostischen Fähigkeiten ab, denn ohne diese sind sie nicht ausreichend in der Lage, individuell zu fördern. Neben dem Aspekt der Diagnosefähigkeit gehörte auch der Aspekt der professionellen Beziehungsgestaltung dazu. Und das Fachliche will ich dabei nicht vergessen. Wir brauchen alle drei Ebenen.

KA: *Was bedeutet das vor dem Hintergrund, dass aktuell so viele nicht-ausgebildete Kräfte als Seiteneinsteigende unterrichten? Wie wird das die Zukunft der Schulen und des Lehrerberufs prägen?*

Pant: Das ist in den Bundesländern unterschiedlich. In Berlin zum Beispiel lag in den letzten Jahren die Zahl der Seiteneinsteigenden im Grundschulbereich bei fast der Hälfte der Neueinstellungen. Die Folgen für das schulische System lassen sich heute noch gar nicht absehen. Diese Kräfte bleiben ungefähr noch 30 Jahre im Schulsystem, haben aber an einigen Stellen nicht die Grundstandards der Ausbildung und professionellen Kompetenzen wie andere. Im Einzelfall kann das gut gehen, ja sogar bereichernd für ein Kollegium und die Schülerschaft sein. In der Systemsicht, so ist jedoch zu befürchten, fehlt am Ende fachdidaktisches und pädagogisches Wissen in den Schulen, das vor allem an der Uni vermittelt wird. Eine jahrelange berufliche Nachsozialisation durch das Schulsystem ist sehr teuer und zeitaufwendig.

KA: *Wie kann man Lehrkräfte gewinnen? Wie kann man Menschen motivieren, Lehramt zu studieren, und wie könnte man sie halten?*

Pant: Ich würde das gerne ergänzen: Wie könnte man weniger geeigneten Personen den Ausstieg ermöglichen, ohne dass sie beruflich im Nichts landen? Das falsche Anreizsystem mit einer Lebensanstellung ist hier ein Problem. Es ist nahezu unmöglich, jemandem, der nach kurzer Zeit in der Praxis merkt, dass es der falsche Beruf ist, einen gesichtswahrenden Ausstieg zu ermöglichen. Die Attraktion für den Lehramtsberuf muss viel genauer geplant werden. Man sollte für Interessierte weniger auf den Numerus clausus setzen als auf Assessments, Gespräche zu den Motiven und verbindliche frühe Praxiserfahrungen, um die Eignung für diesen Beruf zu prüfen. Es geht also nicht nur darum, die Attraktivität zu steigern, sondern vor allem die Passgenauigkeit der Kandidatinnen und Kandidaten.

KA: *Von wem sollte die Veränderung ausgehen?*

Pant: Im besten Fall wird sie von zwei Seiten initiiert, nämlich von oben und von unten. Das ist selten. Vielleicht ist aber die Umstellung vieler Schulen auf Ganztagsbetrieb eine Ausnahme. Das war oftmals eine Umstellung von oben, gleichzeitig gab es bei vielen Schulen die Erkenntnis, ein sinnvolles Ganztagsangebot vorhalten zu wollen, beispielsweise für benachteiligte Schülerinnen und Schüler. Es wäre ein gutes Prinzip, wenn man Reformen nicht von oben herab plant und durchsetzt, sondern einen Prozess initiiert, bei dem sich von Anfang an alle Beteiligten aller Ebenen zusammenfinden und einander zumindest zuhören. In Norwegen und anderen skandinavischen Ländern wird das bereits praktiziert. Der Prozess muss wissenschaftlich begleitet und eventuell in Modellversuchen evaluiert werden. Es braucht auf der Schulverwaltungsebene ein Sensorium, eine Art Frühwarnsystem, um von der schulpraktischen Seite zu erfahren, welche Probleme dort unter den Nägeln brennen. Sonst verspielen wir viele Chancen auf Reformen. Es braucht also viel mehr Kommunikation und Ko-Konstruktion.

KA: *Gibt es etwas, was Ihnen noch besonders wichtig ist?*

Pant: Mir ist wichtig, dass wir wirklich versuchen sollten, sensibel zu bleiben – gerade wenn es um Schülerinnen und Schüler mit sprachlich und kulturell anderem Hintergrund geht. Die relevante Frage lautet hier: Wann behandele ich den anderen als Objekt oder als Subjekt meines eigenen professionellen Handelns? Man sollte sich immer wieder vergewissern, dass man den anderen als Subjekt wahrnimmt. Das ist eine Haltungsänderung, mit der wir Deutschen uns noch schwertun.

Die Deutsche Schulakademie und der Deutsche Schulpreis

Der Deutsche Schulpreis ist eine Auszeichnung, die von der Robert Bosch Stiftung und der Heidehof Stiftung vergeben wird. Dabei orientiert sich die Jury an den sechs Qualitätsbereichen des Deutschen Schulpreises: Leistung, Umgang mit Vielfalt, Unterrichtsqualität, Verantwortung, Schulklima, Schulleben und außerschulische Partner sowie Schule als lernende Institution. Die Deutsche Schulakademie in Berlin ist eine Ausgründung der beiden Stiftungen. Ziel und Auftrag lauten: mehr gute Schulen! Die Deutsche Schulakademie bietet analog zu diesem Ziel Hospitationsprogramme und Weiterbildungsreihen als Werkstätten an. Ein Beispiel: In der Werkstatt „Willkommen, Ankommen, Weiterkommen – Kulturelle Vielfalt an Schule gestalten" entwickeln multiprofessionelle Teams aus Schulen Konzepte für kulturelle Vielfalt. Die Kooperation der Schulen untereinander stützt sich immer auf das Netzwerk der Schulen des Deutschen Schulpreises. Diese geben Impulse und Innovationen für andere Schulen und öffnen sich für Hospitationen.

(Die Qualitätsbereiche des Deutschen Schulpreises habe ich als Orientierung in meinen Interviews für dieses Buch genutzt.)

2.3 Heterogenität gibt es überall

Neben der Veränderung in der Schülerschaft ist eine weitere Veränderung zu beobachten: Auch Kollegien werden vielfältiger. Für die Schule, die ich bis 2020 geleitet habe, kann ich feststellen, dass ein kulturell und sprachlich vielfältiges Kollegium wichtig ist, da die verschiedenen Perspektiven, sprachlichen Fähigkeiten und kulturellen Kompetenzen für uns eine Brücke zu allen Kindern und Eltern sind. Die Vielfalt im Kollegium ist unsere Stärke, auch wenn wie in jeder Grundschule immer noch männliche Kollegen fehlen. Häufig können Kolleginnen übersetzen und auch das Vertrauen besser gewinnen im Elterngespräch oder als Vorbild vor der Klasse. Teilweise haben die Kolleginnen eigene Migrationserfahrung, können sprachliche Schwierigkeiten besser einschätzen und sind offen für einen sprachsensiblen Unterricht, denn die Bildungssprache Deutsch kann, wenn sie nicht durch *Scaffolding* oder andere Methoden angebahnt wird, zur Barriere für Teilhabe und Schulerfolg werden. Hierzu fehlt meiner Einschätzung nach noch häufig die Reflexion des eigenen sprachlichen Verhaltens im Unterricht und des daraus entstehenden Anspruchsniveaus. Es wäre wünschenswert, dass das sprachliche Anspruchsniveau im Unterricht reflektiert wird und gegebenenfalls sprachliche Lernziele für jede Unterrichtseinheit eingeplant werden.

Scaffolding

Scaffolding wird eine Technik genannt, durch die Schülerinnen und Schüler insbesondere beim Erlernen der Fachsprache unterstützt werden. Jedes Schulfach bringt eine andere Fachsprache mit sich. Insgesamt überwiegt im Unterricht die Bildungssprache Deutsch, die sich von der Umgangssprache unterscheidet. Hier benötigen Kinder Hilfe, wenn Deutsch ihre Zweitsprache ist; aber auch, wenn das Elternhaus wenig sprachliche Anregung bietet. Beim Scaffolding werden schon vorab in der Unterrichtsplanung der Lerninhalt in Bezug auf sprachliche Anforderungen analysiert und sprachliche Ziele festgelegt. Während des Unterrichts wird mittels eines sprachlichen Gerüsts von der Alltagssprache zur Fachsprache fortgeschritten. Dabei sind eine genauere Sprache und (eventuell) angepasste Satzstrukturen erforderlich, um exakte Beobachtungen festzuhalten.

In einer Großstadt kommt zusätzlich die Vielfalt der Religionen und Glaubensrichtungen dazu: Schülerinnen und Schüler haben am Zuckerfest frei, manche Jugendliche entscheiden sich, ein Kopftuch zu tragen oder eine Kippa. Wie kann die Lehrkraft damit sensibel umgehen? Die gesellschaftlichen Stimmungen nach einem Anschlag von der einen oder anderen Seite werden auch in Schulen hineingetragen. Wie wird darüber gesprochen? Auch hier ist es hilfreich, wenn das Kollegium vielfältig ist und sich untereinander darüber beraten kann.

Und schließlich: Mit Sozialpädagogischen Fachkräften, Sozialarbeiterinnen und Sozialarbeitern, Integrations-Assistenzen und Förderschul-Lehrkräften kommen seit einigen Jahren immer mehr Professionen in Schulen zusammen. Einer Schulleiterin, die ich befragte, ist es gelungen, verschiedene Therapieangebote in den Unterrichtsvormittag zu integrieren und eine eigene Schulpsychologin zu beschäftigen. Auch dadurch wird das Kollegium sehr viel heterogener.

Was für Kollegien als Chance deutlich wird, lässt sich auch auf die Schülerschaft übertragen: Heterogenität kann als Chance wahrgenommen werden. So vielfältig ist unser Zusammensein! Im PISA-Sonderbericht vom

Januar 2018 zu **Resilienz** wird festgestellt: „Die vorliegende Studie zeigt, dass auf Schulebene insbesondere zwei Faktoren diese positive Anpassungsleistung von Schülerinnen und Schülern nachhaltig befördern können: Dies sind zum einen eine gute soziale Durchmischung an der Schule und zum anderen ein positives Schulklima."[4]

Resilienz
Mit Resilienz wird die psychische Widerstandsfähigkeit zur Bewältigung von Stress- und Risikosituationen bezeichnet, trotz schlechter Ausgangsbedingungen oder Krisen zu einem stabilen und gesunden Leben zu finden. Auf die Schule übertragen, werden resiliente Schülerinnen und Schüler trotz ungünstiger sozioökonomischer Bedingungen wie Armut und bildungsfernes Elternhaus oder psychischer Belastungen wie Trennung, Scheidung oder Fluchterfahrung zu guten Lernleistungen gelangen. Günstige und schützende Faktoren für Kitas und Schulen wurden erforscht (vgl. Wustmann, Fthenakis 2004).

Eine gelungene Heterogenität gilt also als Chance für viele Kinder. Mir ist bewusst, dass Heterogenität gesellschaftliche, politische und kulturelle Herausforderungen mit sich bringt und es hierzu sehr polarisierende Positionen gibt. Für Schulen gesprochen lässt sich jedoch eindeutig als Auftrag festhalten: Je besser und professioneller mit Heterogenität umgegangen wird, umso mehr erfolgreiche Bildungsbiografien können entstehen. Junge Menschen mit verschiedenen Herkunftssprachen und kulturellem Hintergrund können so Vorbild und Brücke zwischen den Kulturen sein und einen Beitrag zum friedlichen Miteinander in der Zukunft leisten.

Meine zweite These lautet deshalb:

Gute Schulen sehen Heterogenität grundsätzlich als Chance.

---

4 PISA-Sonderauswertung zum Schulerfolg sozial benachteiligter Schülerinnen und Schüler: Durch ein geordnetes Lernumfeld können die sozial schwächsten zu den leistungsstärksten gehören (29.1.2018). In: https://www.oecd.org/berlin/presse/pisa-sonderauswertung-resilienz-29012018.htm (recherchiert am 5.5.2020)

2.4 Inklusion steckt in den Anfängen

Heterogenität lässt sich auf Herkunftssprache und Kultur, ebenso aber auf das Leistungsniveau in einer Klasse beziehen. Der Gedanke an Förderschulen mit sonderpädagogischem Schwerpunkt legt nahe, dass Kinder mit einem sonderpädagogischen Schwerpunkt gut von den Vorbildern anderer Kinder lernen können. Auch Kinder ohne Behinderung oder **neurotypische** Kinder können von der Heterogenität profitieren.

Neurotypisch
Als neurotypisch bezeichnet man Menschen, deren Gehirnentwicklung typisch verläuft, also der der Mehrheit entspricht. Untypische Gehirnentwicklungen besitzen beispielsweise Menschen im Autismus-Spektrum. Mit dieser Wortbildung wird in Expertenkreisen der Begriff von „normaler" neurologischer Entwicklung und „normalen" Menschen vermieden.

Ihr Lernzuwachs wäre die Anerkennung von Vielfalt, Übung in Toleranz und Solidarität, wie sie viele Schulgesetze als Lernziel vorschreiben. Der Begriff von Normalität kann relativiert werden, und die Erkenntnis wächst, dass alle irgendwie anders sind. Wäre dann die Abschaffung der Förderschulen nicht der notwendige nächste Schritt? Die Aufrechterhaltung zweier Systeme aus Regel- und Förderschulen ist schließlich enorm aufwendig und kostenintensiv. Hier möchte ich auf meine pädagogischen Erfahrungen zurückgreifen und sagen: Inklusion ist viel öfter möglich als gedacht. Kinder, die zunächst nicht ins gewohnte Schema der Schülerinnen und Schüler passen, können erfolgreich beschult werden, vorausgesetzt, alle helfen mit.

Dazu zähle ich insbesondere die Eltern, die für eine erfolgreiche Beschulung unbedingt mit der Schule kooperieren müssen, und umgekehrt: Eltern haben – wenn ihr Kind inklusiv eingeschult wird – häufig schon einen Leidensweg durch Institutionen und medizinische Einrichtungen hinter sich. In der Regel sind sie es gewohnt, für ihr Kind zu kämpfen. Wenn sie nun möglicherweise mit einer recht konfrontativen Haltung den Schulbesuch beginnen, kann die Inklusion etwas holprig starten. Denn sowohl gesellschaftlich als auch in den pädagogischen Institutionen steckt die Umsetzung des Rechtes auf Inklusion noch immer in den Anfängen.

Allerdings habe ich auch Einzelfälle erlebt, in denen das Kind nicht von der Inklusion profitiert hat und der Elternwille und der Schmerz der Eltern, die Schwierigkeiten ihres Kindes anzuerkennen, maßgeblich waren für die Entscheidung zur inklusiven Beschulung. Im Vordergrund muss jedoch die Überlegung stehen, was für das Wohlergehen des einzelnen Kindes und eine positive Entwicklung notwendig und förderlich ist. Für jedes einzelne Kind ist daher eine Einzelfallentscheidung notwendig. Förderschulen haben eine andere Ausstattung, Förderschullehrkräfte eine explizit andere Ausbildung als Regelschul-Lehrkräfte. Bei aller Kooperation wird dieser Unterschied und Vorsprung an Wissen und Kompetenz nicht aufgehoben. Für die Zukunft vorstellbar wären campusähnliche Zusammenschlüsse von Förder- und Regelschulen oder -gruppen, sodass Kinder, die einen besonderen Schutzraum benötigen, diesen vor Ort hätten. Übergänge könnten damit fließend gestaltet werden.

Interview mit Margret Rasfeld: Gespräch am Rande einer Diskussion in Frankfurt/M.

Margret Rasfeld war lange Schulleiterin der Evangelischen Schule Berlin Zentrum. Sie ist zusammen mit dem Hirnforscher Gerald Hüther Mitbegründerin der Bewegung „Schulen im Aufbruch" und knüpft Netzwerke zwischen Schulen, die sich verändern wollen. Sie spricht sich für Eigeninitiative aus und dafür, die angestrebte Veränderung selbst in die Hand zu nehmen und die Freiheiten der Schulgesetze der Bundesländer auszuschöpfen. Ich treffe sie im Rahmen einer Podiumsdiskussion in Frankfurt.

Kati Ahl: *Was treibt Sie an, sich auch noch im Ruhestand so für Schulen zu engagieren?*

Margret Rasfeld: So, wie wir hier heute Schule betreiben, werden wir den Kindern nicht gerecht – und auch der Zukunft nicht und den Aufgaben, auf die wir Kinder vorbereiten müssen. Deshalb muss Schule grundsätzlich neu gedacht werden. Das darf dann auch gar nicht mehr „Schule" heißen, denn es geht um lebenslanges Lernen. „Schule im Aufbruch" ist Initiator einer Bottom-up-Bewegung. Schulen warten dann nicht, dass die Erlösung „von oben" kommen soll, sondern machen sich selbst auf den Weg und denken Schule neu. Dafür gibt „Schule im Aufbruch" Anstoß, Vernetzung und Unterstützung.

KA: *Die eigene Schulzeit vergisst man ja nicht, deshalb die Frage: Wie haben Sie Ihre persönliche Schulzeit in Erinnerung?*

Rasfeld: Ziemlich langweilig, ich war in einem sehr traditionellen Mädchengymnasium.

KA: *Schule verändern ist ein sehr großes Thema. Was muss sich Ihrer Meinung nach an Schulen verändern?*

Rasfeld: Eigentlich ist es ziemlich einfach: Schon 1992 gab es den Rio-Kongress für Umwelt und Entwicklung, und danach hatte die Delors-Kommission den Auftrag von der UNESCO, herauszufinden, wie Schule von morgen aussehen müsste, damit die gesellschaftliche Transformation gelingen kann; es geht um den Paradigmenwechsel vom konkurrenzbasierten Denken zur Kraft des Wir und das sich gemeinsam Kümmern um die relevanten Herausforderungen, vor denen wir stehen. Die Kommission hat 1996 dazu das Buch „Lernfähigkeit:

unser verborgener Reichtum"[5] herausgebracht und die Neuorientierung des Curriculums entlang der vier Säulen empfohlen: lernen, Wissen zu erwerben; lernen, zusammenzuleben; lernen zu handeln, ;ernen zu sein; der UNESCO-Bericht zum Lernen für das 21. Jahrhundert. Darum geht es. Das heißt: Entweder lernen wir das Zusammenleben oder wie gehen gemeinsam unter. Handeln lernt man durch Handeln und nicht beim Ausfüllen von Arbeitsblättern, deren Lösung im Lehrerhandbuch steht. Verantwortung lernt man, indem man Verantwortung übernimmt.

KA: *Ihrer Einschätzung nach: Was ist die größte Herausforderung in diesem Wandlungsprozess?*

Rasfeld: Dass die Erwachsenen loslassen. Das Problem sind die Erwachsenen.

KA: *Die Lehrkräfte oder die Eltern?*

Rasfeld: Alle Erwachsenen. Die sind selbst durch das System gegangen, sie funktionieren, sie haben Angst. Sie haben oft wenig Erfahrung mit Selbstwirksamkeit und bedienen alte Muster. Die Kinder haben überhaupt kein Problem. Erst dann, wenn sie durch das System gegangen sind, werden sie so wie die Erwachsenen. Deswegen ist es jetzt dringend an der Zeit, dass sich die Schule grundlegend verändert.

KA: *Wie stellen Sie sich die Veränderung konkret vor?*

Rasfeld: Wenn man „Schule" hört, hat man sofort die alten Bilder. Lernen kann man aber überall, es gibt tolle, spannende Lernorte. Dann wird „Schule" zum Basislager, in der man sich trifft, um zu teilen, sich abzustimmen und zu besprechen. Dann ist die ganze Stadt der Lernort; und die ganze Welt.

KA: *Das würde ja auch bedeuten, den Menschen an den unterschiedlichen Lernorten mehr Verantwortung zu geben, oder?*

Rasfeld: Ja, aber nicht nur mehr Verantwortung, sondern die Menschen würden dann gleichwertig. Jetzt ist es ja so, dass der „Ernst des Lebens" in der Schule stattfindet. Dabei sind die anderen Lernorte gleichwürdig, denn das Leben ist der Lernort, nicht nur die Schulbank. Der Mensch wird durch Einschulung zum Schüler gemacht – und wenn er sich zu viel bewegt, muss er zum Schulpsychologen.

---

5 Lernfähigkeit: unser verborgener Reichtum; UNESCO-Bericht zur Bildung für das 21. Jahrhundert, Luchterhand (1997)

KA: *Da höre ich heraus, dass Sie einige Diagnosen infrage stellen. So ähnlich wie bei dem Beispiel aus den Medien, dass Michel aus Lönneberga heute ADHS hätte …*

Rasfeld: Ja, das ist ja auch so! Erst setzen wir die Kinder hin und sie müssen nur noch Anweisungen ausfüllen und dürfen sich nicht bewegen. Und wenn sie sich daran nicht halten, passen sie nicht ins System. Dann sind sie nicht systemkonform, dann müssen sie woanders hin. Stellen Sie sich mal vor, Sie würden 30 Erwachsene – so viele wie Ihr Kollegium – sechs Stunden am Tag in eine Klasse einsperren. Sie müssten die ganze Zeit irgendwelche Aufgaben erfüllen, die ihnen vorne jemand erzählt. Spätestens nach zwei Wochen würde das Hauen und Stechen losgehen. Wir verzwecken die Kinder – und ihre Neugier und ihre Kreativität gehen dabei verloren.

KA: *Können Sie den Begriff „verzwecken" genauer erläutern?*

Rasfeld: Kinder kommen auf die Welt und wollen sie sich erobern und auf natürliche Weise jeden Tag Neues dazulernen. Die einen da, die anderen dort, die einen schneller, die anderen langsamer. Kinder machen ja auch Entwicklungssprünge. Dann werden sie in die Schule gesetzt und müssen Dinge erfüllen, die im Lehrplan stehen. Und das ist Verzweckung auf Standards. Sie sind dann Objekte und nicht Subjekte ihrer eigenen Bedürfnisse und Neugier und ihrer Lerninteressen. Kinder sagen ja auch immer: **Wir mussten, ich sollte …** Es gibt kaum ein Kind, das aus der Schule erzählt: **Ich wollte, ich habe …**

KA: *Was passiert denn mit der Leistungsbewertung, wenn man Schule anders denkt?*

Rasfeld: Feedback, Gespräche zum nächsten Lernschritt, Reflexionen. So kann Leistung eingeschätzt werden.

KA: *Was halten Sie von Noten?*

Rasfeld: Noten sind Gift. Sie führen zu Konkurrenz und Vergleich. Das müssen wir überwinden. Ohne Noten gibt es keinen Vergleich.

KA: *Würden Sie sagen, die Wirtschaft braucht diese Vergleichbarkeit?*

Rasfeld: Überhaupt nicht. Die Wirtschaft schaut schon gar nicht mehr darauf, das haben Eltern und Lehrer noch gar nicht verstanden. Die Wirtschaft will lieber verantwortungsvolle Menschen, die kreativ sind, vorandenken, veränderungsbereit sind und die mitgehen.

KA: *So eine Veränderung setzt ja enormes Vertrauen voraus. Vielleicht auch in die Entwicklungsfähigkeit von Kindern …*

Rasfeld: Eigentlich fängt es ja zu Hause schon an. Eltern schauen, ob ein anderes Kind schon laufen kann und ihres noch nicht. Kinder sollten einfach aufwachsen und nicht irgendwo hingezogen werden. Eltern sollten lernen, dass Kinder nicht ihre Erwartungen erfüllen sollen. Es fängt häufig damit an, dass von Kindern etwas erwartet wird – und man sich nicht einfach an dem freut, was sie können. Damit werden Kinder zum ersten Mal Objekte der elterlichen Erwartung, damit geht es los. Wobei wir heute auch schon Eltern haben, die anders sind und ihre Kinder anders aufwachsen lassen wollen; die sagen, ich gebe mein Kind nicht mehr in dieses System.

KA: *Jetzt sagen mir Eltern oft, wie soll denn mein Kind Rechtschreibung lernen, wenn es schreibt, wie es will?*

Rasfeld: Natürlich müssen Kinder Anleitung bekommen und auch üben. Doch Kinder lernen motivierter, wenn sie den Sinn sehen. Es müssen nicht alle Kinder zur gleichen Zeit das Gleiche lernen. Wenn ein Kind weiß, wenn ich nicht lesen kann, kann ich meinen Text für das Theaterstück nicht lesen, dann lernen sie das im Nu. Das geschieht genauso, wie sie sprechen gelernt haben. Kinder haben ja alles gelernt, bis sie in die Schule kamen. Zum Glück wurden sie vorher noch nicht benotet.

KA: *Wie kommt denn dann ein Kind von sich aus auf die Idee, ich möchte gerne mal Gedichte kennen lernen oder ich möchte ein klassisches Musikstück hören, wenn es das noch gar nicht kennt?*

Rasfeld: Kinder brauchen Angebote und Anregungen. Ebenso wie Gedichte und Musik braucht es auch Anregungen, wie Kinder Verantwortung übernehmen lernen und sich engagieren, da kommen Kinder meistens nicht drauf, weil sie Schule so gar nicht kennenlernen.

KA: *Was sagen Sie zur Digitalisierung? Wie sollte das in der Schule gelehrt werden?*

Rasfeld: Das Wichtigste sind Erwachsene als Beziehungspersonen. In bestimmten Situationen können digitale Medien Hilfsmittel sein für selbstorganisiertes Lernen, um Filme zu machen, zur Dokumentaktion des eigenen Lernwegs, um sich mit Menschen in der ganzen Welt zu verbinden. Digitale Werkzeuge können helfen, Schüler zu befähigen, die großen Herausforderungen des 21. Jahrhunderts zu lösen.

KA: *Stichwort Heterogenität: In den Grundschulen ist Inklusion ja schon länger angekommen. Die Erfahrungen sind unterschiedlich, ob Inklusion gelingt und das Kind gut gefördert wird.*

Rasfeld: Es kommt darauf an, wie Inklusion gemacht wird. Wenn du an der Tafel Unterricht machst, kannst du nicht inklusiv arbeiten. Im geschlossenen System kann man der Vielfalt der Kinder nicht gerecht werden.

KA: *Also wäre die Lösung, das System weiter zu öffnen?*

Rasfeld: Inklusion hängt ja von der Definition ab. Inklusion heißt, jedes Kind kann seine Potenziale entwickeln – und es heißt nicht, Kinder mit Handicap werden in ein System geholt. Inklusion heißt, jeder ist anders und verschieden – und das ist toll so. Jeder hat seine Möglichkeiten. Das gelingt aber nicht, wenn man alles gleich macht.

KA: *Was brauchen wir dafür?*

Rasfeld: Zuerst die richtige Haltung; dass man Freude daran hat, dass jeder anders ist. Und dann brauchen wir andere Lernformate. Das ist unabhängig davon, ob ein Kind eine Behinderung hat, sondern es ist ganz grundsätzlich wichtig, um der Unterschiedlichkeit der Kinder zu entsprechen. Jedes Kind ist anders.

KA: *Sie haben vorhin jahrgangsgemischte Klassen erwähnt. Welche Vorteile sehen Sie?*

Rasfeld: Ich bin für Jahrgangsmischung mindestens über drei Jahrgänge oder vier. Fast alle Montessori-Schulen machen das. Das ist die natürliche Form von Lernen. Geschwister lernen ja auch voneinander. Die Jahrgänge zu trennen, das ist völlig unnatürlich. Kinder können sich gegenseitig helfen und schauen sich viel voneinander ab. Helfen ist ein Grundbedürfnis des Menschen, das gelebt werden kann. Der Lehrer hat dadurch viel mehr Zeit für die individuelle Förderung. Außerdem hilft es gegen den Unterricht im Gleichschritt.

KA: *Zum Thema Schulklima und Schulleben: Es scheint so wichtig zu sein, dass Kinder sich als Teil ihrer Schule erleben.*

Rasfeld: Jahrgangsmischung bringt Große und Kleine in einer Gemeinschaft zusammen. Wenn es dann weitere Lernformate gibt, in denen Kinder sich immer mal wieder neu mischen, kennt schließlich jeder jeden. Außerdem brauchen Schulen ein Ethos. Eine Schule muss für etwas stehen. Das zeigt sich zum Beispiel so: In unserer Schule kümmern wir uns um Frieden, Gerechtigkeit und die Bewahrung der Schöpfung. In Schulversammlungen erleben sich alle als große Gemeinschaft. Bei uns gibt es eine wöchentliche Schulversammlung, die jeweils von einer Klasse vorbereitet wird. Die beginnt mit dem öffentlichen Lob, da kann man jemanden loben oder sich für etwas bedanken. Das ist toll. Und das bedeutet die Wende der Kultur. Kinder bedanken sich für Trost oder Hilfe beim Lernen. Das sind die kleinen Dinge, auf die dann achtsam geschaut wird. Es ist mutig, zu loben. Zum Halbjahr gibt es schriftliche Auszeichnungen. Jeder kriegt eine, und die Klasse überlegt sich, wofür.

KA: *Wie kann man die Veränderung in Schule am schnellsten katalysieren?*

Rasfeld: Man muss sich dafür Musterbrüche überlegen. Musterbrüche sind Dinge, die die Erwachsenen daran hindern, in ihre alten Muster zu fallen. Jahrgangsmischung ist so ein Musterbruch. Ein anderer ist, wenn Kinder wählen, wann sie etwas lernen, oder auch das Lernen im Leben, wo gar kein Lehrer dabei ist. Da kann sich jede Schule überlegen, wie sie Musterbrüche einbaut. Damit ist schon gesagt, dass es völlig normal ist, in alte Muster zu verfallen. Man muss aktiv überlegen, wie man dies verhindern kann. Außerdem brauchen wir einen höheren Sinn für Veränderung. Was sollen Schüler überhaupt heute lernen? Was haben sie vor in einer Zukunft, die unsicher ist, die sie gestalten müssen und in der sie mit schnellen Veränderungen umgehen müssen? Sie müssen stark sein, an sich glauben und brauchen positive Lernerfahrungen und die Erfahrung von Selbstwirksamkeit. Dann kann man sich fragen: So wie wir hier lernen, dient das dem? Oder machen wir genau das Gegenteil davon? Hilfreich ist es, andere Schulen zu besuchen, sich inspirieren lassen. So bekommt man Ideen, dass Schule auch ganz anders sein kann.

KA: *Was bedeutet das für den Lehrberuf? Anders gefragt: Wie sieht für Sie die Lehrkraft der Zukunft dann aus?*

Rasfeld: Wenn der Sinn von Schule ist, junge Menschen zu empowern und zu befähigen, die Welt zu verändern, nachhaltig leben zu lernen, ändern sich alle Rollen. Wir lernen gemeinsam das Neue. Erwachsene sind Vorbilder und Mitlerner. Fehler und Scheitern sind erlaubt und erwünscht, um daraus zu lernen. Vertrauen statt Kontrolle, das Gelingen organisieren statt das Misslingen dokumentieren. Lehrer werden Schatzsucher und Potenzialentfalter. Die neue Lehrerin moderiert Lernprozesse. Sie arbeitet in interdisziplinären Teams, ist Gestalterin von Lernumgebungen, regt an und ermutigt, ist Lernwegebereiter und Lernprozessbegleiter, Berater, Unterstützer und das Wichtigste: geht in Beziehung.

KA: *Auf das gesamte deutsche Bildungssystem geschaut: Warum ist das System so resistent gegen Veränderung?*

Rasfeld: Durch den Föderalismus ist es schwer, eine Vision von Bildung für ganz Deutschland zu entwickeln. Politik bestimmt die Bildung für das jeweilige Bundesland. Bildung wird damit abhängig von politischen Parteien und ihren Logiken. Die Politiker sind auf Ranking orientiert und messen Bildungserfolg daran, ob das Land im Ranking oben oder unten steht. Das ist Ausrichtung auf den alten Geist der Konkurrenz. Und dann kommt nach einer Wahl die nächste Partei und ändert wieder die Richtlinien – und damit steckt die Bildung fest.

KA: *Würden Sie sagen, dass der Föderalismus der gemeinsamen Vision von Bildung schadet?*

Rasfeld: Ja.

KA: *Wie kann man Lehrkräfte gewinnen und sie erhalten? Es gibt inerseits eine hohe Burn-out-Rate und andererseits einen hohen Lehrkräftemangel. Und was können Lehrkräfte tun, um bei Kräften zu bleiben?*

Rasfeld: Wir wissen ja, was gesund macht: Verstehbarkeit, Partizipation und Sinn. Wenn sie Standards erfüllen müssen und Arbeitsblätter ausfüllen lassen, hat das wenig mit Sinn zu tun und mit Partizipation. Wichtig ist der große Sinn: Wofür ist Schule heute überhaupt da? Lehrende müssen ihre Rolle und ihre Vision finden und mitgestalten. Und schließlich muss die größere Frage gestellt und beantwortet werden: In welcher Welt wollen wir leben?

KA: *Wir hören häufig, dass finnische Schulen einen höheren Gestaltungsspielraum haben. Wie sehen Sie hier die Möglichkeiten der deutschen Schulen?*

Rasfeld: Das ist schon richtig, dass finnische Schulen viel weiter sind. Aber bei uns wird der Gestaltungsspielraum für die meisten Schulen gar nicht ausgeschöpft. Wenn man nachschaut, steht in jedem Schulgesetz als Grundsatz: Erziehung zum mündigen Bürger, zu Selbstverantwortung, die Übernahme von Verantwortung für die Umwelt, Respekt. Die Spielräume sind viel größer. Wir haben wenig Spielraum in der Notengebung, aber was Jahrgangsmischung oder projektbasierten Unterricht angeht, wird der Freiraum gar nicht genutzt. Natürlich wäre es besser, wenn man die gewollte Autonomie der Schulen hätte. Aber die Gestaltungsspielräume werden zu wenig genutzt. Oft wird gesagt: Wir dürfen ja nicht.

KA: *Also schränken Schulen sich selber ein?*

Rasfeld: Ja. Wir haben natürlich auch Schulen in Bayern, bei denen sehr stark von oben kontrolliert wird, aber wir haben auch Länder, in denen viel passiert, zum Beispiel in Nordrhein-Westfalen. Und in Berlin zum Beispiel brauchen die Sekundarschulen bis Klasse 9 keine Noten zu geben, und trotzdem geben fast alle Schulen Noten.

KA: *Woran liegt das?*

Rasfeld: Um gegen den Strom zu schwimmen, muss man ein Kollegium hinter sich haben, das darf keine Einzelentscheidung sein. Da kommen auch im Kollegium wieder die alten Muster ins Spiel, die Angst, etwas zu verändern, und dann der Gedanke: Das haben wir immer schon so gemacht, das soll so bleiben. Und vielen ist auch nicht klar, was Noten in Kindern bewirken. Die Eltern müssen auch unbedingt ins Boot geholt werden.

KA: *Wie kann man das Problem des Lehrkräftemangels angehen?*

Rasfeld: Wenn sich Schulen zu Lernlandschaften entwickeln, können viele Menschen Lehrer sein. Das können Künstler, Handwerker oder Senioren sein, die außerhalb der Schule mit den Kindern arbeiten. In der digitalen Szene gibt es jetzt auch viele Start-ups, die Projektpartner von Schulen sein können. Diese Angebote muss man intelligent einbinden. Wenn wir Schule so öffnen, wollen auch viele Menschen Lehrer werden. Dann muss sich natürlich auch die Ausbildung verändern.

KA: *Wie kann die notwendige Veränderung für Schulen initiiert werden? Von wem geht die Kraft für die Veränderung aus?*

Rasfeld: Im Moment geht die Kraft von der Basis aus, von den Schulen. Aber vielleicht nehmen sich andere ein Beispiel am Kultusminister von Niedersachsen, Herrn Grant H. Tonne. Der hat zur Bildungsvision 2040 aufgerufen, vielleicht findet das Nachahmer. Es ist eine Bewegung von den Schulen aus, also bottom-up, aber es wäre gut, wenn sie von oben unterstützt wird.

KA: *Was möchten Sie gerne noch ergänzen?*

Rasfeld: Es sollten Schulen initiiert werden, die von Kindern mitgeleitet werden, wie die "Rebel High School" in Berlin. Die Kinder sollten an der Leitung beteiligt sein und in allen Gremien dabei sein. Sie sprechen Wahrheiten aus, sind kreativ und mutig.

2.5 Digitale Bildung – (k)ein Themenschwerpunkt in diesem Buch

Warum kommt Digitalisierung in diesem Buch nicht schwerpunktmäßig vor, obwohl durch den Digitalpakt mehr Ressourcen zur Verfügung gestellt werden? Zugegeben, Deutschland schneidet laut **Icils 2018** nicht gut ab.

Icilstudie 2018

Icils bedeutet „International Computer and Information Study". Sie wird an der Universität Paderborn durchgeführt und testet die digitalen Kompetenzen von Jugendlichen der achten Klasse und vergleicht sie international. Deutschland schneidet mittelmäßig ab. Als Hintergrund werden teilweise auch die Kompetenzen vermutet, die Schülerinnen und Schüler sich außerhalb der Schule aneignen.[1]

1 Icils 2018. In: https://kw.uni-paderborn.de/fileadmin/fakultaet/Institute/erziehungswissenschaft/Schulpaedagogik/ICILS_2018__Deutschland_Presseinformation.pdf

Eine sinnvolle flächendeckende Ausstattung setzt allerdings voraus, dass zuvor eine Infrastruktur und Konzeption geschaffen wurde, die über die reine Ausstattung – die schnell veraltet – weit hinausreicht. Mein Beitrag konzentriert sich auf die strukturelle und konzeptionelle Veränderung von Schule und Unterricht. Technische Mittel sind, wie Micha Pallesche im Interview erläutert, nachrangig zur Haltungsänderung, die mit der Digitalität einhergehen muss. Analoge und digitale Medien können nebeneinander stehen und den Unterricht bereichern, der Schwerpunkt muss jedoch auf dem Lernen liegen. Dass die Digitalisierung des Unterrichts neue Methoden hervorbringen und die Individualisierung vorantreiben kann, ist durch die Schulschließungen in greifbarere Nähe gerückt. Alle Tools und Plattformen greifen jedoch als Unterrichtsmethoden zu kurz, wenn nicht zuvor die pädagogische Ausrichtung in den Fokus genommen wird. Schleicher dazu: „Die größte Entwicklung liegt in der Herausforderung einer neuen Pädagogik. Wir haben heute Technologien aus dem 21. Jahrhundert, Unterrichtskonzepte aus dem 20. Jahrhundert und eine Lern- und Arbeitsumgebung für Schulen aus dem 19. Jahrhundert."[6]

6 Interview mit Andreas Schleicher: Durch die Digitalisierung wird das Lernen demokratisiert (15.11.2018). In: https://deutsches-schulportal.de/unterricht/durch-die-digitalisierung-wird-das-lernen-demokratisiert/ (recherchiert am 5.5.2020)

3 Ganztagsschule gut machen!

Mit dem Jahr 2025 wird die Ganztagsbetreuung zum Rechtsanspruch für Eltern werden. Dann werden alle Grundschulen verpflichtet sein, eine ganztägige Betreuung anzubieten. Dies könnte auch eine Chance sein, um der Benachteiligung im Schulerfolg, die immer noch für Schülerinnen und Schüler mit sozial schwacher Herkunft entsteht, entgegenzuwirken. „Die Lösung heißt Ganztagsschule. Herkunft und Schulerfolg" titelt die SZ 2018 und fordert deren raschen Ausbau.[7] So könnten alle Kinder unabhängig von Herkunft und Muttersprache die Chance auf Förderung durch pädagogische Kräfte erhalten. (ebda.) Das wäre ein pädagogischer Gedanke zur Ganztagsschule; aus meiner Sicht der wichtigste. Nach dem Koalitionsvertrag ist hier jedoch nur von „Betreuung" die Rede, damit wären pädagogische Bemühungen im Ganztag finanziell nicht abgedeckt.

3.1 Ganztag als „Verwahrung"?

Das Ganztagsprogramm wird dann von Eltern genutzt, „wenn sie es zu ihrer Entlastung benötigen und ihre Arbeitszeit stabilisieren können". (H. Deckert-Peaceman in Beiträge zur Reform der Grundschule, Bd. 122, S. 115, 2006) Nachrangig seien Motive wie Unterstützung in der Erziehung oder Ausbildung. Ovortrup (2005, S. 43 f.) beschreibt, wie die Ganztagsprogramme einen Teil der Schularbeitszeit für Kinder bilden und sie damit eine hohe Steigerung ihrer „Arbeitszeit" erfahren. Ein Schultag mit Betreuung sei damit einem Tag der Erwerbstätigkeit von Erwachsenen vergleichbar. Diese Argumentation verdeutlicht, dass auch die Ganztagsbetreuung pädagogisch gedacht werden muss. Hierzu kommt die Unicef-Studie 2013 zu folgendem Ergebnis:

> „Offenbar fehlt es vielen Kindern in Deutschland an einem positiven Selbstwertgefühl. Es ist Aufgabe der Erwachsenen, Kindern die Möglichkeit zu eröffnen, den Glauben an sich selbst zu entfalten (…). Mädchen und Jungen brauchen Freiräume, um sich im Spiel mit anderen Kindern eigenständig zu entwickeln. Dazu sollten wir ihnen in und außerhalb der Schule genug Platz lassen. Dies sollte zukünftig

7 Süddeutsche Zeitung (23.10.2018). Kommentar von Kohlmaier, M.

bei allen politischen Anstrengungen für Kinder bedacht werden." (Unicef-Studie 2013, S. 10)

Hier klingt bereits an, dass Kinder den Ganztag als Belastung erleben können.

3.2 Ganztag als Belastung?

Die Stress-Studie 2015 „Burn-Out im Kinderzimmer: Wie gestresst sind Kinder und Jugendliche in Deutschland?" (H. Ziegler, Uni Bielefeld[8]) kommt zu dem Ergebnis, dass 18 Prozent aller 6–11jährigen und 19 Prozent aller 12–16jährigen unter deutlich hohem Stress leiden und zahlreiche Symptome zeigen. Dies geschieht häufig unbemerkt von den Eltern, die zu 87 Prozent nicht der Meinung sind, ihre Kinder zu überfordern. Als Stressoren werden zu wenig Qualitätszeit und eine von Eltern bestimmte Freizeitplanung genannt. Das sind also pro Klasse etwa fünf Schülerinnen und Schüler, die besonders gestresst sind oder von Burn-out bedroht. Es ergeben sich dadurch auch Fragen für die Ganztagsbetreuung:

- Wann ist Zeit für Entspannung?
- Wann ist zweckfreie familiäre Zeit?
- Wie können Hobbys wie Sport und kulturelle Aktivitäten so gedacht werden, dass sie nicht zusätzlich zu einem langen Schultag zur zeitlichen Belastung werden?

3.3 Kindermeinungen zum Ganztag

In der Studie zur Qualität der Ganztagsschule von Dr. Charlotte Röhner und Diplompsychologe Andrés Oliva y Hausmann (2006) wird erstmalig die Sicht der Adressaten aufgenommen, die der Kinder: Laut ihren Ergebnissen wurde die Nachmittagsbetreuung von den 35 in Interviews befragten Kindern neben den Fächern Sport, Schwimmen und dem Spielen in der Pause am häufigsten positiv bewertet. Dies ist noch keine qualitative Aussage für das ganze Land, aber es könnte eine Tendenz aufzeigen. Zumindest

8 Psychische Gesundheit in der Ganztagsschule (7.8.2020). In: https://www.ganztaegig-lernen.de/psychische-gesundheit-der-ganztagsschule (recherchiert am 5.5.2020)

können Kinder zu den pädagogischen Kräften der Nachmittagsbetreuung häufig ein offeneres und weniger auf Leistung und Bewertung fokussiertes Verhältnis haben. Teilweise erfahren die Betreuerinnen mehr über familiäre Situationen, Freundschaften oder aktuelle Themen als Lehrkräfte am Vormittag.

Ein Fazit, das die beiden Autoren aus der Studie ziehen, hängt mit der oben genannten zeitlichen Einschränkung der Kinder durch den Ganztag zusammen:

> „Mit der Teilnahme am Ganztag, die vielfach den Interessen der berufstätigen Eltern geschuldet ist, werden der selbstbestimmten Verfügung der Kinder über den Nachmittag Grenzen gesetzt. (...) Die Beteiligung der Kinder an der Gestaltung des Nachmittags ist ein wesentliches Qualitätsmerkmal und stellt ein zentrales Feld in der pädagogischen Entwicklung der Ganztagsschulen dar (...)"[9]

Mit welchem Ziel der Ganztag ausgebaut wird, prägt demnach die Qualität des Programms. Auch hier stellen sich Fragen:

- Geht es um die Betreuung während der Berufstätigkeit der Eltern?
- Geht es um neue pädagogische Konzepte, wie Lernen an Vormittag und Nachmittag gelingt?
- Oder geht es um die Chance, die Ganztag als **Sprachbad** der Mehrsprachigkeit bietet?

Sprachbad

Das Sprachbad bedeutet ein möglichst umfassendes Eintauchen in die zu erlernende Sprache. Durch diese Methode der Einsprachigkeit (Fachbegriff „Immersion") und die Unterstützung durch Mimik, Gestik und Zeigen erschließen die Lernenden sich die neue Sprache besonders eigenständig und nachhaltig. Gerade im Ganztag erlernen Schülerinnen und Schüler so die neue Sprache aus dem Zusammenhang der Situation.

9 Röhner, C./Hausmann y Oliva, A. In: Beiträge zur Reform der Grundschule, Band 122, S. 278

3.4 Ganztag im Vergleich

Ganztag ist eine relativ neue Schulstruktur, die Potenzial beinhaltet. Hier liegen insbesondere dann enorme pädagogische Chancen, wenn ein Ganztagsprogramm mehr ist als Betreuung nach dem Unterricht. Die OECD-Studie zu „Resilienz“ hält dazu fest: „Gerade in Deutschland sind es zudem vor allem Ganztagsschulen, die in der Lage sind, geeignete Angebote über den Unterricht hinaus zu machen, die die Resilienz bei Schülerinnen und Schülern fördern können.“ (2018, S. 3) Heterogenität, ein positives Klima an der Schule und ein gelungenes Ganztagsprogramm können demnach Schülerinnen und Schüler stärken. Wenn das gelingt, werden diese Kinder als Erwachsene ein erfolgreicheres Leben führen, im Schnitt gesünder leben, dadurch weniger Krankenleistungen erfordern und mehr zum Gemeinwohl beitragen können. Schule als Lebensort ist also mit entscheidend für das weitere Leben vieler.

Aus den dargestellten Aspekten leite ich meine dritte These ab:

Gute Schulen sind Lebens- und Lernorte für Schülerinnen und Schüler, in denen sie sich wohlbefinden und angenommen fühlen.

Interview mit Brigitte Schulz: „Küchen-Talk" mit einer Kollegin

Brigitte Schulz ist seit 2000 Schulleiterin. Sie ist zudem Mutter eines erwachsenen Sohnes, Schulbuchautorin und war lange Jahre Fachberaterin für Grundschulen und Unterrichtsentwicklungsberaterin für das Fach Deutsch. In diesem Zusammenhang hat sie eine Weiterbildung in Organisationsentwicklung abgeschlossen. Seit 19 Jahren leitet sie eine Grundschule in Frankfurt/M., die seit langer Zeit den Gemeinsamen Unterricht von Kindern mit und ohne Behinderung praktiziert und daher für ihre Haltung und Expertise einen guten Ruf in der Stadt genießt. Für mich ist sie eine geschätzte Kollegin und Beraterin in komplexen Situationen. Das Interview mit ihr zeigt – neben anderen Themen –, wie die Kombination von Förder- und Forderangeboten sowie Angeboten nach Interessen in den Nachmittag integriert werden kann und dass dazu vorausgehende pädagogische Überlegungen notwendig sind.

Kati Ahl: *Was ist deine Leidenschaft in deinem Beruf und was treibt dich an?*

Brigitte Schulz: Mir liegen die Kinder am Herzen. Das ist die größte Leidenschaft. Und ich mag das Unterrichten. In der ersten Woche meines Studiums wurde mir die Frage schon einmal gestellt. Damals habe ich geantwortet: Ich möchte, dass alle Kinder gut deutsch sprechen können. Und Sprache ist nach wie vor ein wichtiger Antrieb für mich: eine gute Kommunikation mit den Kindern, aber auch mit dem Kollegium und allen, die zur Schulgemeinde gehören.

KA: *Jeder hat ja Erinnerungen an seine persönliche Schulzeit. Wie hast du deine erlebt?*

Schulz: Aus meiner Grundschulzeit gibt es Schreckensbilder wie jenes, wo ein großer Lehrer mit langen Schritten durch die Gänge läuft und Angst verbreitet; oder eine Lehrerin, die uns mit dem Geigenstock auf die Finger geschlagen hat und die Kreide oder Schlüssel geworfen hat. Aber die Gymnasialzeit habe ich in ganz guter Erinnerung, ich bin die meiste Zeit gerne in die Schule gegangen. Und ich wusste früh, dass ich Lehrerin werden will.

KA: *Was ist denn deine Einschätzung: Wie sollte eine Schule der Zukunft aussehen? Und wie muss sich Schule dafür aus deiner Sicht verändern?*

Schulz: Ich glaube, die Schule der Zukunft muss menschlich sein. Und Menschlichkeit heißt, dass jede Person, ob Kind oder Erwachsener, in der Persönlichkeit gewürdigt und mit seinen Stärken und Schwächen anerkannt wird. Das bedeutet, wertschätzend miteinander umzugehen, jede Person zu sehen und zu fördern. Natürlich muss die Schule von den Räumen her so gestaltet sein, dass man sich wohl fühlt, und zwar ganztägig. Die Schule der Zukunft wird ganztägig sein, und es muss Räume geben, in denen man seine Freizeit verbringt und Räume für Unterricht – und das sollten nicht die gleichen Räume sein! Es muss auch Räume geben für die Erwachsenen, die in der Schule tätig sind, Arbeitsräume. Und es müssen verschiedene Professionen in der Schule kooperieren, nicht nur Lehrer und Sozialpädagogen – so weit sind wir ja zum Glück schon –, sondern auch Psychologen und Therapeuten. Denn wenn die Kinder ganztägig in der Schule sind, müssen sie danach Zeit haben für ihre Familie.

KA: *Wenn ich das aufgreife, dann würde das ja bedeuten: Therapie und besondere Förderung müssen in der Schulzeit liegen, sonst stehen Eltern und Kinder durch den Ganztag vor neuen Herausforderungen.*

Schulz: Ja, aber auch weitere Angebote, nicht nur Therapie. Im Moment haben wir häufig die Situation, dass die Kinder bis 17 Uhr in die Hortbetreuung gehen und dann noch reiten, Ballett oder andere Hobbys ausüben. Ich finde, das gehört alles in die Schule, damit sie auch noch Freizeit in der Familie haben. Außerdem bin ich davon überzeugt, dass Schulen Familien stärken müssen. Das finde ich sehr wichtig, weil die Familien immer mehr an Bedeutung verlieren, aber die Kinder den konstanten Bezug zu den Eltern brauchen. Ich denke, dass wir zukünftig auch die Eltern erziehungskompetenter machen müssen, weil ich bei ihnen viele Defizite beobachte. Eltern sind häufig unsicher und wissen nicht, wie sie mit den neuen Herausforderungen umgehen sollen; etwa in der Frage: Wie unterstütze ich mein Kind, wenn es ein Handy bekommt? Schule und Eltern müssen sich als Erziehungspartner verstehen. Das ist eine der größten Herausforderungen, die auf uns zukommt. Bisher fühlen sich Eltern teilweise angegriffen, wenn die Schule versucht, gemeinsame Erziehungsvereinbarungen zu treffen. Es gibt einige Eltern, die das als Eingriff in ihre Persönlichkeitsrechte wahrnehmen. Man sollte es als Chance sehen, gemeinsam für das Kind an einem Strang zu ziehen. Auch diese Eltern erlebe ich.

KA: *Du selbst arbeitest an einer sehr engagierten Schule. Wenn du nun davon absiehst und auf das gesamte Schulsystem schaust: Was findest du schon umgesetzt und wo siehst du den größten Handlungsbedarf?*

Schulz: Handlungsbedarf sehe ich in allen genannten Bereichen. Ich war ja auch lange in der Schulentwicklungsberatung und ich glaube, es braucht einen sehr langen Atem, um für diese Vision von Schule, wie ich sie zuvor skizziert habe, zu überzeugen und sie umzusetzen. Das funktioniert nur, wenn man alle Beteiligten mitnimmt. Veränderungsprozesse brauchen immer sehr lange, und man kann sie nicht von oben verordnen.

KA: *Das ist auch eine Frage, die mich umtreibt. Veränderungsprozesse sind ja in großen Systemen schwierig zu initiieren. Was sind aus deiner Sicht Initialzündungen, um diese Veränderung anzustoßen?*

Schulz: Die größte Initialzündung ist immer das eigene Problem. Wenn ein Problem auftaucht, muss man zusammen daran arbeiten; und das ist oft ein entscheidender Auslöser für Schulentwicklung. Deswegen sind Brennpunktschule häufig die Schulen, die sich am meisten weiterentwickeln und die Probleme angehen. Natürlich gibt es auch Initialzündungen von außen, wie der Umzug in ein neues Gebäude oder der Aufbau einer neuen Schule. Dafür braucht man (als Schulleitung, Anmerkung der Autorin) eine Person mit der entsprechenden Vision, die die passenden pädagogischen Kräfte auch auswählen kann. Das erfordert die Entwicklung eines gemeinsamen Konzepts. Kontraproduktiv ist es, wenn einfach von anderen Schulen Lehrkräfte abgeordnet werden.

KA: *Wie können Schülerinnen und Schüler auf Schule Einfluss nehmen? In der Grundschule sind die Möglichkeiten vielleicht etwas begrenzt, aber in den höheren Klassen gibt es sicher Ansätze.*

Schulz: Die Schülerinnen und Schüler sollen sich über die Mitbestimmungsgremien hinaus einbringen können. Das bedeutet auch, dass die Lehrkräfte sie lassen müssen, dass Rituale und regelmäßige Treffen vereinbart werden müssen, sodass Kinder sich auf allen Ebenen einbringen können, sowohl was den Unterricht und die Gestaltung der Schule als auch des Ganztags angeht. Und sie brauchen auch Ansprechpartner, gerade die pubertierenden Schülerinnen und Schüler brauchen Vertrauenspersonen in der Schule.

KA: *Zum Aspekt Leistung: Wie wird aus deiner Sicht die Leistung ideal gefördert?*

Schulz: Das selbsttätige Lernen wirkt am stärksten nachhaltig. Kooperative Lernformen und projektorientiertes Arbeiten, die es in Ansätzen ja schon länger gibt, müssten im Vordergrund stehen. Lehrkräfte müssen sich als Lernbegleiter verstehen und auch entsprechend agieren.

KA: *Wie kann das gelingen?*

Schulz: Indem der Unterricht verändert wird, z.B. beim projektorientierten Lernen. Da kann sich jedes Kind entsprechend seiner eigenen Kompetenzen einbringen; die Lehrkraft muss natürlich entsprechendes Feedback geben. Das Feedback kann auch durch andere Kinder erfolgen, aber es braucht ein Feedback, damit die Kinder sich weiterentwickeln können.

KA: *Wie können diese Leistungen dann bewertet werden?*

Schulz: Noten sind nicht das Mittel der Wahl, man braucht ein differenzierteres Feedback. Insgesamt glaube ich, dass wir keine Noten brauchen, sondern dass ein aussagekräftiges Feedback viel wichtiger ist. Das kann schriftlich und mündlich geschehen, und dabei sollten immer auch die Eltern mit einbezogen sein. Es geht also um regelmäßige Lernentwicklungsgespräche, bezogen auf alle Fächer und bezogen auf alle kognitiven und emotional-sozialen Kompetenzen.

KA: *Gibt es eine Notwendigkeit für neue Unterrichtsfächer, zum Beispiel für das Unterrichtsfach Glück?*

Schulz: Nein. Davon halte ich nichts. Wenn die Schule so ist, wie ich sie vorhin beschrieben habe, dann brauchen wir so etwas nicht. Die Kinder müssen ein Gefühl entwickeln für die Antwort auf die Frage: Was brauche ich, um glücklich zu sein? Dafür brauchen wir kein Fach. Es braucht vielleicht eher ein Fach für den Umgang mit den sozialen Medien, aber auch das ist eigentlich eine Querschnittsaufgabe.

KA: *Was hältst Du von den Lehrplänen, die ja von Bundesland zu Bundesland verschieden sind?*

Schulz: Wenn die Lehrpläne alle kompetenzorientiert wären und nicht einen Fächerkanon zum Beispiel für Deutsch und Literatur vorschreiben würden, dann würden die Unterschiede keine Rolle spielen. Die Lehrpläne sollten Kompetenzen beschreiben und die Inhalte sollten freier wählbar sein; je nachdem, was die Schülerinnen und Schüler brauchen und was gerade aktuell ist. Das wird sich ja in unserer rasant wandelnden Gesellschaft schnell verändern.

KA: *Aus der Schülerperspektive gefragt: Im Laufe der Schulzeit verliert sich häufig die Freude am Lernen. Woran liegt das?*

Schulz: Das liegt am Unterricht; daran, dass die Kinder sehr stark fremdbestimmt arbeiten müssen, dass sie nicht viel kooperieren und dass es häufig noch einen stark lehrerzentrierten Unterricht gibt. Das können nur die Lehrkräfte verändern, dafür braucht es Unterrichtsentwicklung. Dafür müssen sich Lehrkräfte öffnen; nicht die Tür zumachen, sondern untereinander mehr kooperieren und sich als Kollegium fortbilden. In den Schulen müsste man sich mehr mit Unterricht befassen, aber dazu braucht es mehr Zeit. Wir verbringen sehr viel Zeit mit Verwaltungstätigkeiten, organisatorischen Dingen und den Rahmenbedingungen. Das Wichtigste ist aber der Unterricht.

KA: *Welche Beobachtungen konntest du persönlich machen?*

Schulz: In meiner Tätigkeit als Schulleiterin habe ich gesehen, dass es lange dauert, bis Lehrkräfte sich öffnen und über ihren Unterricht sprechen. Das liegt auch an der Unterrichtsbelastung, die Lehrkräfte müssten viel weniger Unterricht geben, dann könnten sie sich auch anders vorbereiten. Aber ich glaube, es hat auch mit inneren Widerständen zu tun. Bei den jungen Lehrkräften sind diese nicht mehr ganz so ausgeprägt. Es muss in den Schulen ein offenes Klima herrschen, dazu trägt die Multiprofessionalität bei. Wir brauchen mehrere Personen in der Klasse und offene Lernlandschaften in den Klassenräumen, dann verlieren Kollegen auch ihre Ängste. Wenn es eine Offenheit gibt, über Fehler zu sprechen, entwickelt sich auch der Unterricht weiter. Junge Kolleginnen und Kollegen sind für ein Kollegium ein guter Impuls, man muss ihnen die Türen öffnen und sich auch selbst für ihre Ideen öffnen. Oft wird gesagt, die stößt sich ihre Hörner schon ab, und dann machen wir weiter wie bisher. Diese Haltung und dieses Klima, das daraus resultiert, muss man in Schulen überwinden.

KA: *Eine ganz andere Frage: Wie sollten Jugendliche in der Pubertät lernen?*

Schulz: In der Pubertät stehen entwicklungsbedingt eigene Interessen im Vordergrund. Da sollte es unbedingt in der achten Klasse eine Zeit geben, in der Heranwachsende das echte Leben außerhalb der Schule kennenlernen.

KA: *Zum Thema Umgang mit Vielfalt und Heterogenität: Inklusion ist ja weiterhin eine große Herausforderung für Schulen, aber auch für die gesamte Bildungslandschaft und Schulverwaltung. Wie kann dem Anspruch an Inklusion in Zukunft entsprochen werden? Wo sollten wir uns hin entwickeln?*

Schulz: Inklusion ist grundsätzlich nicht infrage zu stellen. Um sie gut zu machen, brauchen wir sehr viel Kooperation unter den verschiedenen Professionen. Natürlich benötigen wir viel mehr Ressourcen, das ist ganz klar. Aber das ist nicht der einzige Hebel, an dem man ansetzen könnte, denn man sollte bedenken: Wenn mehr Ressourcen da sind, muss man auch mehr kooperieren. Und dafür braucht es feste Zeiten außerhalb des Unterrichts. Die Schule muss also so organisiert sein, dass es fest vereinbarte Kooperationszeiten ohne andere Hindernisse oder Wartezeiten gibt. Dafür werden Räume gebraucht, dafür werden die professionellen Teams gebraucht, also die Förderschul-Lehrkraft, die Klassen-Lehrkraft und die Integrations-Assistenz. Auch die therapeutischen Fachkräfte müssen mit eingebunden werden.

KA: *Was meinst du: Sollten alle Förderschulen aufgelöst werden?*

Schulz: Lernhilfe-Schulen und Schulen für Kinder mit Sinnesbeeinträchtigungen könnten tatsächlich aufgelöst werden. Bei den Schulen mit dem Förderschwerpunkt Geistige Entwicklung bin ich nicht so sicher, ob es nicht den Schonraum braucht für solche Kinder, die nicht damit zurechtkommen, dass sie mit ihrer Behinderung ständig konfrontiert sind, das ist ja in der Inklusion der Fall. Ich denke, Schulen mit dem Förderschwerpunkt Geistige Entwicklung sollte es weiter geben, aber natürlich ist das Ziel, dass auch diese Kinder in die Regelschule gehen können. Es gibt manchmal Fälle, bei denen ich denke, die Inklusion ist unter den aktuellen Bedingungen nicht leistbar. Und manchmal macht es in der inklusiv arbeitenden Schule auch Sinn, die Inklusion zeitweilig aufzulösen und die Förderkinder zusammen zu nehmen. Wir haben zum Beispiel einen Lerninsel-Tag, an dem alle Kinder mit dem Förderbedarf Geistige Entwicklung zusammenkommen. Das ist für sie eine große Chance, weil sie sich kennenlernen, weil sie merken, sie sind nicht alleine und weil sie sich dann in der Pause auf dem Pausenhof wiederfinden. Sie freunden sich teilweise über die Jahre hinweg an, genauso wie Hochbegabte das auch tun; was ich übrigens auch sehr wichtig finde.

KA: *Gesellschaft verändert sich schnell, Schulen entwickeln sich eher langsam. Wie kann Schule da auf die Zukunft vorbereiten?*

Schulz: Schulen müssen sich immer infrage stellen. Sie müssen sich immer fragen: Werden wir den Kindern gerecht? Bereiten wir die Kinder auf die Zukunft vor? Das Wichtigste ist, dass man die Kinder in ihrer Persönlichkeit stärkt, dann sind sie auch gewappnet für die Zukunft. Und sie müssen das Lernen lernen, denn in unserer Gesellschaft müssen wir lebenslang lernen. Das gilt ebenso für Lehrinnen und Lehrer. Diese sagen aber oft: Das habe ich an der Uni nicht gelernt. Nur wenn Schulen sich als lernendes System begreifen, können sie die Kinder auf die Zukunft vorbereiten.

KA: *Stichwort Lehrermangel: Was müsste man tun, um gute Lehrkräfte zu gewinnen?*

Schulz: Man müsste sie besser bezahlen. Das ist zumindest für die Grundschule ein ganz wichtiger Punkt. Das Gehalt schreckt viele junge Menschen ab. Daneben muss der Lehrberuf von den Rahmenbedingungen her aufgewertet werden, also: mehr Gehalt, weniger Unterrichtsstunden, auf das ganze Land hin gesehen etwas kleinere Klassen, auch an Gymnasien. Außerdem muss das Bild in der Öffentlichkeit verbessert werden.

KA: *Welche Frage hat dir gefehlt oder worüber hättest du gerne noch gesprochen?*

Schulz: Vielleicht fehlt die Frage nach der Rolle der Schulleitung. Ich glaube, dass der Schulleitung eine sehr große Rolle zukommt, was das Menschenbild und den wertschätzenden Umgang miteinander angeht. Eine Schule funktioniert vielleicht eine Weile auch ohne Schulleitung, wenn sie nur verwaltet wird. Aber auf Dauer kann sie sich nur weiterentwickeln, wenn eine Schulleitung eine eigene Vision hat und die Entwicklung klug steuern kann; nicht alleine, sie braucht dabei Unterstützung von innen aus dem Kollegium heraus und von externen Unterstützungssystemen.

4 Standortbestimmung: Schule heute

Kommen wir zurück zur Ausgangsfrage: Wie kann Schule unter diesen Umständen und bei gleichzeitig rasant fortschreitenden gesellschaftlichen Entwicklungen Kinder auf die Zukunft vorbereiten? Hier finden einige meiner Interviewpartnerinnen und -partner eine interessante Antwort: Die Schule soll Kinder stark machen, damit sie in jeder möglichen Zukunft gut zurechtkommen. Wie das konkret aussehen kann, wird in den nächsten Kapiteln Thema sein.

4.1 Kinder im Fokus der Gesellschaft

Wenn Kinder und Jugendliche in den Fokus rücken, dann häufig als Konsumenten; als diejenigen, die die Renten der Zukunft sicherstellen sollen, als „digital natives" oder diejenigen, die heute besonders schwierige Bedingungen vorfinden[10], oder als jene, die es viel leichter haben als vorhergehende Generationen, wenn wir uns die medialen Diskussionen um Schwierigkeitsgrade beim Abitur und das sinkende Anspruchsniveau vor Augen halten.

Relativ neu ist der Gedanke, Kinder und Jugendliche selbst zu Themen zu befragen, mit denen sie zu tun haben. Sicher hat gerade die Verbreitung der Kinderrechte hier für einen Schub gesorgt, denn die Kinderrechte implizieren, dass Kinder und Jugendliche zu Themenbereichen befragt werden sollen, die sie betreffen. Offen ist die Frage, wie groß der Einfluss der Kinder und Jugendlichen sein soll, welche Befugnisse aus den Befragungen abgeleitet werden und wer welche Entscheidungen trifft. Oder anders formuliert: Die Fragen rund um Autorität und Macht zwischen Kindern / Jugendlichen und den Erwachsenen werden unterschiedlich diskutiert. Ich beobachte dabei eine zunehmende Verunsicherung bei Eltern, aber auch bei Lehrkräften sowie in der bildungspolitischen Diskussion. (Die Frage, wie weit Mitbestimmung gehen kann, wird in Kapitel 11.3 genauer erörtert.)

10 vgl. Stress und Erschöpfung bei Kindern und Jugendlichen von Schulte-Markwort, M., Kinder- und Jugendpsychiater. In: https://www.eltern-bildung.at/expert-inn-enstimmen/stress-und-burnout-praevention/ (recherchiert am 5.5.2020)

4.2 Doch, wir brauchen „Kuschelpädagogik"!

Oft wurde den deutschen Schulen „Kuschelpädagogik" vorgeworfen, insbesondere den Grundschulen. Gemeint ist damit eine zu freigiebige, wenig richtungweisende Pädagogik mit Wohlfühlcharakter. Hierzu äußern sich insbesondere Personen, die selbst nicht im Bildungsbereich tätig sind. Der Psychiater Michael Winterhoff beispielsweise analysiert in seinem Bestseller „Deutschland verdummt":

> „Fakt ist, nicht mehr alle Kinder können in dieser Hinsicht [den Weg gewiesen zu bekommen, *Anm. d. Autorin*] auf ihre Eltern zählen. Bleibt noch die Schule. Sie ist viel mehr als nur der Ort, an dem Kinder Lesen, Schreiben, Rechnen lernen. Ihr übergeordnetes Ziel ist es, die Psyche des Kindes altersgerecht zu entwickeln. Weil sich die Mehrheit der Eltern in der Beziehungsstörung der Symbiose mit ihrem Kind befindet und in puncto Entwicklung der kindlichen Psyche Totalausfälle sind, müsste die Schule eigentlich doppelte Arbeit leisten. Doch auch von dieser Seite werden die Kinder im Stich gelassen. Mit den heutigen Lernkonzepten werden wichtige psychische Funktionen des Kindes gar nicht abverlangt und eingeübt." (2019, S. 28)

(Auf die teils umstrittenen Thesen von Winterhoff soll hier aus Platzgründen nicht vertiefend eingegangen werden.)

Erst die Hattie-Studie und Ergebnisse der Hirnforschung zeigten, dass **Emotionen** relevant und Lernen mit Freude und unter positiven Beziehungen erfolgreicher ist als Lernen unter Stress. Unter anderem hat dazu der Neurowissenschaftler Manfred Spitzer verschiedene Versuchsreihen durchgeführt und festgestellt: „Emotionen beeinflussen [das, *Anm. d. Autorin*] Lernergebnis. (…) Deshalb ist es so wichtig, dass es in einer Schule freundlich zugeht."[11]

11 Spitzer, M. (2016): Warum Freude am Lernen so wichtig ist. In: Schule & wir, Broschüre des Kultusministeriums Bayern, S. 7

Lernen und Emotionen

Bei einer Testreihe unter der Leitung des Hirnforschers Manfred Spitzer konnte dieser nachweisen, dass neue Informationen insbesondere unter negativen Emotionen anders verarbeitet werden und eine andere Gehirnaktivität nach sich ziehen. Hier wird der Mandelkern (Amygdala) aktiviert. Dieses Hirnareal wird unter anderem dann angesprochen, wenn ein Mensch sich bedroht fühlt. Blutdruck und Puls erhöhen sich und der Mensch ist flucht- oder kampfbereit. Die gleichzeitig neu eintreffende Information hat nur eine niedrige Verarbeitungstiefe und wird voraussichtlich wenig abgespeichert. Unter positiv abgesicherten Eindrücken konnten die Teilnehmenden der Studie dagegen deutlich bessere Merkleistungen erzielen.

Positive Lernatmosphäre oder „Schulinfarkt"?

Die Schülerinnen und Schüler erreichen also in positiver Atmosphäre bessere Ergebnisse. Da stellt sich mir die Frage: Ist eine Schule zum Wohlfühlen vielleicht doch das bessere Konzept? Wie verträgt sich das mit einem Leistungsanspruch? Wie erlernen Kinder Anstrengungsbereitschaft?

Gleichzeitig gibt es neben den Auswirkungen auf den Lernerfolg und einer funktionalistisch orientierten Betonung von guten Beziehungen weitere gute Gründe, warum das Wohlergehen der Schülerinnen und Schüler im Fokus der Aufmerksamkeit stehen sollte. Es mehren sich zum Beispiel die Proteste insbesondere der Kinderärzte und Hirnforscher, dass der aktuell starke Leistungsdruck in Gesellschaft und Familie nicht hilfreich ist. Der bekannte deutsche Kinderarzt und Autor Herbert Renz-Polster führt dazu aus:

> „Eine Generation, die zunehmend in den besten Lebensjahren mit Burnout zu kämpfen hat, entwirft für ihre eigenen Kinder einen Lebensweg mit noch mehr Tempo, noch mehr Leistung, noch mehr ‚Förderung'. Sie funktioniert Kindergärten zu Schulen um, weil sie glaubt, Kinder, die früh Mathe lernen, seien schneller am Ziel. Moment mal – an welchem Ziel?"[12]

12 Renz-Polster, M.: Gegen das Erziehungsgeschwätz. In: https://www.kinder-verstehen.de/mein-werk/meine-buecher/menschenkinder/menschenkinder-thesen/ (recherchiert am 5.5.2020)

Andere stimmen ein. Der beliebte dänische Familientherapeut Jesper Juul (18. April 1948–25. Juli 2019) schreibt beispielsweise in seinem Buch „Schulinfarkt“:

> „Ich möchte deutlich machen, dass unsere Schulen die Illusion aufgeben müssen, sie wären nur für die Köpfe der Kinder zuständig und der Rest hinge allein von den Eltern ab. Schule und Lehrer sind ein so wichtiger, einflussreicher und direkter Bestandteil des Lebens der Kinder und ihrer persönlichen und sozialen Entwicklung, dass es an der Zeit ist, Verantwortung zu übernehmen."[13] Und er geht noch weiter: „Um es nochmal in aller Deutlichkeit zu wiederholen: Das deutsche, das österreichische und teilweise auch das Schweizer Schulsystem sind am Ende. (...) Die Wahrheit ist, dass unsere Schule mehr und mehr Menschen krank macht. Sie macht Lehrer und Schüler krank."[14]

Hier die Aussagen zum Befinden von Jugendlichen, zitiert aus dem Präventionsradar 2017/2018[15] der Deutschen Angestellten Krankenkasse (DAK), der feststellt:

- 50 Prozent der befragten Kinder und Jugendlichen zwischen 10 und 18 Jahren leiden einmal in der Woche unter Erschöpfung (S. 27),
- 29 Prozent berichten von Schlafstörungen (ebda.),
- neben somatischen Beschwerden nehmen psychische Beschwerden zu,
- 40 Prozent der Befragten fühlten sich in der letzten Woche oft und sehr oft gestresst (S. 21).

Als ursächlichen Faktor für Stress im Jugendalter macht der Psychiater mit eigener Praxis allerdings die Eltern aus, da in der Schule selbst kein Leistungsdruck herrsche (2019, S. 166 f.); eine Einschätzung, die nicht belegt wird.

4.2.1 Über die Qualität pädagogischer Beziehungen

Die Erziehungswissenschaftlerin Annedore Prengel kommt bezogen auf Stress, Leistungsdruck und Autorität in der Schule zu anderen Ergebnissen. Sie hat in ihren Studien eruiert, dass etwa ein Viertel der Interaktionen zwischen Lehrpersonen und Schülerinnen und Schülern verletzend oder beschämend sind.

---

13 Juul, J. (2013): Schulinfarkt, Kösel-Verlag, Klappentext

14 ebda., S. 163 f.

15 DAK-Präventionsradar: Kinder- und Jugendgesundheit in Schulen (Erhebung Schuljahr 17/18). In: https://www.dak.de/dak/download/ergebnisbericht-2090980.pdf (recherchiert am 5.5.2020)

Ihre konkreten Daten lauten:

> „Insgesamt ergeben unsere aktuellen Analysen von 11474 Feldvignetten die Annahme, dass durchschnittlich etwa drei Viertel der beobachteten Interaktionen zwischen der Lehrperson und den Schülerinnen und Schülern anerkennend oder neutral ausfallen, während ungefähr ein Viertel als verletzend oder ambivalent eingestuft wurde. Durchschnittlich knapp 6 % der pädagogischen Interaktionen kategorisierten die Beobachtenden als starke Verletzungen."[16]

Die Wissenschaftlerin, zu deren Forschungsschwerpunkt auch Heterogenität in der Bildung gehört, bringt diese Beobachtung auch mit der Lernreaktion der Schülerinnen und Schüler in Zusammenhang, da deren spontane Reaktion mit aufgenommen wird:

> „Auf Anerkennung reagierten Kinder mit Zeichen der Freude und der Zuwendung zur Arbeit. (…) Auf Verletzung reagierten sie, indem sie erstarrten, die Schultern hochzogen oder den Kopf senkten und nach unten schauten, manchmal auch mit Weinen und Schreien, fast immer verbunden mit Blockierung der Lerntätigkeit." (ebda.)

4.2.2 Leitungsfähigkeiten von Lehrkräften

Maria Aarts (Begründerin von „Marte Meo International" in den Niederlanden) hat zusammen mit ihrer Schwester Josje Aarts, Förderschullehrerin in ihrem Unterstützungsprogramm „Marte Meo", festgestellt, dass Schülerinnen und Schüler zunächst Schulreife benötigen, bevor sie sich gut auf neue Inhalte und Lernprozesse in der Schule einstellen können. Hierfür haben sie anhand zahlreicher Fallstudien Elemente erarbeitet, die für die soziale und emotionale Entwicklung stehen und damit Schulreife ausmachen. Anhand von Videoclips aus dem Unterricht lässt sich so belegen, welche Fähigkeiten das betreffende Kind bereits entwickelt hat und welche gefördert werden sollten.

Auch für die Lehrkraft gibt es eine solche Entwicklungsdiagnose: Welche unterstützenden Fähigkeiten besitzt sie und welche sollte sie noch weiter ausbauen? Grundlage ist die Annahme, dass die Lehrkraft fähig sein muss, einerseits eine positive Atmosphäre herzustellen und Kontakte zu knüpfen und andererseits auf positive Weise zu leiten und Lernsituationen zu strukturieren.

16 INTAKT-Studien (Soziale Interaktionen in pädagogischen Arbeitsfeldern); Lehrforschungsprojekte zur Qualität pädagogischer Beziehungen. In: Beiträge zur Lehrerinnen- und Lehrerbildung, 34 (2), 2016, S. 154 (recherchiert am 5.5.2020)

Hieraus lässt sich schlussfolgern, dass der Fokus auf dem Wohlbefinden der Lernenden folgende Effekte erbringen kann:

- mehr Wohlbefinden, mehr Freude, weniger Stress und dadurch mehr Gesundheit für Kinder und Lehrkräfte;
- mehr Lernbereitschaft und Lernerfolg durch ein erfolgreiches Modell vom Lernen;
- dass Lernen an Vorbildern wie Kooperation und wertschätzende Beziehungen funktionieren;
- dass Lernen in stabilen Situationen, die sich durch Transparenz und verantwortungsvolle Erwachsene auszeichnen, Halt geben kann.

Juul fasst in seinem Buch zusammen: „Die Schule war von jeher für die Gesellschaft da, nicht für die Schüler." (2013, S. 40) Ich plädiere nun dafür, diese Sicht umzudrehen und tatsächlich die Kinder und Jugendlichen in den Mittelpunkt aller Bemühungen zu stellen. Im Interview spricht Rasfeld (s. 2.4) davon, Kinder „nicht zu verzwecken", und Pant legt nahe (s. 2.2), „Kinder als Subjekt wahrzunehmen".

Daraus leite ich meine vierte These ab:

In guten Schulen steht das Kind im Mittelpunkt aller Bemühungen.

Interview mit Nicole Schäfer: zum Frühstück in Mengerskirchen

Nicole Schäfer ist Schulleiterin der Franz-Leuninger-Schule in Mengerskirchen, die 2018 den Deutschen Schulpreis gewonnen hat. Sie arbeitet seit über 20 Jahren an dieser Schule und hat sie wesentlich geprägt. Auch ihre Tochter ging hier zur Schule, die zum Zeitpunkt des Interviews gerade ihr Referendariat abgeschlossen hat. Jeden Dienstag gibt es an der Franz-Leuninger-Schule ein umfangreiches und gesundes Frühstücksbuffet für alle, organisiert von Eltern und Großeltern.

Kati Ahl: *Sind Sie gerne Lehrerin?*

Nicole Schäfer: Ich finde bis heute: Schulleiterin und Lehrerin zu sein, ist der schönste Beruf der Welt. Ich bin immer ein bisschen traurig, dass es so viele unglückliche Lehrkräfte und Schulleitungen gibt. Ich bin der Meinung, dass sich das ändern muss – vor allem für die Kinder. Denn wenn man in eine Schule kommt, in der schon die Menschen, die dort arbeiten, überfordert oder unzufrieden sind, wie sollen sich Kinder dann wohlfühlen?

KA: *Wie sollten sich Schulen verändern? Bitte nennen Sie maximal fünf Thesen.*

Schäfer: Ich habe nur eine! Sie sollen sich so verändern, dass die Kinder der Schule alle gerne dort lernen und gerne zur Schule gehen, und dass alle Mitarbeiterinnen und Mitarbeiter vom Hausmeister über die Sekretärin bis hin zu jedem Lehrer und jeder Lehrerin gerne dort arbeiten – und dass sie gemeinsam mit den Eltern und allen Beteiligten diese Schule voranbringen und weiter entwickeln. Das ist eine riesige Aufgabe.

KA: *Was macht Ihre Schule so besonders?*

Schäfer: Unsere Schule wird besonders durch die Menschen, die hier arbeiten und die Menschen, die hierherkommen. Ich denke, Schulleitung hat die Aufgabe, danach zu schauen, welches Potenzial die Menschen mitbringen, die kleinen wie die großen – und dieses Potenziale sollen sich entfalten können; jede und jeder soll mit seinen Begabungen für diese Schule eingebunden werden. Als Schulleiterin war es für mich ein Prozess, zu lernen, mit meinen Kollegen angemessen umgehen zu können. Ich dachte früher, mein Blick ist der einzig richtige, und ich bin dann zu schnell vorgeprescht. Dadurch habe ich mein Kollegium gespalten; in die, die Visionäre waren und so schnell vorangehen wollten wie ich, und in jene, die langsamer oder konservativer waren. Letztere sind dann nicht mehr gerne gekommen. In der Konsequenz hatten manche Kinder eine Lehrerin, die sich hier nicht wohlgefühlt hat. Daraus habe ich viel gelernt, habe Fortbildung und Supervision gemacht und mich mit Führungsmanagement auseinandergesetzt. Und ich habe immer wieder alle Menschen hier befragt.

KA: *Warum war das notwendig?*

Schäfer: Ich denke, dass wir nicht wissen, wie Schulentwicklung geht. Wir wissen oft nicht: Was ist das Richtige? Wo wollen wir hin, damit es für die Kinder und die Mitarbeiter gut ist? Viele Menschen sind gegen Schulinspektion. Ich bin der Meinung, dass es nur so geht, indem man die Menschen immer wieder fragt: Was braucht ihr? Was ist euch wichtig? Was findet ihr gut und was nicht? Das ist die Aufgabe! Es ist gar nicht so schwer, Schule zu entwickeln, man muss einfach die Menschen fragen, die an der Schule sind. Dann hat man nicht so riesige Baustellen, sondern geht Schrittchen für Schrittchen. Es wäre besser, wir würden Schulleitung besser begleiten und die Schulentwicklung auch.

KA: *Von wem würden Sie sich das wünschen?*

Schäfer: Von Expertinnen und Experten. Ich liebe deshalb den Deutschen Schulpreis, weil er das Motto hat „von der Praxis für die Praxis". Die Politik kann nur den Rahmen geben, da schimpfe ich nicht. Aber die Schule entwickeln, das müssen die Menschen vor Ort, da kann man nicht von außen sagen, wie es richtig ist. Wir haben im Prinzip viele Freiheiten. Ich verstehe nicht, warum so wenige Schulen Selbstständige Schule[17] sind.

KA: *Seit wann ist Ihre Schule eine Selbstständige Schule?*

Schäfer: Seit der Pilotphase. Ich wusste schon lange, dass wir die Schule umso besser gestalten können, je mehr Freiheiten wir haben. Ich habe das nicht bereut. Meine Message wäre, die Menschen zu belohnen, die das machen. Ein Schulleiter einer Selbstständigen Schule bekommt dann einfach eine Gehaltsstufe mehr, das Geld investiert man nicht zusätzlich, sondern das spart man am staatlichen Schulamt

17 Selbstständige Schulen arbeiten in Hessen mit dem sogenannten Großen Schulbudget und verwalten Budget und Personal überwiegend selbstständig. Verbunden sind damit besondere pädagogische Konzepte und eine vierjährliche Schulinspektion.

langfristig. Dann haben die Schulen Handlungsspielräume durch die Möglichkeit, Budgets zu verschieben und Schwerpunkte zu setzen. Mittlerweile werden die Schulleitungen beim Großen Schulbudget gut eingeführt, aber ein Mentoring am Anfang wäre gut. Die Schulakademie fängt jetzt damit an, und es kommen Schulleitungen aus dem Saarland zu uns, die so ein Mentoring für junge Schulleitungen machen.

KA: *Ich habe in Ihrem Schulprogramm die Parole gelesen „Stärken stärken und Schwächen schwächen". Ganz konkret gefragt: Wie stehen Sie vor dem Hintergrund dieses Schulmottos zu Noten und Leistung?*

Schäfer: Das ist schwierig. Darüber diskutieren wir immer wieder. Meine Traumschule wäre eine Schule ohne Noten. Es wäre auch eine Schule, die länger als vier Jahre geht; eine Schule mit den gleichen Menschen, die die Kinder weiterbringt und diese in dem fördert, was sie können, im Handwerk, im IT-Bereich, in Sprachen. Dann bräuchte man keine Noten, dann würde man Kinder so weit unterstützen, wie es geht. Das ist unser Job, und es ist wichtig, damit jedes Kind glücklich in seinen Beruf starten kann, den es sich wünscht und gut kann. Dazu muss man erläutern: Wir kümmern uns hier besonders um Kinder aus belasteten Familien. Für die ist der Übergang in die weiterführende Schule ganz schlimm. Wir können die Noten nicht abschaffen, weil wir in einem Leistungssystem leben. Das habe ich viel mit Prof. Fthenakis diskutiert. Wir reden in diesem Zusammenhang nun von einem realistischen Selbstbild. Wir überlegen gemeinsam: Was kannst du gut? Wo sind deine Stärken? Wo brauchst du Unterstützung? Dieser Ansatz ist im Kollegium unser Minimalkonsens und die Befriedung zum Thema Noten. Wichtig ist auch, viele unterschiedliche Bereiche zu schaffen; wir haben den Fächerkanon sehr erweitert und haben nun beispielsweise ein Fach Handwerk. Denn wir haben überlegt: Was ist mit jemandem, der später im Handwerk arbeitet? Was ist mit jemandem, der IT mag? Also haben wir den gesamten Nachmittag nur auf Angebote für Stärken ausgerichtet, es gibt im ganzen Nachmittag kein Förderangebot. Wir fördern morgens, wollen aber nicht, dass die Kinder sich den ganzen Tag mit ihren Schwächen auseinandersetzen müssen. Es ist ein Spagat zwischen dem Anspruch, Schwächen zu schwächen und Stärken zu stärken.

KA: *Wie sieht guter Unterricht für die Zukunft aus? Da frage ich jetzt gar nicht nur für die Grundschulen, sondern für das gesamte Schulsystem.*

Schäfer: In meinen Augen können die deutschen Schulen nicht mit Heterogenität umgehen; nicht weil wir es nicht wollten, sondern weil wir es besonders gut machen wollten. Wir haben selektiert und versucht, dass die selektierte Lerngruppe gut arbeiten kann. Es ist bestimmt für einige Zeit ganz gut gelungen, aber jetzt sind die Lerngruppen so heterogen, dass man gar nicht mehr selektieren kann. Jetzt wird in Schulen versucht zu sortieren, um zu unterrichten, und das funktioniert nicht mehr. Schulen müssen verstehen, dass sie immer eine heterogene Lerngruppe haben werden und dass Lehrkräfte lernen müssen, wie das Unterrichten dort gelingt. Die entscheidende Frage lautet meiner Meinung nach: Wie unterrichtet man eine heterogene Lerngruppe?

KA: *Welche Antworten würden Sie geben?*

Schäfer: Wir haben einen ganz guten Weg gefunden. Wir setzen auf feste Bezugspersonen, auf Bindung und Beziehung und auf klare Strukturen. Dann kommen noch Differenzierung und die Frage „Was ist leistbar?" hinzu. Wir sind nun eine Grundschule, und das gilt für unsere Schule, ich weiß nicht, ob das eine verallgemeinerbare Antwort ist. Aber die Wichtigkeit von Beziehung und Bindung haben wir nicht erfunden, und klare Strukturen brauchen alle unsere Kinder. Wenn man einen guten Rahmen findet, kann ein geistig behindertes Kind mit einem hochbegabten Kind lernen. Sie werden hier keine gestressten Lehrerinnen finden, weil wir einen passenden flexiblen Rahmen gefunden haben, der weiterentwickelt wird. Ob nun ein Kind kommt, dass gar kein Deutsch spricht oder einen Stift nicht in der Hand halten kann – das hätte uns früher in Stress versetzt. Jetzt passt es für jedes Kind in unserem Rahmen, den wir haben. Wir haben auch die personelle Ausstattung dafür. Jede Klasse ist doppelt besetzt mit einer Assistenzkraft. (Das wurde möglich durch die Umverteilung und Budgetierung als Selbstständige Schule, *Anm. d. Autorin*)

KA: *Arbeiten Sie mit der Methode „Marte Meo"? Da geht es ja um Bindung und Erziehung.*

Schäfer: Ja, wir haben mit Marte Meo angefangen, weil wir alle Kinder aufnehmen. Bei uns geht kein Kind in eine Förderschule. Wir haben auch Kinder aufgenommen, die in anderen Schulen oder Einrichtungen als nicht beschulbar gelten. Es ist für mich das Schlimmste, dass in Deutschland die Kinder- und Jugendpsychiatrien voll sind von solchen

Kindern. Das ist auch ein Selektionsmechanismus. Dahinter verbirgt sich die Frage: Was machen wir mit Kindern, die ein schwieriges Verhalten zeigen? Wenn wir in der Schule nicht wissen, wie wir mit ihnen umgehen, haben wir die Psychiatrie als Antwort gefunden, denn die Förderschulen für emotional-sozialen Förderschwerpunkt wurden teilweise aufgelöst. Wenn alle diese Kinder zusammenkommen, wer will das machen? Von wem sollen die Kinder dann lernen? Die Regelschulen wissen auch keine Antwort. Hier in der Gegend werden die Kinder dann meistens in die Vitos-Klinik[18] verfrachtet. Das wollen wir an unserer Schule nicht. Aber auch wir haben Kinder mit herausforderndem Verhalten und haben zunächst begonnen, mit positiver Verstärkung und Verstärkerplänen zu arbeiten. Die Methode „Marte Meo" lernten wir durch den hessischen Bildungs- und Erziehungsplan kennen. Dann haben wir uns alle – von der Kita bis zur Tagesmutter und den Kolleginnen – mit Marte Meo beschäftigt, haben die Practitioner-Ausbildung abgeschlossen und auch den Kollegentrainer für Marte Meo. So versuchen wir, Marte Meo weiter zu tragen. Um es zusammenzufassen: Mir ist wichtig, bei dem Blick auf Kinder auf deren Stärken zu sehen. Da ist Marte Meo für mich die Antwort schlechthin.

KA: *Wie geht es mit Inklusion in Schulen weiter? Wie ist Ihre Einschätzung?*

Schäfer: Ich weiß gar nicht, warum das nicht gehen soll! Dass ein Menschenrecht in Deutschland nicht gehen kann, finde ich mehr als deprimierend. Ich höre immer mal von Schlagzeilen wie „Inklusion ist unmöglich". Ich finde, wenn man verstanden hat, was Heterogenität bedeutet, dann diskutiert man nicht mehr über Inklusion. Denn Heterogenität bedeutet ja auch, die Unterschiede zwischen Jungen und Mädchen zu sehen. Denn die großen Bildungsverlierer in Deutschland sind die Jungen. Sie werden öfter zurückgestellt und sitzen öfter in Lernhilfeschulen. Heterogenität heißt, den großen Spagat zwischen bildungsfernen und bildungsnahen Familien zu erkennen; dann haben wir Kinder mit Migrationshintergrund, und wir haben in einer Klasse mit gleichaltrigen Kindern vier Jahre Entwicklungsunterschied. Das bedeutet: Wir haben schon so viel Heterogenität in jeder Klasse; ganz gleich, ob da nun ein Kind mit inklusiver Beschulung sitzt oder nicht. Damit

18 Kliniken für Psychiatrie und Psychotherapie in Hessen

umzugehen, das muss man können, weil jeder solche Klassen hat. Und dann ist es auch kein Problem, noch das Kind mit Förderbedarf aufzunehmen. Ich glaube, da ist Deutschland jetzt auf dem Weg, weil keiner Schule etwas anderes übrig bleibt. Homogene Gruppen wird es nicht mehr geben. Es werden Antworten gefunden werden müssen.

KA: *Müssen sich die Kinder an die Schule anpassen oder müsste sich das Schulsystem an die Kinder anpassen?*

Schäfer: Das wird nie passieren, dass die Kinder sich anpassen. Das ist das Tolle an Kindern. Ich habe jetzt fast wöchentlich Kollegien an der Schule, und alle, die kommen, wollen etwas verändern. Eigentlich ist ja jeder einmal Lehrer geworden, weil er das gut machen wollte. Es braucht dafür ein multiprofessionelles Team. Ein Lehrer kann nicht alles, man muss also Menschen vor Ort zusammenbringen.

KA: *Menschen zusammenzubringen, ist nicht immer einfach: Wie schaffen Sie das?*

Schäfer: Wir sind ja ein ganzes Bildungsforum, und die Kommune hat die Stellen aufgestockt. Die Angebote sind kostenlos für alle Eltern; das bedeutet: Der Bildungsplan lebt hier, konkret geht es um Bildung von Anfang an, Partnerschaft mit Eltern. Wir haben gefragt: Wie flexibel muss Betreuung sein? Ist das bezahlbar? Nach und nach haben wir Finanzierungsmöglichkeiten gefunden. Finanzierung – das ist immer das Anstrengendste. Wir haben zum Beispiel eine Kinder- und Jugend-Psychotherapeutin hier an der Schule, die uns massiv unterstützt. Um deren Finanzierung müssen wir ständig kämpfen. Die Professionen müssen vor Ort sein. Und dann muss man sich vernetzen. Kooperation muss man lernen und wollen. Auch das sind Aufgaben, die noch vor uns liegen.

KA: *Wie kann man angesichts dieser Herausforderungen gute Lehrkräfte gewinnen? Und was kann man tun, damit sie bei Kräften bleiben? Und ganz wichtig: Wie kann man sie halten? Im Moment herrscht ja Lehrkräftemangel, und gute Kräfte zu halten, ist unter diesen Bedingungen fast unerlässlich.*

Schäfer: Wir haben hier mehr Bewerberinnen und Bewerber, als wir einstellen können. Wir bilden regelmäßig Referendarinnen aus und haben viele Praktikantinnen. Wir müssen versuchen, Lust auf Lehramt zu machen. Wenn man aber schon in ein Lehrerzimmer eintritt, in dem alle erzählen, wie schrecklich das Lehrerdasein ist, dann macht das nicht so viel Mut. Das ist ein schlechter Kreislauf. Wenn man wissen will, wie es den Lehrerinnen und Lehrern an der Schule gut gehen kann, dann muss man sie fragen.

KA: *Wie organisieren Sie Schulentwicklung?*

Schäfer: Man muss gemeinsam Themen finden und man muss fragen: „Wo drückt der Schuh bei den Kindern, bei den Eltern, bei den Kollegen, bei den Mitarbeitern? Woran arbeiten wir zuerst? Was haben wir für Ideen? Was haben die Kinder für Ideen?" Wir brauchen dann nicht zehn Arbeitsgruppen, sondern einen Minimalkonsens von allen. Dann sammelt man Ideen und probiert Dinge aus. Danach muss man wieder evaluieren. Knackpunkte waren bei uns das Gebäude und die Ganztagsbetreuung sowie die Kommunikation mit Eltern.

KA: *Und wie evaluieren Sie?*

Schäfer: Immer durch befragen; durch Fragebögen oder auch online. Wir achten darauf, dass wir bei Befragungen eine sehr große Beteiligung haben. Dann haben wir regelmäßig Schulinspektion und lassen auch eigene Themen extern evaluieren.

KA: *Wie genau gehen Sie dabei vor?*

Schäfer: Im Rahmen der Schulinspektion laden wir zum Beispiel zum Elternabend ein. Dort schalten wir die PCs an und bitten alle Eltern, bei den Fragen mitzumachen. Ich glaube, viele Schulen machen den Fehler, dass sie sich vergaloppieren und ihre Prozesse nicht evaluieren.

KA: *Vielen Dank. Welche Frage hat Ihnen gefehlt? Oder gibt es ein Thema, zu dem Sie selbst gerne noch etwas sagen möchten?*

Schäfer: Mir wäre wichtig, dass die Schulen ein Ort des gemeinsamen Lernens werden und dass die Menschen gerne dorthin gehen. Denn die Hirnforschung sagt uns, dass Kinder dort am meisten lernen, wo sie sich wohl fühlen. Es ist wichtig, dass die Menschen vor Ort begreifen, dass nicht irgendjemand kommt, der ihre Schule zu einer solchen schönen Schule macht, sondern dass sie selbst dafür zuständig sind. Natürlich müssen die Rahmenbedingungen immer wieder verbessert werden. Aber das Thema wird hin und hergeschoben zwischen Politik, Lehrern und Eltern.

KA: *Was meinen Sie: An welcher Stelle können wir das Hin- und Herschieben von Verantwortung aufbrechen? Wo muss die Initialzündung herkommen?*

Schäfer: Immer da, wo einzelne Menschen oder kleine Gruppen etwas verändern wollen. Nie anders. Immer da, wo einzelne Menschen den Mut haben, es anzugehen. Die Hattie-Studie sagt: Ihr könnt die besten Rahmenbedingungen haben, aber wenn der Lehrer vor Ort oder die Schulleitung nicht mitspielt, leidet das ganze System – und deswegen müssen Schulen begreifen, dass Schulentwicklung die ureigene Aufgabe ist; was viele ja auch gerade tun. Dass man dennoch für die Rahmenbedingungen werben muss und dass sich diese immer wieder verbessern müssen, ist keine Frage.

4.3 Verantwortung für professionelle pädagogische Beziehungen

Im vorherigen Kapitel haben wir die Bedeutung eines positiven Lernklimas und die Auswirkungen auf jeden einzelnen Menschen im System Schule beleuchtet. Für zahlreiche Beziehungen zwischen Lehrkräften und Schülerinnen und Schülern liegt, wie wir bei Prengel gesehen haben, zumindest eine neutrale bis gute Beziehung vor.

4.3.1 Beziehungen in schwierigen Konstellationen

Die Frage „Wie fühlt sich dieser Schüler, diese Schülerin in meiner Klasse / an unserer Schule?“ halte ich für wegweisend. Aus den vorhergehenden Ausführungen ergibt sich, dass nicht gut lernen kann, wer sich nicht wohl fühlt. Da Schule ja mindestens eine Lebenszeit von zehn Jahren umfasst, wäre ein Unwohlsein nicht nur negativ für den Lernerfolg dieses jungen Menschen, es wäre auch eine Verschwendung an Lebenszeit und Energie.

Um aber für jeden Schüler und jede Schülerin eine größtmögliche Chance auf Wohlbefinden, Bildungserfolg und positive Entwicklung zu gewährleisten, brauchen sie mindestens eine Vertrauensperson an der Schule. Sie sollte das Vertrauen des Kindes gewinnen, den Kontakt auch in Krisen zuverlässig gestalten, Halt und Stabilität bieten und in Runden Tischen, Klassenkonferenzen und akuten Konflikten eine fürsprechende Person für das Kind sein. Welche pädagogische Kraft sich dafür – vom Kind aus betrachtet – am besten eignet, das sollten Schulen wohlüberlegt eruieren.

Schleicher betont die Wichtigkeit professioneller Lernbeziehungen für den Bildungserfolg, wenn er schreibt:

> „Wir brauchen Lehrer, die Freude an der Beziehungsarbeit mit den Schülern haben. Die sich jeden Tag die Frage stellen: Möchte ich Schüler in meiner eigenen Klasse sein?“ (News4teachers, 2.1.2019)

4.4 Wie werden Beziehungen überprüft?

Nach meiner Erfahrung haben Schülerinnen und Schüler unterschiedliche Beziehungen zu den pädagogischen Kräften einer Schule. Manches Kind kann im Nachmittagsbereich besser anknüpfen, weil dort ein anderes Lernen und ein anderes Leistungsverständnis als im traditionellen Unterricht eine Rolle spielen. Manche besonders aktive Schülerinnen und Schüler haben einen guten Draht zur Sportlehrerin, manche stillen Kinder können in musischen Fächern eher zeigen, was sie bewegt.

Wie in allen anderen Lebensbereichen muss auch zwischen Kindern und Erwachsenen der individuelle Zugang stimmen; umgangssprachlich sagt man gerne, dass „die Chemie stimmen muss“. Erst in einer guten Kooperation zwischen den pädagogischen Kräften lässt sich herausfinden, ob wirklich jedes Kind eine Vertrauensperson hat. Hierzu habe ich folgendes hilfreiches System kennengelernt: In einer „Klassenkonferenz“ werden die Namen aller Schülerinnen und Schüler einer Klasse gelistet. Jede Lehrkraft oder pädagogische Kraft bepunktet, zu welchem Kind sie eine gute und vertrauensvolle Beziehung haben. Wie fällt das Gesamtergebnis aus? Gibt es jemanden ohne Punkte? Dann ist dieses Kind in einem weiteren Sinne gefährdet: gefährdet, den Bezug zur Schule zu verlieren und Bildungsverlierer zu werden; gefährdet, ungerecht bewertet zu werden; gefährdet, grundlegend missverstanden und weniger wertschätzend behandelt zu werden.

Daraus lassen sich Handlungsempfehlungen ableiten, wie jedes Kind – besonders die, die bisher weniger gute Beziehungen haben – unterstützt werden kann. Dieses Vorgehen liefert ebenfalls Hinweise darauf, wie dieses Kind die Schule empfinden mag. Mögliche Abwehrreaktionen werden so in einen größeren Kontext gestellt.

4.4.1 Befragung zur Qualität der Beziehungen aus Kindersicht

Denkbar sind auch anonyme Befragungen zum Verhältnis zwischen Lehrkräften, anderen pädagogischen Kräften und der Schülerschaft: Gibt es einen oder mehrere Lieblingslehrkräfte?

- Gibt es Erwachsene, die du gar nicht magst?
- Wem erzählst du, wenn es dir nicht gut geht?
- Wer hilft dir, wenn du geärgert wirst?
- Kennst du eine Vertrauens-Lehrkraft / ein Kinderschutz-Tandem / eine Ansprechperson für Kinder?
- Was meinst du: Wird den Schülerinnen und Schülern dort gut geholfen?
- Hast du eigene Vorschläge?

Gute Beziehungen zu den Lehrkräften sind also bedeutungsvoll, aber alleine nicht ausreichend. Neben der Haltungsänderung sind strukturelle Veränderungen notwendig. Dazu gehört zum Beispiel, Wege einzuplanen, auf denen Kinder ihre Anliegen aus ihrer ganz eigenen Kinderperspektive einbringen können, etwa durch das Angebot von

- Schülerparlament,
- Kummerkasten,
- Vertrauenspersonen mit Sprechzeiten,
- anonyme Onlinebefragungen oder Feedbackbögen.

Das sind nur einige Möglichkeiten, die Ansprechbarkeit und Interesse signalisieren. Weitere Anregungen zur pädagogischen Arbeit an professionellen Beziehungen finden Sie im Kapitel „BETA-Zirkel für gute Schulen“.

Das ist meine fünfte These:

In einer guten Schule hat jedes Kind mindestens eine Vertrauensperson.

Interview mit Falk, Helene und Mala: Im Wohnzimmer entsteht eine Traumschule

Die zuvor aufgestellte fünfte These entstand nicht aus der theoretischen Lektüre. Sie entwickelte sich vielmehr aus dem Gespräch mit einer kleinen Runde von Schülerinnen und Schülern, die im Interview zu Wort kommen. Sie sind sehr unterschiedlich alt, haben unterschiedliche Biografien und Ansichten. Gesprochen habe ich mit Falk, 14 Jahre alt und ein sehr guter Schüler. Helene ist 11 Jahre alt und hat gerade auf das Gymnasium gewechselt. Mala absolviert derzeit eine Ausbildung. Sie hatte eine Integrierte Gesamtschule (IGS) besucht und zwischendurch die Schule abgebrochen. Insgesamt hat Mala sieben verschiedene Schulen kennengelernt. Alle drei bitte ich während des Gesprächs, auf große Papierbögen ihre Traumschule zu zeichnen.

Kati Ahl: *Angenommen, Harry Potter oder Bibi & Tina oder die Macht der Jedis würden kommen und die Schule verwandeln – in die traumhafteste Schule, die du dir vorstellen kannst. In diese Schule würdest du wirklich gerne gehen und morgens schon ungeduldig warten, bis es losgeht und dich nach den Ferien darauf freuen. Wie würde sie aussehen, die neue Traumschule? Dafür habe ich Blätter und Stifte vorbereitet, damit ihr sie zeichnet.*

Mala: Meine Traumschule wäre an einem schönen Ort in einer schönen Landschaft, wo man sich wohlfühlt. Ich denke, dass uns die Digitalisierung bald einholt und dass Computer bald so schlau sind, dass es für uns gar nicht mehr wichtig ist, alles zu lernen, weil überall Wissen gespeichert ist. Deswegen sollte man bei meiner Traumschule lernen, glücklich und zufrieden zu sein. Dort würde man weiter denken, mehr den Fokus legen auf: Was ist der Sinn des Lebens? Ich habe mir die Schule wie einen Campus vorgestellt, ähnlich wie beispielsweise in Amerika; also ein großes Gelände mit Sportplatz, einer Bibliothek, ein Teich, Meditationsräume, Cafeteria – wie ein kleines Dorf sozusagen. Oben steht auf meinem Blatt „Hier wird Glücklich- und Zufriedensein gelehrt". Es sollte Mentoren geben, keine Lehrer, sondern Gruppenleiter, die die Kinder begleiten. Die Schule würde also sehr anders aussehen als im Moment.

Falk: In meiner Schule wäre der Schwerpunkt die Cafeteria mit Überdachung. Das Gebäude ist mehrstöckig und hat Fahrstühle, in der

Mitte gibt es einen See und zwei Höfe, auch für Sport. Ich mag nicht so viel Beton. Hier soll es viele Fahrradständer geben für alle Schüler. Es sollten nicht zu viele Schüler sein, das mag ich nicht. „In allen Klassenräumen Smartboards“ habe ich aufgeschrieben, das finde ich zum Beispiel für den Mathe- und Deutschunterricht wichtig. In manchen Fächern wie z.B. Chemie und Bio sollte es aber keine geben, da finde ich die Kreidetafeln schöner.

KA: *Ist an deiner Traumschule auch der Unterricht anders?*

Falk: Das finde ich schwierig, jede Lehrperson ist ja ein bisschen anders. Ich würde mir nicht wünschen, dass es jede Lehrperson gleich macht. Es sollte aber feste Regeln geben, an die sich alle halten. Die sollten vorher mit allen diskutiert werden.

Helene: Das ist meine Traumschule: Bei mir ist alles nach Projekten eingeteilt; ganz wie man Lust hat, etwas zu lernen. Bei mir gibt es in der Mitte einen Gang, von dem aus man in alle anderen Räume kommt. In diesen Räumen werden verschiedene Projekte unterrichtet, an denen man teilnehmen kann. Da gibt es auch Kinder, die den anderen Kindern etwas beibringen. Wenn man seine eigenen Ideen umsetzen möchte, kann man das hier tun. Morgens treffen sich alle in einem Gemeinschaftsraum, dort wird besprochen, wer was machen möchte. Man kann auch dorthin gehen, um sich auszuruhen. Am Ende ist es wichtig, dass jeder mindestens bei einem Projekt wirklich mitgeholfen hat und es anderen vorstellen kann. Das beste Projekt könnte einen Preis gewinnen.

KA: *Was würden die Lehrkräfte machen? Gibt es denn hier noch Lehrerinnen und Lehrer?*

Helene: Ja, aber nicht mehr so viele, eher Aufsichtspersonen, die dafür sorgen, dass es ruhig ist oder bei Konflikten helfen. Ich würde eher denken, dass es auch ältere Mentoren gibt, die auch in den verschiedenen Räumen sind und helfen können – aber vor allem lernen die Kinder selbstständig und voneinander. Der Atlasraum ist eine Idee von mir; dort gibt es alles über die Welt, eine Weltkugel und Karten. Im Digitalraum kann man für die Zukunft lernen, für technische Themen.

KA: *Wir würdet ihr die Schule von heute verändern? Was stört euch und wie sollte die Schule der Zukunft aussehen?*

Helene: Mir geht es vor allem darum, wie man lernt. Ich glaube, dass man am besten von Kindern lernt, wenn es den Kindern Spaß macht. Es macht Spaß, anderen Kindern etwas beizubringen oder von ihnen zu lernen. Ich mag Projekte sehr gerne, die man dann wie bei einem Referat vorstellt. Das ist für mich das Wichtigste.

KA: *Helene, die Idee mit der Projektarbeit, hat die was damit zu tun, wie der Unterricht jetzt ist? Findest du den langweilig?*

Helene: Das kommt auf das Fach an, manche Inhalte werden spannend erzählt und manche nicht. Bei Projekten kann ich mehr nach meinen Ideen lernen, und man hat mehr Freiheiten.

Mala: Ich denke, die ganze Vorstellung von Schule ist überflüssig, denn in zehn Jahren wird uns die Technik überholt haben, dann wird dieses Wissen überflüssig. Dann haben wir nichts mehr zu tun, man kann ganz schnell alles Wissen nachschauen. Deswegen denke ich, dass man eher Selbstfindung und Inhalte, die einen mental und emotional weiterbringen, lernen sollte, vielleicht auch Meditation.

KA: *Was glaubst du, was die Menschen in der Zukunft tun werden? Wenn es so kommt, wie du vermutest und die Maschinen viele Aufgaben übernehmen, womit füllen die Menschen dann ihre Zeit?*

Mala: Mit sich selbst, der Arbeit an sich, sich weiterbilden, aber ohne die Bildung von heute.

KA: *Falk, was sollte sich deiner Meinung nach verändern?*

Falk: Ich finde das schwierig, ich bin mit meinem Schulleben ganz zufrieden. Ich müsste mich da ziemlich eindenken, um herauszufinden, was ich verändern wollen würde.

KA: *Mala, wie ging es dir in der Schule?*

Mala: Ich habe mich teilweise unterfordert gefühlt. Und ich dachte manchmal, das kann es doch nicht gewesen sein. Je höher die Klassenstufe, desto öfter sitzt man vor den Aufgaben und fragt sich, wofür soll ich das lernen? Wofür brauche ich das im Leben? Ich werde niemals mein Zimmer mit 1000 Liter Wasser füllen, wofür rechne ich das aus? Aber keiner bereitet mich darauf vor, wie ich meine Rechnungen zahle oder was ich später für Versicherungen abschließen muss.

KA: *Wann macht euch Lernen am meisten Spaß?*

Helene: Lernen macht mir Spaß, wenn mich etwas interessiert, wenn ein spannendes Thema spannend erklärt wird. Oder wenn ich selber anderen etwas beibringen kann oder wenn wir in Gruppen arbeiten.

Falk: Ohne Druck, da stimme ich zu. Wenn Zeitdruck ist, macht es keinen Spaß. Aber ich möchte auch etwas in die Hand gegeben bekommen und es mir dann selbst einteilen, zum Beispiel bei Wahlaufgaben. Wir gestalten gerade eine Zeitung und besetzen verschiedene Ressorts und teilen uns selbst die Arbeit ein, das finde ich ganz gut.

KA: *Viele Schulen sind ja auch marode, deswegen finde ich auch bauliche Veränderungen wichtig. Wie seht ihr das?*

Falk: Bei uns an der Schule gibt es immer irgendwo Wasserschäden. Die Schule ist denkmalgeschützt, und es wird ständig irgendwo renoviert.

Mala: Die Toiletten waren immer total eklig, richtig unhygienisch, sodass man nur im Notfall hingegangen ist oder eingehalten hat.

KA: *Sprechen wir über Inklusion und die Unterschiedlichkeit von Menschen. Wie habt ihr das in euren Klassen erlebt?*

Helene: Ich hab eine Freundin, die kommt aus Vietnam. Sie spricht ganz gut Deutsch, macht aber noch Fehler, das zeigt sich auch in ihrer Note. Sie geht in einen Förderkurs, aber ich weiß nicht, ob ihr das wirklich hilft. In so einer großen Klasse gibt es viele, die können super deutsch und welche, die können es weniger gut, das ist schwierig.

KA: *Was meint ihr: Können Kinder mit Behinderung und ohne Behinderung miteinander lernen?*

Helene: Ich denke, die Kinder können lernen, dass es ganz unterschiedliche Menschen gibt. Vielleicht lernen sie auch etwas über andere Länder oder Religionen; aber auch, Menschen mit Behinderung zu akzeptieren und ihnen zu helfen.

Falk: Wir haben ein Mädchen in der Klasse, das ein Kopftuch trägt. Sie ist Muslimin, sie ist aber nicht ausgegrenzt. Sie ist integriert.

KA: *Denkt ihr, Kinder können besser integrieren als Erwachsene?*

Mala: Kinder sind vielleicht offener.

KA: *Das erlebe ich auch an meiner Schule so. Den Kindern ist die Herkunft oft egal. Wenn der andere Junge gut Fußball spielen kann, ist er ganz schnell ein Freund.*

Falk: Wir fragen dann kaum danach! Wir sind eher an anderen Sprachen, Religionen und Kulturen interessiert und nicht abweisend.

KA: *Wir haben jetzt viel darüber gesprochen, was sich ändern sollte. Womit fängt diese Veränderung an?*

Mala: Durch Einsicht. Sowohl bei Eltern, im Kultusministerium, bei den Politikern; es muss eigentlich eine große Welle kommen, damit sich was verändert.

KA: *Wo beginnt so eine Welle loszurollen, sich auszubreiten?*

Helene: Ich finde, das fängt schon bei einzelnen Schülern an, die etwas stört und die sich stark machen oder demonstrieren, wie bei den „Fridays for future". Da hat ja auch eine Schülerin angefangen. Wir wollen unsere eigene Zukunft gestalten. Und wenn das viele getan haben, kann sich auch was verändern.

Falk: Ich denke, das muss an der Schule direkt anfangen. Wenn es ein Problem gibt und die Schülerinnen und Schüler das so sehen, dann muss man das der SV[19] oder der Schulleitung mitteilen, die sich dann dafür einsetzt, wenn die Schulgemeinde das will.

Mala: Mir ist aufgefallen: Je älter Schülerinnen und Schüler werden, desto ernster werden sie in ihren Meinungen und Ansichten genommen. Wenn wir in der 6. Klasse ein Problem mit einer Lehrerin hatten, dann wurde uns gesagt: Das liegt nicht an der Lehrerin, das liegt an eurer Klasse. Als wir in der höheren Klasse eine Beschwerde hatten, wurde alles angenommen und sofort umgesetzt. Die Kommunikation mit den Lehrkräften wird leichter, je älter man wird.

KA: *Die Stadtschulsprecher hier in Frankfurt fordern mehr Demokratie und dass die Stimmen von Schülerinnen und Schülern mehr Gewicht bekommt. Seht ihr das auch so?*

Helene: Ja. Ich finde, es muss nicht immer der Vorschlag der Kinder sein, aber die Wünsche müssen trotzdem ernst genommen werden.

Mala: Ist ganz wichtig!

Falk: Manche Vorschläge sind auch völliger Quatsch. Das muss auch erkannt werden!

Mala: Kinder sind eben Kinder, aber die Meinung zählt trotzdem; genauso wie die von 40-jährigen, 20-jährigen oder anderen.

KA: *Kennt ihr an euren Schulen Schülerbefragungen?*

Helene: Wir wurden mal zur Gestaltung des Schulhofs befragt, wie der unserer Meinung nach aussehen sollte, sonst nicht.

Mala: Ich erinnere mich gar nicht, dass wir mal befragt wurden. Nur, wenn sich die Schulsprecher vor der Wahl vorgestellt haben und wir die SV gewählt haben.

KA: *Was sind für euch gute Lehrer?*

Helene: Bei mir gibt es ganz viele mittelmäßige Lehrer, da wird der Unterricht halt immer gleich gemacht. Das ist nicht ganz schlecht, aber

---

19 Abkürzung für Schülervertretung.

auch nicht so spannend. Bei ein paar Lehrern ist es wirklich spannend, bei manchen klappt es gar nicht.

Falk: Für mich ist ein guter Lehrer jemand, der spannenden Unterricht macht, sich gut in die Schüler hineinversetzen kann und merkt, wie seine Klasse reagiert. Er sollte die Schüler auch fair bewerten, auch wenn er nicht alle Schüler mag. Insgesamt bin ich ganz zufrieden, der Anteil der schwächeren Lehrer liegt so bei 10–20 Prozent.

Mala: Ich würde die Lehrer in drei Kategorien unterteilen: einmal die Lehrer, die das als Arbeit ansehen und den Lehrplan abarbeiten, die jetzt nicht dafür brennen. Dann gibt es die Lehrer, die gut mit Menschen umgehen können, die müssen gar nicht besonders lieb sein, die werden trotzdem gemocht und sie können gut auf die Klasse eingehen. Die dritte Kategorie sind die, die ihre Macht negativ nutzen, die die Bestätigung brauchen und sich auf der Arbeit ausleben.

KA: *Die es mit den Schülern nicht gut meinen?*

Mala: Ja. Prozentzahlen wären: 50 Prozent sehen es nur als Arbeit, die haben nicht ihren Traumberuf gefunden. 25 Prozent sind einfühlsam und 25 Prozent sind Machtmenschen.

KA: *Wie reagieren Lehrkräfte denn, wenn Schülerinnen und Schüler ihnen Ärger machen?*

Mala: Ich kenne da ganz viele verschiedene Reaktionen: Lehrpersonen, die Schüler vor die Tür schicken; Striche an der Tafel und Eintrag ins Klassenbuch. Es gibt Lehrpersonen, die sich vor der Klasse abzappeln und mit einem Gong oder Leisefüchsen[20] versuchen, die Klasse zu beruhigen (lacht). Man muss die Lehrperson ernst nehmen können, die muss klar sein und genau wissen, was sie macht. Dann entwickelt man Respekt.

Falk: Ich denke, dass die meisten Lehrerinnen und Lehrer eine Methode nicht konsequent durchziehen, deshalb funktioniert es nicht. Wir haben zum Beispiel Lehrpersonen, bei denen ist es fast mucksmäuschenstill im Unterricht, und es gibt welche, bei denen wird immer geredet.

Helene: Bei uns wird die Musiklehrerin sehr hektisch, manchmal lacht sie mit uns, manchmal flippt sie total aus. Und sie hat mehrmals Schüler beleidigt oder angeschrien.

---

20 Handzeichen, mit dem um Ruhe gebeten wird.

KA: *Kennt ihr das auch, dass Lehrerinnen und Lehrer rumschreien oder beleidigen?*

Falk: Ja, kenn ich. Unser früherer Mathelehrer ist deswegen von einer Schule zur anderen gewandert, der hat auch ein Disziplinarverfahren bekommen.

Mala: In der Parallelklasse gab es auch einen Lehrer, der öfter laut geworden ist, der hat Kindern auf die Hände geschlagen. Die jüngeren Kinder können sich dann nicht wehren.

KA: *Welche Frage hat euch gefehlt, was möchtet ihr noch sagen?*

Falk: Ich möchte sagen, dass ich das Klima an unserer Schule ziemlich gut finde. Schüler und Lehrpersonen haben ein gutes Verhältnis zueinander. Wir hatten allerdings viele Wechsel von Lehrerinnen und Lehrern, das waren in zwei Jahren 17 Wechsel durch kurze Zeitverträge. Das hat sich auch auf das Lernen ausgewirkt.

Mala: Mir fallen dazu auch noch viele Punkte ein. An meiner letzten Schule hatten wir fünf Monate keine Lehrerin in Deutsch und kaum Deutschunterricht. Manchmal ist es ziemlich chaotisch und unorganisiert. Wenn ich zurückdenke, bin ich aber auch ziemlich dankbar, denn die Schule bringt viele Menschen zusammen. Alle meine Freunde habe ich hier kennengelernt. Ich habe viele schöne Erinnerungen und auch lustige Erinnerungen mit den Lehrpersonen.

Helene: Ich glaube, dass einem ohne Schule etwas fehlen würde. Dann hätte man ja auch seine Freundinnen und Freunde nicht kennengelernt.

KA: *Sind das Beste an der Schule die Freundinnen und Freunde?*

Falk und Helene: Ja.

Mala: Eindeutig.

5 Stärken stärken

Wir haben nun die Wichtigkeit des Wohlergehens für Kinder und Jugendliche und die Relevanz für das Lernen beleuchtet, ebenso wie die Bedeutsamkeit vertrauensvoller Beziehungen. Ich möchte eine weitere Idee aufgreifen, die mir im Interview mit Nicole Schäfer (s. 4.2.3) deutlich wurde: das Stärken von Selbstvertrauen durch die Beschäftigung mit eigenen Stärken, Neigungen und Talenten. Wie werden Menschen stark? Damit beschäftigen sich die Konzepte der **Selbstwirksamkeit** und des **Empowerments**.

Empowerment und Selbstwirksamkeit

Empowerment ist ein Konzept, das darauf angelegt ist, Menschen zu befähigen, ein selbstbestimmtes Leben zu führen. Es hat zum Ziel, eigene Ressourcen zu aktivieren, um gesellschaftliche Teilhabe sowie die Autonomie und das Erleben von Selbstbestimmung zu gewährleisten. Der Begriff wird in der Sozialen Arbeit für die Arbeit mit Menschen mit Unterstützungsbedarf, häufig aber auch zur Prävention von Rassismus und Antisemitismus verwendet.

Selbstwirksamkeit wird häufig definiert als das Vertrauen in die eigenen Fähigkeiten und Kompetenzen. Dafür wird als wichtig erachtet, dass im Unterricht beispielsweise der Schwierigkeitsgrad der Anforderungen an das Leistungsniveau angepasst wird. Gemeint ist mit Selbstwirksamkeit aber auch das Zutrauen, Situationen im eigenen Sinn beeinflussen zu können, also Wirkungskraft zu besitzen. Beide Begriffe werden teilweise synonym verwendet. Olaf Axel Burow, emeritierter Professor der Erziehungswissenschaften, schreibt: „Neben den kognitiven Fertigkeiten und Fähigkeiten braucht er [der Lernende, *Anm. d. Autorin*] vor allem Voraussetzungen, um sich selbst organisieren zu können (…). Außerdem ein gesundes Selbstwertgefühl und den Glauben, dass er die anstehenden Herausforderungen auch schafft, also das Gefühl, selbst wirksam zu sein. (…) Wir dürfen nicht vergessen, dass ein Mensch nicht entfaltet wird, sondern sich selbst entfaltet."[1]

1 Burow, O. A. (2017): Einladung zur positiven Pädagogik, Beltz, S. 15

Wie Empowerment und Selbstwirksamkeit in Schule gelingen kann, dafür gibt es viele Beispiele. Eines bietet die Franz-Leuninger-Schule in Mengerskirchen, eine Grundschule, mit ihrem Schulprogramm.[21]

Ein weiteres Beispiel für eine andere Altersgruppe und Schulform kann die Georg-Christoph-Lichtenberg-Gesamtschule in Göttingen sein (Schulpreisträger 2011).[22] Und noch ein Beispiel: „Die Menschen stärken, die Sachen klären", so lautet auch heute noch eines der pädagogischen Leitprinzipien der Laborschule Bielefeld. Folgende Leitideen sollen dort bei der Umsetzung verfolgt werden: Das Kind erhält die Möglichkeit,

- „eigene Interessen zu entdecken und zu verfolgen,
- Vielfalt als Bereicherung zu erfahren,
- nach seinen individuellen Möglichkeiten zu lernen,
- die Welt verstehen zu lernen,
- verstehen zu lernen, was es für ein gelingendes und glückliches Leben braucht"[23].

Zur Stärkung der Persönlichkeit gehört die Entdeckung von Talenten und Stärken. Das spiegeln die Lehrpläne allerdings wenig wider. Daher ist das folgende Kapitel den Möglichkeiten individuellen Lernens und der Stärkung von Talenten durch Spezialisierung gewidmet.

5.1 Spezialisierung fördern

Erst durch die Interviews bin ich zunehmend auf eine für mich neue Erkenntnis gestoßen, wie notwendig und ermutigend die Ermöglichung von Spezialisierung für Lernende ist. Hierzu ist die Literatur des Buches „Die Durchschnittsfalle" von Prof. M. Hengstschläger (Medizinische Genetik) hilfreich. Der österreichische Genetiker formuliert sehr anschaulich, dass es genetisch keinen Durchschnitt, also keine Normalität gibt (2012, vgl. S. 51) und Menschen daher für gute Leistungen nicht nur genetisch gute Veranlagungen, sondern eine förderliche Umgebung brauchen, um sie zu entfalten. Der Hirnforscher Gerhard Roth bestätigt dies: „(…) aufgrund von Studien

---

21 Schulprogramm der Franz-Leuninger-Schule. In: http://www.franz-leuninger-schule.de/?file=tl_files/fls/Schulprogramm%202018.pdf (recherchiert am 5.5.2020)

22 Homepage der Georg-Christoph-Lichtenberg-Gesamtschule: https://www.igs-goe.de/index.php?id=12 (recherchiert am 5.5.2020)

23 Freke, N. (2019): Die Kraft der Kinder. In: Heft Grundschule aktuell, Nr. 145, S. 7

an eineiigen Zwillingen, die getrennt aufgewachsen sind, [kann man, *Anm. d. Autorin*] ziemlich genau sagen: Die Intelligenz eines Menschen etwa ist zu 50 Prozent angeboren. Auf diesen Wert kommen alle Experten gleich welchen ideologischen Lagers."[24]

5.1.1 Talent oder Übung?

Talente und Begabungen sind demnach genetisch festgelegt, entfalten sich aber nur in einer förderlichen Umgebung und durch Arbeit. Dies belegen die Untersuchungen von A. Ericsson, der die Zusammenhänge zwischen langjährigem Lernen und Üben und hervorragenden Leistungen belegt und dafür die 10.000-Stunden-Regel formuliert, nach der Zeitinvestition in Übung zur Erlangung von Perfektion nötig sei. (ebda., S. 77) Demnach können auch mittelmäßig begabte Lernende exzellente Ergebnisse erreichen, wenn sie so viel Zeit in Übung investieren. Dazu sollten Talente entdeckt und unterschiedliche Leistungsvoraussetzungen durch Arbeit zusammengeführt werden, damit sie zum Erfolg führen:

> „(…) Individuelle Leistungsvoraussetzungen [müssen, *Anm. d. Autorin*] erst einmal entdeckt werden. (…) Viele aktuelle Forschungsergebnisse in der Epigenetik betonen doch eigentlich, dass die Umsetzung besonderer Leistungsvoraussetzungen nicht extrinsisch erzwungen werden kann. Es muss das intrinsische Interesse von Kindern, ihre Talente in Erfolg umzusetzen, in einem psychisch positiv belegten Umfeld unter für das Kind erfreulichen Bedingungen (Spaß an der Umsetzung, Neugier wecken, Schmerzfreiheit etc.) entfacht werden. Sonst macht all das ‚Üben, üben, üben' nur krank und unterdrückt etwaige biologische Leistungsvoraussetzungen unter Umständen mehr, als es sie ans Tageslicht bringt." (S. 90)

Für Schulen fordert Hengstschläger, dass sie viel stärker den Neigungen und Interessen Raum geben sollen, sodass nicht alle alles lernen müssen. Das ist ein recht neuer Gedanke. Junge Talente könnten schon vor Beendigung der Schule Außerordentliches erreichen, da sie viel intensiver am Thema arbeiten können.

24 Roth, G. (2011): Gene und Erziehung. In: GEO kompakt, Nr. 28, S. 60–70

Multiple Intelligenzen

Nach der Intelligenztheorie von Howard Gardner ist es möglich, eine oder auch mehrere Formen von Intelligenz zu besitzen – oder auch nicht. Er unterscheidet sieben Kategorien, die sich aufteilen in sprachliche, musikalische, logisch-mathematische Intelligenz, visuell-räumliche, körperlich-kinästhetische, intrapersonale und soziale Intelligenz. Die Theorie ist nicht unumstritten, und es gibt zahlreiche weitere Modelle. Sie soll hier stellvertretend für die Erkenntnis stehen, dass Schülerinnen und Schüler verschiedene Zugänge zu Lerninhalten ebenso benötigen wie die Möglichkeit, sich in ihrer Form der Begabung oder Intelligenz hervorzutun.

Was bedeutet das jedoch für die Erlangung der guten Allgemeinbildung? Interessanterweise rät Hengstschläger, Talente nicht zu werten, sondern unbedingt wertungsfrei zu fördern, da man ja nicht wisse, welche Talente in der Zukunft gebraucht würden (vgl. S. 31) und es einen genetischen Idealfall nicht gebe (vgl. S. 41). Hengstschläger sieht die Abweichung von der Norm also nicht als Problem und den Durchschnitt nicht als wünschenswert, da er in der Genetik zahlreiche Beispiele vorfindet, wie sich Individualität durchsetzt und teilweise ganz individuelle Lösungen das Überleben einer Gattung sichern. Er folgert daraus: „Umso mehr Gleiche wir haben, umso weniger Variantenreichtum, Streuung und Individualität herrscht." (S. 47)

5.1.2 Die Bedeutung von Förderung und Forderung

Geradezu poetisch erläutert Hengstschläger: „Die Gene sind Feder und Papier, die Geschichte schreiben wir selbst, und die Tinte ist die Epigenetik." (ebda., S. 88) Für die Zukunft empfiehlt er, Andersartigkeit weiter auszubauen: „Anders zu sein und möglichst viele (…) Andersartige (…) im System zu haben ist die mächtigste Eigenschaft (…) auf dem spannenden, aber eben auch herausfordernden Weg in die Zukunft." (ebda., S. 15) Er sieht die Menschheit als eine Elite aus Individuen, da jeder Mensch genetisch anders ist. Der Notendurchschnitt sage über die individuelle Leistungsfähigkeit nichts aus. (vgl. S. 14)

Talente sind für Schulen eine besondere pädagogische Herausforderung, die bisher nur wenig im Schulalltag berücksichtigt wird. Das ist eine ungenutzte Ressource, gleichzeitig aber auch ein Verlust für den betroffenen jungen Menschen.

Schulen sollten sich deshalb fragen:

- Finden/erkennen wir die Talente der Schülerinnen und Schüler?
- Was macht dieses Individuum besonders?
- Wofür ist dieser junge Mensch bereit, sich besonders anzustrengen?
- Was kann sie oder er für die Klasse, für die Schule oder die Gemeinschaft beitragen?
- Wie stark lassen wir eine Spezialisierung zu?
- Wo liegt unser Schwerpunkt: in der Forderung der Anstrengung in den Leistungsspitzen – oder in der Förderung, dem Aufholen von Defiziten?
- Wann und wo sind Räume, in denen Schülerinnen und Schüler ausprobieren, was ihnen besonders liegt?
- Gibt es Möglichkeiten, Außergewöhnliches zu erleben und ungewöhnliche Eindrücke zu sammeln?
- Ist unsere Lernumgebung genügend anregend?
- Fördern wir die unterschiedlichen Formen von Intelligenz und Begabung?

Vielbeachtet im Zuge der Inklusion ist der „Index für Inklusion" (Beltz, 2016), der Indikatoren festschreibt, wie inklusive Schule gelingen kann. Zur Entwicklung von inklusiven Haltungen und zur Schulentwicklung wird er daher häufig als Werkzeug genutzt. Im „Index für Inklusion" beschreiben Tony Booth und Mel Ainscow (University of Cambridge und University of Manchester) ihren Anspruch an „eine Schule für alle". In den pädagogischen Leitlinien finden sich konkrete Beispiele, wie die bisher formulierten Ansprüche umgesetzt werden können. Die Anforderungen an Bildung und Erziehung lauten:

- „(…) Theoretisches Wissen baut auf der Entwicklung praktischer Fähigkeiten auf.
- Praktische Fähigkeiten und akademisches Wissen gelten als gleichwertig.
- Einsichten aus verschiedenen Fächern und Themenbereichen werden in einen Zusammenhang gebracht (…).
- Schulische Aktivitäten sind mit dem sozialen, kulturellen, politischen und wirtschaftlichen Leben außerhalb der Schule verbunden.
- Ereignisse vor Ort werden im Zusammenhang mit dem Weltgeschehen gesehen.
- Es werden unmittelbare und lebenslange Aktivitäten und Interessen gefördert." (2017, S. 46 f.)

Dies hat auch Auswirkungen auf die Überlegungen zur Bewertung von Leistungen, wie wir im nächsten Kapitel sehen werden.

Meine zusammenfassende sechste These heißt nun:

Gute Schulen stärken Stärken und fördern die Spezialisierung.

5.2 Bewertung als Botschaft

Jede Bewertung beinhaltet eine Botschaft. Lehrerinnen und Lehrer sollten sich deshalb immer wieder fragen: Welche Aussagen über ihre Anstrengungen und Talente werden Schülerinnen und Schülern in der Schule mitgegeben? Was lernt das Kind über sich selbst? Sagt es über sich „ich kann gut …“ und „ich bin gut“? Die Wahrnehmung eigener Interessen und das individuelle Lernen sind idealerweise Bestandteil einer Kindentwicklung hin zu mehr Stärke. Weiß ein Jugendlicher, der die Schule verlässt, was seine Stärken sind, seine Talente, was er oder sie ausbauen möchte? Weiß ein Kind, wie es am besten lernt und was es gut kann? Oder bestimmt maßgeblich die Beziehung zur Lehrkraft, welches das Lieblingsfach ist?

Ich halte es für eine wesentliche Aufgabe von Schule, Schülerinnen und Schülern zu vermitteln, was sie besonders gut können. Das beinhaltet eine reflektierte Fehlerkultur, ein Überdenken der Leistungsbewertung und der Form der Korrekturen. Wir müssen uns zum Beispiel fragen: Sind Noten noch zu rechtfertigen? Wie gerecht und aussagekräftig sind sie wirklich? Der Erziehungswissenschaftler Florian Waldow beobachtet:

> „Als entscheidender safeguard einer gerechten summativen Leistungsbewertung gilt in Deutschland nach wie vor die Professionalität des Lehrerurteils, die dem vermeintlichen ‚mechanical sorting of persons (students)‘ durch Testsysteme vorgezogen wird. (…) Den Lehrpersonen wird ein gewisser Beurteilungsspielraum eingeräumt, über den Gerichte nicht befinden können.“[25]

Dass Lehrkräfte unterschiedlich entscheiden, dass selbst dieselbe Lehrkraft zu unterschiedlichen Testzeitpunkten dieselbe Leistung unterschiedlich bewertet, ist mittlerweile bekannt. Wir wirkt sich das auf das (in seiner Leistung) bewertete Kind aus? Ein diffuses Gefühl von Ungerechtigkeit und Intransparenz ist in der Schülerschaft weit verbreitet und spiegelt die Ergebnisse der Forschung wider.[26]

Einerseits ist in manchen Schulgesetzen und einzelnen Erlassen die Vorgabe enthalten, Zeugnisse und Noten sollen eine ermutigende Perspektive für die weitere Entwicklung aufzeigen. Aber sind Noten dafür das richtige

25 Waldow, F. (2011): Juristen oder Testspezialisten? In: Zeitschrift für Pädagogik 4, S. 491

26 Tiefenthal, A. (30. Oktober 2018): Das sagt die Wissenschaft über Noten. In: https://deutsches-schulportal.de/bildungswesen/das-sagt-die-wissenschaft-ueber-noten/ (recherchiert am 5.5.2020)

Mittel? Und was sind die Alternativen? Andererseits: Wann und an welcher Stelle erhalten Lernende und deren Eltern eine klare Rückmeldung zum Leistungsstand? Wenn diese präzise Rückmeldung nicht erfolgt, kann es geschehen, dass man die Eltern eines Kindes mit sonderpädagogischem Förderbedarf auf einer Infoveranstaltung des örtlichen Gymnasiums trifft, weil alle weichen Beurteilungen, alle differenzierten Bewertungen und Sternchen-Noten vollständig missverstanden wurden.

Viele Schulen experimentieren bereits mit Portfolios. Portfolios schlüsseln die einzelnen erreichten Kompetenzen auf, unterscheiden zwischen Selbst- und/oder Fremdbeurteilung und sollen so Noten transparenter werden lassen. Wenn die Erwartungen jedoch nicht vor der Bewertungssituation offengelegt werden, reproduzieren Testsituationen immer noch zu häufig die erwarteten Ergebnisse. Das bedeutet, dass Schülerinnen und Schüler selten die Chance haben, eine andere als die von der Lehrkraft erwartete Leistung zu erzielen und damit die bisherige Einschätzung zu zementieren.

In den Bundesländern sind unterschiedliche Prozessmodelle veröffentlicht. Im hessischen Prozessmodell ist im Lernablauf festgelegt, dass eine Schülerin oder ein Schüler zuerst eine Rückmeldung erhalten muss, sodass er oder sie durch eine Übungsschleife die Chance hat, die erwartete Leistung in der Testsituation zu erbringen.[27] Andere Schulen arbeiten mit Lernentwicklungsberichten, die keine Noten enthalten. In ihnen wird ausschließlich die individuelle Lernentwicklung abgebildet. Das entspricht einerseits einem sehr individuellen Feedback an die Schülerinnen und Schüler, lässt aber andererseits die Frage nach der Vergleichbarkeit offen. Wie Pant im Interview (s. 2.2) aufzeigt, wird damit die Verantwortung der Bewertung an das aufnehmende System delegiert, also zum Beispiel an Eingangstests für Hochschulen, Betrieben usw.

Dieser Spannungsbogen zwischen fairer, ermutigender Rückmeldung einerseits und transparenter und vergleichbarer Einschätzung von Leistung andererseits ist noch nicht gelöst. Deutlich wird aber, dass Schule mehr auf Ermutigung und Erfahrungen von Selbstwirksamkeit setzen sollte, damit Schülerinnen und Schüler ihre individuellen Stärken deutlich erkennen und sie ausbauen können.

---

27 Hessisches Kultusministerium (Hg.) 2011: Auf dem Weg zum kompetenzorientierten Unterricht – Lehr- und Lernprozesse gestalten. In: https://kultusministerium.hessen.de/sites/default/files/media/auf_dem_weg_zum_kompetenzorientierten_unterricht.pdf (recherchiert am 5.5.2020)

5.3 Bildungsverlierer

In seiner Analyse aller Erkenntnisse der PISA-Studien resümiert Schleicher, wie stark die Erwartungshaltung von Eltern und Lehrkräften, welche Leistung jemand erbringen wird, diese Ergebnisse manifestiert. Der Lernende spiegelt diese, indem seine eigenen Erwartungen sich den Erwartungen anderer anpassen: „PISA results show that these attitudes are mirrored in students' perceptions of their own future education." (S. 66) In Kanada, Estland, Finnland und Ostasien sei der Glauben daran, dass alle Lernende gute Ergebnisse erzielen können, wesentlich ausgeprägter. Daran wird deutlich, dass Schulen alle Möglichkeiten eröffnen sollten; für gute Leistung, durch Unterstützung, durch hohe Anforderungen und indem sie Schülerinnen und Schüler nicht „abschreiben", denn diese könnten ihnen glauben.

Neben Kindern aus bildungsfernen Schichten und migrantischen Milieus zählen auch besonders Begabte und wenig Begabte zu den nicht ausreichend geförderten Kindern in deutschen Schulen. „Underachiever" werden solche Schülerinnen und Schüler genannt, die in ihren Ergebnissen regelmäßig unter ihren Leistungsmöglichkeiten liegen. Teilweise wird von Lehrkräften erkannt, dass dieses Kind mehr leisten könnte. Damit können Kinder und Jugendliche mit geringerem Leistungsvermögen gemeint sein, ebenso wie durchschnittlich Begabte und Hochbegabte. Teilweise wird die Leistungsfähigkeit jedoch nicht erkannt und falsch eingeschätzt – oder zu wenig herausgefordert. Die Einschätzung der Lehrkräfte hat eine hohe Wirkkraft und ist Teil des Problems, dass es in deutschen Schulen immer noch zu viele Bildungsverlierer gibt.

5.3.1 Selektion

Die Analyse der PISA-Daten erlaubt einen weiteren Rückschluss auf nachteilige Faktoren: Die frühe Selektion in verschiedene Schulformen führt dazu, dass weniger Schülerinnen und Schüler die Unterstützung erhalten, die sie benötigen. Schleicher schreibt hierzu:

> „Countries where students reported the least support from teachers were often those where students were divided by academic ability at a young age (…) Sorting students into different types of schools creates more homogeneous classes, where teaching becomes more straightforward, and teachers may feel they do not need to pay as much attention –‚show interest', ‚give extra help', or‚work with students' – to individual students". (2018, world class, S. 68)

Das frühe Einteilen in leistungshomogenere Gruppen führt also eher dazu, dass individuelle Unterstützung im Unterricht zurückgeht. Auch das ist ein Hinweis, dass der längere Verbleib in einer leistungsheterogenen Gruppe ebenso wie hohe Erwartungen an den einzelnen Lernenden zu besseren Ergebnissen für viele führt.

5.3.2 Overachiever und Hochbegabte besser fördern und fordern

Wir werden im folgenden Interview sehen, wie negative Leistungserwartungen und fehlende Beziehungen dazu führten, dass ein Schüler deutlich unter seinen Möglichkeiten blieb, seine (Sprach-)Entwicklung nahezu einstellte und nur durch enorme Anstrengungen der Familie wieder zu einem stabilen Schüler wurde. In einem System, in dem immer noch zu oft allen das Gleiche zur gleichen Zeit gelehrt wird, liegt der Fokus zu stark auf Konformität. Dadurch werden nicht nur die benachteiligt, die am unteren Leistungsspektrum lernen, sondern auch jene, die zu besonderen Leistungen fähig sind. Noch zu wenig werden besondere Leistungen erkannt, ernst genommen und gefördert. Über die Förderung von Spitzenleistungen schreibt Burow: „Die zweite Ebene der Schulentwicklung ist Excellence oder Spitzenleistung. (…) Das deutsche Schulsystem bringt nur acht Prozent der Schüler an die Spitze, Singapur schafft 26 Prozent. (…) sie zeigen, dass es sehr viel mehr Luft nach oben gibt." Als erste Ebene nennt er Chancengleichheit und als dritte Ebene Wohlbefinden in der Schule.[28]

Teilweise sind die Reaktionen auf eine festgestellte Hochbegabung recht ambivalent. Das IGL Institut[29] schreibt zum Beispiel: „Häufig besteht in der sozialen Umgebung – nicht nur bei LehrerInnen – Skepsis gegenüber Testergebnissen, wenn die tägliche Plausibilität ihnen nicht entspricht. Leistungsversagen, aber unterfordert? Rotziges Verhalten, aber klüger als andere? Ein hochbegabtes Kind, das sich oppositionell verhält, kann seine Lerngruppe erheblich stören." In einer unüberbietbaren Kürze bringt der frühere Leiter der Europäischen Schule Frankfurt/M. die Gefühle zum Ausdruck, die in solchen Situationen entstehen: „Hochbegabung ist die Arroganz eines Kindes auf Kosten aller anderen. – Das Kind und seine Familie können einsam werden."[30]

28 Burow, O. A. (2017), S. 14)

29 Institut für Leistungsentwicklung (IGL): https://www.hochbegabtenhilfe.de/bilder-aus-dem-frankfurter-buero/ (recherchiert am 5.5.2020)

30 a.a.O.

Nach meinen Erfahrungen haben Schulen häufig ein Problem mit individuellen, eigenwilligen Lösungswegen. Favorisiert werden die gemeinsam erarbeiteten Lösungswege. In der Broschüre des Bundesministeriums für Bildung und Forschung „Begabte Kinder finden und fördern"[31] wird erläutert:

> „Eine hohe Intelligenz und Kreativität des Kindes kann zu einer unkonventionellen Art führen, sich Wissen anzueignen und Probleme zu lösen. Das löst unter Umständen bei Eltern und Lehrkräften Widerstand aus, da das Kind Probleme und Aufgaben auf seine eigene, für andere ungewohnte und zum Teil unverständliche Art löst und organisiert."

Es ist also notwendig, verschiedene Lösungswege zuzulassen, wenn wir Kinder mit besonderen Denkweisen nicht benachteiligen wollen.

31 BMBF (Hg.) 2017: Begabte Kinder finden und fördern. Ein Wegweiser für Eltern, Erzieherinnen und Erzieher, Lehrerinnen und Lehrer. In: https://www.bmbf.de/upload_filestore/pub/Begabte_Kinder_finden_und_foerdern.pdf (recherchiert am 5.5.2020)

Interview mit Anna:
„Mein Kind ist anders" – ein Rückblick im Café

Meine Gesprächspartnerin Anna[32] ist eine berufstätige Mutter von zwei Kindern im Rhein-Main-Gebiet. Unter dem Umgang mancher Lehrkräfte mit ihrem Sohn Paul hat sie sehr gelitten. An mehreren Stellen musste das Gespräch unterbrochen werden, wenn die Erinnerungen zu sehr schmerzten.

Kati Ahl: *Anna, wir sprechen heute vor allem deswegen miteinander, weil es Paul in der Schule nicht gut gegangen ist.*

Anna: Ja, wir hatten einen eher schwierigen „Schulweg" im übertragenen Sinne. Paul war immer schon anders als andere Kinder, wir erhielten ganz viele Diagnosen: von der Aufmerksamkeitsdefizit-Hyperaktivitätsstörung über hochbegabt und schwer erziehbar; alles Mögliche. Viele Menschen haben uns auf Paul angesprochen, das begann schon im Kindergarten. Er wäre nicht ansprechbar, sagten die Erzieherinnen, er sei in seiner Welt, würde Anweisungen schwer befolgen. Da habe ich schnell gemerkt, dass es sehr darauf ankommt, auf welche Erzieherin und später auf welche Lehrerin oder welchen Lehrer man trifft. Viel später, als Paul ein Teenager war, wurde festgestellt, dass er das Asperger-Syndrom hat. Das bedeutet zum Beispiel, dass er selbst entscheidet, ob er mit einem Menschen klarkommt oder nicht und ob er für jemanden ansprechbar ist. Meine Tochter Lisa hatte es übrigens auch schwer. Bei ihr wurde eine Lese- und Rechtschreibstörung diagnostiziert, aber das war von Anfang an recht schnell klar. Beide waren also Problemkinder für die Schule.

KA: *Wann hast du als Mutter das Gefühl gehabt: Paul ist irgendwie anders als andere Kinder?*

Anna: Schon recht früh. Es war teilweise sehr anstrengend mit ihm, er war sehr aktiv. Ich musste viele Dinge immer wiederholen, zum Beispiel, wie man sich Schuhe anzieht; wenn er sich umdrehte, war alles wieder vergessen. Und wenn ich ihn gerufen habe, hat er manchmal gar nicht reagiert; auch wenn er ganz in der Nähe war. Da merkte ich, dass dieses Verhalten anders ist als bei anderen Kindern.

32 Die Namen der Mutter und der Kinder sind anonymisiert.

KA: *Hast du auch Stärken festgestellt?*

Anna: Ja. Er fiel uns schon früh durch sein fotografisches Gedächtnis auf. Wenn ich ihm Geschichten vorgelesen habe, hat er sie sehr schnell auswendig gekonnt, und zwar Wort für Wort. Er hat sich besonders für Naturwissenschaften interessiert, er war sehr wissbegierig, und ich gab ihm viel Input, bis er selbst lesen konnte. Seine Interessen wechselten aber auch immer mal wieder. Jetzt, mit 21 Jahren, ist er gerade fasziniert von Technik, dem IT-Bereich und Mathematik. Paul hat aber insgesamt ein unheimlich breites Wissen, kann sich alles merken, was er sich einmal angeschaut hat.

KA: *Wie geht es ihm heute?*

Anna: Heute geht es ihm gut, denn er kann machen, was er will und was ihm liegt. In der Schulzeit war das natürlich schwierig. Asperger-Kinder sind weniger kommunikativ, Paul war also mündlich nicht so stark in der Schule. Sprachen fielen ihm zum Beispiel schwer, weil er sich sehr auf Fakten konzentriert hat. Lange Texte liegen ihm nicht, das entspricht auch nicht seiner Logik. Mathearbeiten hat er oft nur mit Ergebnissen abgegeben und den Weg bis zum Resultat im Kopf ausgerechnet. Das den Lehrkräften verständlich zu machen, war sehr schwierig. Nach der Schule absolvierte er ein Praktikum in einer Firma, und die waren so begeistert, dass sie ihm gleich einen Vertrag angeboten haben. Da hat er sich zunächst für die Ausbildung entschieden und gegen ein Studium.

KA: *Dann hatte Paul ja das Abitur geschafft, oder?*

Anna: Ja, das Abitur hat er abgeschlossen, aber es war ein Kampf. Von der Schule bekam er keine Unterstützung. Alleine hätte er das nicht geschafft, die hätten ihn auch vorher schon einmal sitzengelassen, wenn ich nicht für ihn gekämpft hätte. Damals waren wir mit Paul in Therapie, weil wir ja nicht wussten, was er hat. Das half uns aber auch nicht weiter, denn die Psychologin meinte, Pauls Schwierigkeiten würden darin liegen, dass ich freiberuflich tätig sei. Unsere Kinderärztin hat uns schließlich zu einem mehrtägigen Test in die Uniklinik geschickt. Als wir die Diagnose „Asperger-Syndrom" hatten, waren wir erleichtert. Jetzt wussten wir, was Paul hatte. Nun ging es einfacher, denn jetzt mussten die Lehrkräfte ja darauf eingehen.

KA: *Die Diagnose hat euch erleichtert, euch aber auch das Recht auf Unterstützung gegeben?*

Anna: Genau. Durch die Diagnose wurde eine anerkannte Behinderung festgestellt, und erst dann haben wir Hilfe bekommen. Die Fachleute eines Instituts für die Begleitung autistischer Menschen in Problemsituationen sind zum Beispiel in die Schule gegangen und haben Konferenzen einberufen. Eine Betreuerin hat zwischen den Lehrkräften und Paul vermittelt und auch insgesamt viel Aufklärungsarbeit geleistet. Ich habe durch die Diagnose angefangen, viel dazu zu gelesen. Bis zu diesem Zeitpunkt war es in der Schule ganz schlimm für Paul. Die Lehrkräfte haben zu ihm gesagt, er sei verrückt. Einmal haben sie ihn zu dritt aus der Klasse gezogen, wenn er nicht getan hat, was sie wollten, und haben ihn ganz schlimm behandelt.

(Pause)

KA: *War das auch schon in der Grundschule so?*

Anna: Nein. Die Lehrerin der Grundschule ist gut auf ihn eingegangen. Er war eben immer besonders schnell fertig. Dann wurde ihm langweilig und er zappelte oft herum. Wenn das der Lehrerin auffiel, gab sie ihm besondere Aufgaben; er durfte zum Beispiel Vorträge halten über Themen, die ihn interessierten. Deswegen sage ich immer: Es ist ganz entscheidend, auf welche Lehrerin oder welchen Lehrer ein Kind und auch seine Eltern treffen. Auf dem Gymnasium gab es Lehrkräfte, die sagten einfach: Wenn Paul nicht ins Raster passt, muss er raus. Dass es Paul auf dem Gymnasium nicht gut ging, haben wir lange nicht gewusst. Er hat zu Hause nicht mehr von der Schule erzählt. In der Grundschule hat er noch geredet.

KA: *Was meinst du damit: Er hat noch geredet?*

Anna: Auf dem Gymnasium hat er durch die Belastungen das Reden mit Erwachsenen eingestellt, er hat Mutismus entwickelt, so heißt das.

KA: *Auch zu Hause?*

Anna: Zu Hause hat er schon geredet. Aber er redet insgesamt nicht viel. Man muss bei ihm schon nachbohren. Ich wusste lange, dass irgendetwas nicht stimmt, aber ich wusste nicht, was. Wir wurden oft in die Schule bestellt, dann wurde gesagt, unser Kind sei gefährlich. Wenn der Paul gestresst war – heute geht er anders damit um –,kam es schon vor, dass er unter den Tisch gekrabbelt ist oder schreiend dagestanden hat und sich die Ohren zugehalten hat. Autisten können ja die Reize nicht filtern. Deshalb geraten sie schnell in Stress und brechen dann aus. Ich verstehe natürlich, dass ein solches Verhalten schwierig ist.

KA: *Und die Lehrkräfte konnten, wenn Paul sich so verhielt, nicht gut mit ihm umgehen?*

Anna: Die Lehrkräfte sind mit solchen Situationen ganz schlecht umgegangen. Sie haben gesagt, „wir rufen die Irrenanstalt, du wirst gleich abgeholt"; sie haben ihn rausgezerrt. Sie wollten ihn unbedingt von der Schule weisen und haben mir unentwegt gesagt, er soll auf eine Förderschule oder eine Schule für schwer erziehbare Kinder. Ich dachte immer, da kann etwas nicht stimmen. Nur weil ich mit den Schülerinnen und Schülern gesprochen habe, habe ich erfahren, dass Paul öfter von einer Jungengruppe in einen Raum eingesperrt wurde und gemobbt wurde, vor allem in den Pausen. Paul ist dann immer öfter ausgerastet. Die Lehrpersonen haben einfach weggeguckt. Sie sagten nur, dass Paul von der Schule muss und gefährlich ist.

(Pause)

KA: *Hat er denn sich oder andere gefährdet?*

Anne: Normalerweise nicht; sich selbst auf keinen Fall. Er hat als jüngeres Kind etwas ruppiger Kontakt aufgenommen zu anderen, durch schubsen oder sich auf jemanden draufwerfen. Er hat aber zum Beispiel nicht gefiltert, dass man so etwas an einer Treppe besser nicht macht. Paul hat aber nicht geschlagen. Außer einmal: Da hat er sich gegen eine Lehrerin gewehrt, die ihm gedroht hat, er würde von der Schule fliegen, er sei sowieso dumm, und da hat er versucht, nach ihrer Hand zu beißen. Das hat er natürlich nicht geschafft, aber die Lehrerin war entsetzt. Ich verstehe das auch. Heute kann ich drüber lachen. Damals war es schlimm.

KA: *Wie ging es dir als Mutter?*

Anna: Schlecht. Es sagten ja alle, es würde an mir liegen, an meiner Erziehung, ich hätte mein Kind nicht im Griff. Was ich mir alles anhören musste: Er wäre in Nöten; wenn wir nicht aufpassten, würde er sich umbringen; er würde von uns nicht verstanden werden.

(Pause)

Dann habe ich verschiedene Wege ausprobiert: Mal war ich besonders streng, mal besonders verständnisvoll; alle Wege, die es gibt, habe ich probiert. Ich war viel für mein Kind da und habe es beobachtet, konnte mir aber vieles nicht erklären.

KA: *Wurde das Zusammensein mit Paul nach der Diagnose auch zu Hause besser?*

Anna: Ja, von da an habe ich mich erkundigt, Bücher gelesen, und wir konnten viel besser mit ihm umgehen. Paul wurde dann auch ruhiger. Das muss man sich mal vorstellen, was er jahrelang von allen Seiten immer wieder zu hören bekommen hat. „Du bist ja dumm! Warum antwortest du nicht?". Das hat ihn sehr gequält. Wir haben über Jahre wirklich eine schlimme Zeit gehabt. Ich habe viel geweint.

(Pause)

KA: *Hat Paul gezeigt, wie es ihm ging?*

Anna: Er hat immer mehr gebrüllt und immer weniger gesprochen. Man hätte ihn in ein Restaurant setzen können, er wäre verhungert, weil er kein Essen bestellt hätte. Er hat niemanden angeguckt, in der Schule hat er gar nicht mehr gesprochen. Er hat sich immer mehr in sich zurückgezogen.

KA: *Hat man dir die Möglichkeit gegeben, auf einem Elternabend über Paul zu sprechen?*

Anna: Nein. Aber ich habe im mündlichen Abitur dabei gesessen. Das wollten die Lehrpersonen so, weil sie nicht wussten, wie sie auf ihn reagieren sollen oder wie er auf die Prüfungssituation reagieren würde. Dazu muss ich noch sagen: Nachdem wir die Diagnose hatten, habe ich den zuständigen Lehrer gebeten, alle Lehrkräfte über das Asperger-Syndrom von Paul zu informieren und es auch den Mädchen und Jungen in seiner Klasse zu erklären. Da war der Lehrer aber so überfordert, dass ich mich vor die Klasse gestellt und Pauls Behinderung erklärt habe.

KA: *Wie haben die Kinder reagiert?*

Anna: Super! Kinder reagieren so gut. Die Mädchen hatten schon häufig intuitiv gut auf ihn reagiert, weil Paul eigentlich ein ganz Lieber ist. Man muss nur für seine Eigenarten ein bisschen Geduld haben. Wenn er gerade nicht reden will, dann will er halt nicht. Das muss man akzeptieren. Die Kinder seiner Klasse in der Jahrgangsstufe 7 bis 9 waren super! Die Probleme gab es immer nur mit den Lehrkräften und mit einigen Jungen ab der Jahrgangsstufe 5, die ihn schlimm gemobbt haben.

KA: *War Paul beim Gespräch mit der Klasse dabei?*

Anna: Ja, er wollte das so. Ich habe das vorher mit ihm besprochen. Für ihn war die Diagnose vielleicht auch eine Erleichterung, denn es war schon sehr schlimm in der Schule. Aber er hat dann später eine tolle Klasse gehabt, vor allem die Mädchen sind super mit ihm umgegangen. Die haben ihn einfach genommen, wie er ist. Das ist meiner Meinung nach die Hauptsache. Nur den Erwachsenen und vielen Lehrerinnen und Lehrern fehlt das Gefühl dafür, die Menschen so zu nehmen, wie sie sind. Nach deren Meinung müssen Schüler wie Paul funktionieren; teilweise ganz altmodisch, wie Soldaten. Und die weichen auch von ihren Regeln nicht ab.

KA: *Hast du ein Beispiel?*

Anna: Ja, Paul hat zum Beispiel am Anfang nur Einser in Mathe geschrieben. Aber der Lehrer in der 5. Klasse hat gesagt, der redet ja im Unterricht nicht, also gebe ich ihm eine 5 im Zeugnis. Das wäre sein Recht als Lehrer. Ich finde, da müsste man mehr auf Kinder eingehen. Eine pädagogische Bewertung gab es erst, als wir die Diagnose Asperger-Syndrom hatten. Die Diagnose kam ungefähr in der Jahrgangsstufe 7, also ziemlich spät. Die Empfehlung der Klinik lautete übrigens, dass Paul geschlossen in der Klinik untergebracht werden sollte. Und wir sollten ihm Tabletten geben! Da habe ich aus dem Bauch heraus entschieden, das nicht zu tun.

KA: *Du warst auf dich allein gestellt mit der Entscheidung …*

Anna: Ja, kann man so sagen. Paul hat einfach eine enge Bindung zu mir. Die Ärzte haben mir immer gesagt, dass er sehr viel durch mich gelernt hat. Autisten können ja Mimik und Gefühle schlecht deuten. Aber Asperger-Kinder können sich das von anderen abgucken. Das hat sich Paul von klein auf von mir abgeguckt. Dadurch findet er sich besser in der Welt zurecht.

KA: *Lebt er heute allein?*

Anna: Er lebt bei uns, wir haben ja eine große Wohnung. Paul hat einige Freunde, die ähnliche Interessen haben wie er, Computer zum Beispiel.

KA: *Traust du ihm zu, später allein zu leben?*

Anna: Ja! Er wird von Jahr zu Jahr selbstständiger. Ich glaube, er hat jetzt auch sein Selbstbewusstsein wieder gefunden. Paul bekommt Bestätigung durch seine Ausbildung und spricht jetzt wieder mehr mit anderen Menschen.

KA: *Hat er das, war er heute kann, eher durch die Schule oder trotz der Schule gelernt?*

Anna: (lacht) Gute Frage! Kann ich nicht genau beantworten. Im mathematischen Bereich hat er in jedem Fall viel durch die Schule gelernt. Das hätte er aber vielleicht auch durch Videos auf Youtube-Kanälen lernen können, denn das fällt ihm sehr leicht. Er hatte übrigens Mathe-Leistungskurs und hat darin Abitur gemacht, obwohl der Mathelehrer der Jahrgangsstufe 7 noch gesagt hat, er würde ja sowieso das Abitur nicht schaffen. Eine solche Beurteilung von Lehrkräften finde ich so schlimm, das ist so abwertend! Immer wieder zu hören, „das schaffst du eh nicht"…

(Pause)

KA: *Hattest du Kontakt zu anderen Eltern in einer ähnlichen Situation?*

Anna: Damals nicht. Erst, nachdem die Diagnose gestellt war und wir uns Unterstützung und auch etwas Akzeptanz erkämpft hatten, kontaktierten uns andere Eltern. Sie wollten wissen, wie wir das geschafft haben.

KA: *Jetzt gibt es seit zehn Jahren die UN-Behindertenrechtskonvention. Was denkst Du über Inklusion in der Schule?*

Anna: Ich denke, dass die Kinder viel voneinander lernen können; viel besser, als wenn alle getrennt unterrichtet werden. Die neurotypischen Kinder, also die „normalen", lernen zum Beispiel, mit kranken Kindern verständnisvoll und sozial umzugehen. Das schult ihre emotionale Kompetenz, denke ich.

KA: *Muss Schule sich verändern?*

Anna: Unbedingt. Das Schulsystem ist so, wie es jetzt ist, überholt. Man muss doch versuchen, die Stärken der Kinder herauszufinden und nicht, die Stärken klein zu machen! Keinesfalls darf man Kindern vermitteln, sie seien dumm, nur weil sie etwas nicht können. Man muss die Stärken hervorheben, sonst verkümmern die Talente. Meine Tochter ist zum Beispiel künstlerisch total begabt, der Kunstlehrer war begeistert, und sie hat in der Grundschule Auszeichnungen bekommen. Inzwischen ist sie auf dem Gymnasium und das ist bei ihr wieder untergegangen. Sie hat jetzt das Gefühl, sie kann gar nichts mehr. Der Fokus vieler Lehrer am Gymnasium lag so auf den Schwächen in den Sprachen, dass sie das Zeichnen auch abgelegt hat. Das Selbstbewusstsein geht dadurch kaputt, und die Kinder denken dann, sie können gar nichts mehr. Die Lehrkräfte müssten mehr auf das jeweilige Kind und seine Stärken eingehen.

KA: *Hast du eine Idee, wie Lehrkräfte die Stärken von Kindern und Jugendlichen stärken könnten?*

Anna: Ganz genau weiß ich das auch nicht, ich habe nur zum Beispiel an Lisa gesehen: Manche Lehrpersonen können es und manche nicht. Ich glaube, das ist eine Sache des Lehrertyps. Ich denke aber auch, dass viele Lehrerinnen und Lehrer gar nicht in den Lehrberuf wollten. Ich habe ganz oft das Gefühl: Die sind fehl am Platz, die gehen zu wenig auf die Kinder ein. Besonders auf pubertierende Kinder muss man doch eingehen können.

KA: *Haben Eltern nach Deiner Erfahrung die Möglichkeit, an der Schule ihrer Kinder etwas zu verändern?*

Anna: Für mich war es total schwer. Ich fand es zum Beispiel sehr schwierig, Termine bei Lehrkräften zu bekommen, dabei glaube ich, dass die Kommunikation sehr wichtig ist. Die Lehrkräfte sollten ansprechbar sein, und es müsste insgesamt mehr miteinander gesprochen werden. Dafür müssen alle offen sein, Eltern und Lehrpersonen.

6 Nicht **mehr** unterrichten, sondern anders

Wenn wir also nun den besonderen Stärken der Lernenden Raum geben und ihre Talente unterstützen, stellt sich die Frage, wie das alles noch in den Stundenplan einer Woche passen soll.

Jede Einführung eines neuen Schulfachs zeigt aufs Neue, welche großen Herausforderungen damit verbunden sind, das haben die Einführung der Fächer Ethik oder Islamischer Religionsunterricht bereits gezeigt: Die Entwicklung einer Weiterbildungsreihe für Lehrkräfte samt Abschlussprüfung zur Erlangung der Fakultas für das jeweilige Fach, die Ausbildung der Lehrenden, die Ausbildung im Referendariat samt den entsprechenden Lehrenden und die Entwicklung der Seminarmodule, neue Schulbücher, Materialien und Bildungsstandards im neuen Schulfach – und das ist noch nicht alles, da das neue Fach in der Schule weiter entwickelt werden muss und ein Schulcurriculum zu erstellen ist.

Eine additive Ergänzung der verpflichtenden Stundentafel stellt auch eine zusätzliche zeitliche Anstrengung für Schulkinder dar. Neben dem Unterrichtstag, den Hausaufgaben und möglicherweise der Vorbereitung auf Klassenarbeiten bleibt schon heute kaum mehr Freizeit, als Erwerbstätige für sich haben. Was lassen wir also weg?

Schleicher äußert sich dazu wie folgt: „Es ist immer leichter, dem Lehrplan etwas hinzuzufügen, als ihn zu verschlanken. Als Eltern sind wir die ersten, die sich beschweren, wenn unsere Kinder etwas nicht mehr lernen, das für uns einmal sehr wichtig war.“[33] Er spricht sich deutlich dafür aus, die Lehrpläne zu verändern, denn es geht nach seinem Verständnis um „Preparing students for their future, not our past“ (Schleicher, world class, S. 29).

Aber nicht nur Eltern sind besorgt, wenn ihre Kinder heute anders und anderes lernen, als sie es von ihrer eigenen Schulzeit her kennen:

> „Letztlich ist es oft eine kleine Gruppe von Wissenschaftlern und Regierungsbeamten, die bestimmen, was Millionen von Schülern lernen. Oft verteidigen diese den Umfang und die Integrität ihrer Disziplin, anstatt zu überlegen, was die Schüler

33 Interview mit Andreas Schleicher (11.10.2018): Es ist Zeit, die Lehrpläne auf die Zukunft auszurichten. In: https://goodimpact.org/magazin/es-ist-zeit-die-lehrpläne-auf-die-zukunft-auszurichten (recherchiert am 5.5.2020)

wissen und können müssen, um in der Welt von morgen erfolgreich zu sein. (…) Da die Lernzeit der Schüler begrenzt ist und es uns selten gelingt, Dinge aus dem Lehrplan herauszunehmen, werden junge Menschen dadurch Gefangene der Vergangenheit und Schulen verlieren die Möglichkeit, wertvolles Wissen, Fähigkeiten und Charaktereigenschaften zu entwickeln, die für Schüler in der Welt von morgen wichtig sein werden." (ebda.)

6.1 Denken lernen

Eine zusätzliche Ergänzung der Stundentafel kommt also nicht infrage. Nach Schleicher sind die deutschen Lehrpläne schon sehr breit angelegt, gehen aber nicht besonders in die Tiefe.

„Die Lehrpläne des 21. Jahrhunderts sollten sich durch Inhalte auszeichnen, die kognitive Aktivität auf hohem Niveau sichern, in denen es weniger darum geht, ob Schüler mathematische Gleichungen oder Definitionen wiedergeben können, sondern darum, ob sie wie ein Mathematiker denken können; in denen es weniger darum geht, wie viele Orte und Personen wir im Geschichtsunterricht lernen, sondern darum, ob wir verstehen wie sich das Narrativ einer Gesellschaft in der Geschichte entwickelt, und wie und warum dieses Narrativ in einer späteren Zeit seine Bedeutung verliert."[34]

Unterstützt wird dieses Argument von einer anderen Warte. Jürgen Kaube, Herausgeber der Frankfurter Allgemeinen Zeitung (FAZ), schreibt in seinem aktuellen Buch „Ist die Schule zu blöd für unsere Kinder?":

„Das Erziehungsziel, aus Kindern Personen zu machen, indem man sie befähigt, nachzudenken, etwas zu verstehen, zu argumentieren und sich zu artikulieren, legt es nahe, auch die Schulklassen nicht nur als soziale Behälter mit zufälliger Befüllung aufzufassen. Sondern als Gruppen, die an sich arbeiten, indem sie an aufschlussreichen Weltausschnitten arbeiten." (2019, S. 319)

Dazu zählt er nicht die Erweiterung der Stundentafel:

„Die Forderung, man müsse an den weiterführenden Schulen unbedingt mehr Wirtschaft unterrichten, mehr Programmieren, mehr Ökologie, mehr Gesundheits- und Ernährungskunde, ist verständlich. Man stellt sich den entsprechenden

34 A.a.O.

> Unterricht wie einen Erste-Hilfe-Kasten vor, dessen Absolventen danach in Notsituationen elementare Techniken beherrschen. (…) Allerdings werden die neuesten Erkenntnisse über Banken, die jüngsten Programmiersprachen, die aktuellsten Befunde der Medizin bereits veraltet sein, wenn die Schüler aus der Schule heraustreten. (2019, S. 40)

Schleicher und Kaube kommen aus sehr unterschiedlichen Perspektiven zu dem gleichen Schluss: Die Schule kann nicht länger an der Fülle der Inhalte in der Qualität bemessen werden. Sie muss stattdessen stärker den Fokus legen auf das Denkenlernen wie ein Mathematiker, eine Naturwissenschaftlerin, ein Techniker, eine Künstlerin.

6.2 Aus Handeln wird Können

Nicht nur das Denken, sondern auch das Können muss erlernt werden (vgl. Kompetenzbegriff, s. u.). Dazu zählen handwerkliche, künstlerische und ganz allgemein praktische Tätigkeiten. Schließlich lebt jeder Wissenserwerb von der praktischen Umsetzung und Anwendbarkeit. Weiter wird es auch zukünftig nicht nur Wissensarbeiter geben. Es werden sicher auch in der Zukunft Häuser gebaut, vielleicht Schuhe repariert, Gärten angelegt und Kunst geschaffen werden. Schleicher gibt einen Hinweis, was dazu notwendig ist:

> „Dazu brauchen Lehrkräfte Zeit und Raum, um weniger Stoff in größerer Tiefe zu vermitteln. Lehrpläne müssen den Disziplinen treu bleiben, aber gleichzeitig interdisziplinäres Lernen fördern, das heißt die Fähigkeit der Schüler stärken, Probleme aus unterschiedlichen Perspektiven zu betrachten."[35]

Meine siebte These zu Lehrplänen entstand aus den entsprechenden Interviews und beinhaltet, dass abfragbares Wissen aktuell zu stark angestrebt wird. Ich formuliere daher einen anderen Fokus, der die Handlungsorientierung und die Vertiefung des heuristischen Lernens fordert:

Gute Schulen fördern das Können und Denkenlernen, sie vertiefen also das heuristische Lernen.

35 A. a. O.

Interview mit Jürgen Kaube: zu Gast in der Chefetage der FAZ

Der Titel seines Buches klang herausfordernd: „Ist die Schule zu blöd für unsere Kinder?" Die Frage verkehrt die Bewertung, ein Kind könnte „zu blöd" sein für eine Anforderung oder eine bestimmte Schulform, ins Gegenteil. Ein provokanter Gedanke! Der Autor ist Jürgen Kaube, dreifacher Vater, Journalist, Ökonom und Soziologe und Herausgeber der Frankfurter Allgemeinen Zeitung. Ein Termin war schwer zu bekommen, aber schließlich gelangte ich doch noch in die Chefetage der FAZ.

Kati Ahl: *Herr Kaube, wie erinnern Sie Ihre eigene Schulzeit?*

Jürgen Kaube: Ich erinnere sie detailreich, was Lehrer und Schüler angeht, erinnere einzelne Schulstunden und Ereignisse, sogar manche der Klausuraufgaben. Alles in allem erinnere ich die Schulzeit auch ganz gerne. Schule war für mich die zentrale Sache über Jahre hinweg.

KA: *Wären Sie gerne Lehrer geworden?*

Kaube: Eigentlich nicht. Nach der Schule gab es den Zivildienst, da konnte ich nachdenken, was ich machen wollte. Da hat mich die Wissenschaft interessiert, ich wollte nicht zurück an die Schule. Die Ausbildung zum Lehramt schien mir in den nicht-fachlichen Anteilen, also Pädagogik, Erziehungswissenschaft und Didaktik, sehr abstrakt und an der Schulwirklichkeit vorbei. Das kommt ja auch in meinem Buch vor.

KA: *Was treibt Sie an, über Bildung zu schreiben?*

Kaube: Ich halte die Frage danach, was Bildung ist, für eine der zentralen Fragen der modernen Gesellschaft. Manche sagen ja, es gab in Frankreich und Amerika eine politische Revolution, in England eine industrielle Revolution und in Deutschland eine Bildungsrevolution; also Humboldt und die moderne Universität, aber auch das Gymnasium.

KA: *Auch der Begriff „Bildung" ist ja ein deutscher Begriff.*

Kaube: Der Begriff „Bildung" ist deutsch, obwohl die anderen dasselbe nur anders nennen. Die Schulen ähneln sich mehr als die Begriffe, und nach allem, was ich weiß, sind auch die Lehrpläne und die kuriosen Reformideen weltweit sehr ähnlich. Also Bildung ist einfach wichtig. Und es ist gleichzeitig interessant, dass oft unklar bleibt, was genau Bildung ist. Es ist viel einfacher zu sagen, was ein Automobil können soll, als was eine Schule können soll. Selbst wenn man von einer anderen Organisation spricht: Es ist leichter zu sagen, was ein Gericht ist, als was eine Schule ist. Es ist reizvoll, darüber zu schreiben. Jeder Roman des 19. Jahrhunderts streift eigentlich die Schule oder den Bildungsbegriff. Und ein weiterer Grund liegt darin, dass ich selbst so lange darin verweilt habe.

KA: *Ich möchte da noch einmal nachhaken: Was qualifiziert Sie, über Bildung zu schreiben? Sie haben gesagt, dass Sie in der Schule waren …*

Kaube: (lacht) Ja, natürlich. Einerseits muss man eine Anschauung haben von Schule. Die Anschauung der Schülerschaft von der Schule ist eine sehr spezielle. Aber immerhin hat man eine Anschauung und man kann über ihre Begrenztheit nachdenken. Andererseits würde ich sagen, dass Lektüre qualifiziert, wenn man also zur Kenntnis nimmt, welche Forschung es über die Schule gibt. Um Bildungsfragen kümmere ich mich in der Zeitung seit 20 Jahren. Man diskutiert mit Lehrern als Journalist, aber man steht auch als Erziehungsberechtigter in Kontakt zu Schulen. Das alles sind nur Teilperspektiven, aber aus vielen Teilperspektiven ergibt sich doch ein Bild.

KA: *Wie erleben Sie als Vater die Schule?*

Kaube: Generell denke ich, dass Eltern eine nicht unerhebliche Rolle für die Schule spielen. Sie sollten aber keine stark intervenierende Rolle in Bezug auf die Organisation Schule einnehmen, sondern lieber versuchen, selbst bildungsangemessen zu erziehen. Auch das kommt im Buch vor. Meine Formel lautet: Bei Menschenrechtsverletzungen würde ich kommen und nachfragen; aber ich würde mich nicht beschweren, wenn das Kind eine Vier schreibt.

KA: *Das wäre schön, wenn das mehr Eltern so sehen könnten.*

Kaube: Ich glaube, alle machen Fehler: Lehrerinnen und Lehrer, die Politikerinnen und Politiker, die Schulämter, Bürokratien, die Eltern, die Schülerinnen und Schüler; alle machen Fehler. Es ist ganz sinnlos, zu sagen, wir haben den richtigen Blick auf das Kind oder auf den Unterricht. Es wäre falsch von den Lehrerinnen und Lehrern, zu behaupten, nur sie hätten den richtigen Blick. Lehrkräfte sehen auch nur einen Teil. Und jeder Mensch sieht die eigenen blinden Flecken nicht, die Konventionen, die Routinen. Für die Schülerinnen und Schüler gilt dasselbe.

KA: *Zum Kern meiner Fragen: Sie beschreiben in Ihrem Buch, dass es eine breite Schuldebatte gibt, die sie als* **Querelles d'Allemandes** *bezeichnen. Es gibt also aus Ihrer Sicht eine Lust an der Schuldebatte, die mit einer gewissen Verbissenheit geführt wird. Was sind denn Ihre Thesen, was sich in Schule verändern muss?*

Kaube: Meine Argumentation beginnt mit Fragen: Was machen wir aus der Tatsache, dass viele Schülerinnen und Schüler das meiste des gelernten Stoffes wieder vergessen? Einige behalten zum Glück die Grundrechenarten und die Grundzüge des Lesens und Schreibens. Wenn wir mal den Analphabetismus und Rechenschwäche beiseitelassen, dann gilt für die meisten Schülerinnen und Schüler sowie für die meisten Fächer der weiterführenden Schule, dass sich nur ein paar Prozent an den gelernten Stoff erinnern. Woran liegt das eigentlich? Können wir dann den Unterricht reduzieren auf Grundrechenarten und die Grundzüge des Lesens und Schreibens? Sollten wir die Jugendlichen vielleicht viel früher freigeben, wenn sie so wenig behalten? Und meine Argumentation geht noch ein kleines Stück weiter: Wenn die Schülerinnen und Schüler vieles wieder so schnell vergessen – die empirischen Studien belegen dies für eine relativ kurze Zeitspanne wie etwa nach einer Woche oder nach einem Halbjahr –, ist das unvermeidbar? Warum unterrichten wir eigentlich Inhalte, an denen sich viele so stark desinteressieren? Würde nicht mehr behalten, wenn interessanter und konzentrierter unterrichtet werden würde?

KA: *Stellen Sie diese Fragen auch für die Grundschule?*

Kaube: Den Elementarbereich nehme ich aus, die Grundsicherung des Wissens halte ich für ein ganz wichtiges Thema. Deswegen bin ich auch dafür, dass die Grundschule mehr Zeit bekommt, nicht die Sekundarstufe. Sie bräuchte vielleicht auch etwas mehr Geld, aber das halte ich nicht für das Hauptproblem. Wenn jemand nicht weiß, ob Elektronen oder Atome größer sind, kommt er ganz gut durchs Leben. Aber wenn jemand nicht dividieren kann, wird es schwer. Ich frage also: Was soll gelernt werden? Die Antwort, die ich häufig höre – es kommt nicht auf das Wissen an, sondern es geht darum, das Lernen zu lernen –, die sehe ich auch kritisch. Ich glaube, das Wissen ist schon wichtig. Es sollte aber nicht im Vordergrund stehen, dass man es abrufbereit behält. Im Vordergrund sollte die Erkenntnis stehen, dass man ohne Wissen nicht denken kann. Sie müssen also einen Vorrat an Wissen haben, um in der

Schule das zu machen, worauf es ankommt: das Denken zu lernen. Da habe ich einen weiten Begriff vom Denken: Urteilen, vergleichen, Einschätzungen vornehmen, Widersprüche finden – all das fällt für mich unter Denken lernen. Was ist wichtig? Was ist elementar? Was ist vielleicht nicht elementar, aber interessant? Angebote von Weltausschnitten verschiedenster Art sollten unterrichtet werden, um das Denken und das Verstehen zu lernen. So lange Unterricht zum Denken führt, gibt es für mich keinen Unterschied zwischen dem Unterrichten von Kunstgeschichte und Kochen.

KA: *Apropos Kochen: Es gibt viele Kochbeispiele in Ihrem Buch, das ist mir aufgefallen.*

Kaube: (lacht) Ja, weil ich denke, das ist ein Beispiel, an dem ich gut illustrieren kann, was ich meine. An manchen Schulen gibt es Koch-AGs. Ich fände aber eine Schule interessant, die sagt, wir unterrichten Kochen als Fach, das genauso anspruchsvoll ist wie Physik oder Französisch. Am Kochen kann man auch zeigen, dass es ohne Wissen nicht geht. Man kann Kindern nicht einfach sagen: „Backe mal einen Pfannkuchen." Man muss vorher etwas wissen. Was ist ein Herd? Was ist ein Rezept? Was sind überhaupt 200 ml oder was ist ein gestrichener Esslöffel? Welche Zutaten vertragen sich, welche nicht? Am Ende stehen ein Können, das Wissen voraussetzt, und ein Überwinden von Schwierigkeiten.

KA: *Was ich verstanden habe, ist, dass man schon vorhandene Strukturen braucht, in die man neues Wissen einordnen kann. Wenn beispielsweise Kinder meiner Schule besonders gut Türkisch sprechen und dort einen breit gefächerten Wortschatz besitzen, fällt ihnen das Erlernen der deutschen Sprache wesentlich leichter. Ich höre heraus, dass Sie vorschlagen, an einem Thema exemplarisch in die Tiefe zu gehen.*

Kaube: Ich würde dem zustimmen, wenn man vor die Klammer zieht, dass es in Deutsch und Mathematik um ein breites Wissen geht. Sie können nicht sagen: Wir lernen heute exemplarisch den Indikativ, den Konjunktiv bringt euch das Leben bei. Es gibt Unterrichtsfächer, deren Inhalte so eng aufeinander aufbauen, da gibt es kein Aufatmen. Man schleppt die Defizite des Vorjahrs in das neue Schuljahr mit, während man zum Beispiel in Geschichte das Mittelalter verpassen kann und darum trotzdem nicht für die Französische Revolution verloren ist. Das exemplarische Lernen ist nicht geeignet für alle Altersstufen und für alle Fächer. Aber in vielen Fächern muss das Lernen exemplarisch sein, denn man macht ja auf keinen Fall alles. Ich zitiere im Buch den Gedanken eines englischen Historikers aus dem 19. Jahrhundert, der sagte: „Ob wir ihnen Latein beibringen oder eine Indianersprache, ist, was die Fähigkeiten angeht, eigentlich egal. Die Klugen werden in beiden Sprachen gut sein und gewandt“. Davon ist das Argument, dass Rom näher liegt als Nevada, nicht berührt. Davon abgesehen find ich allerdings, es sollten verstärkt deutsche Vokabeln gelehrt werden.

KA: *Ich glaube, dass die Sprache auch das Denken formt. Wenn ein Kind über eine detailreiche Sprache verfügt, ist es auch besser in der Lage, Merkmale wahrzunehmen oder zu differenzieren.*

Kaube: Unbedingt! Mit meinen Kindern habe ich früher auf Bahnreisen ein Spiel gespielt, das Gegenteile-Erraten. Ich habe ein Wort genannt, sie sollten mir das Gegenteil nennen. Das Deutsche bietet für solche Spiele unfassbar viele Möglichkeiten, weil es so eine kuriose Sprache mit so vielen Ausnahmen und Eigenheiten ist.

KA: *Ein weiteres Argument im Buch lautet: Wenn Schülerinnen und Schüler sowieso vieles wieder vergessen, wieso lernen sie dann nicht an dem, was sie interessiert?*

Kaube: Ja, das ist eine nicht ganz einfache Frage. Man braucht ja eine Art Grundausstattung an Wissenspartikeln. Ein Teil muss also gelernt werden, ohne dass alle darüber abgestimmt haben, ob sie es interessant finden. Es ist dann die Aufgabe der Lehrkraft, diesen Inhalt vor den Kindern zu begründen. Unterricht sollte immer ein begründendes Element haben. Die Lehrer und Lehrerinnen sollten auch ein Gefühl dafür haben, was an Motivationskraft in einem Stoff steckt. Da bin ich auch bei den Lehrplänen, die müssen von den Schülerinnen und Schülern aus gedacht sein, das sind ja keine kleinen Erwachsenen. Natürlich sollte nicht trivial sein, was unterrichtet wird. Der Unterricht sollte außerdem ein Spannungsmoment beinhalten, es sollte noch nicht alles von vornherein klar sein. Das geht so weit, dass man manche Dinge gar nicht erklären kann. Unterricht darf in der Auswahl der Aufgabe so beliebig nicht sein, höchstens noch der Sportunterricht …

KA: *Das sehe ich kritisch, wir haben in der Grundschule so viele Kinder, die keinen Purzelbaum mehr schlagen können …*

Kaube: D'accord! Sportunterricht darf auch intelligent sein. Auch da kann man gedanklich investieren. Der Unterricht müsste ein Vergnügen beinhalten; müsste genau die Probleme überwinden, die in ihm stecken.

KA: *Eine Frage zum aktuellen Lehrkräftemangel: Die Lehrkräfte, die wir haben, sind stark belastet durch zahlreiche Aufgaben gleichzeitig. Es bleibt zu wenig Zeit, wirklich über Unterricht nachzudenken. Wie kann man das ändern?*

Kaube: Es muss zum Beispiel in der Schulverwaltung besser geplant werden. Sie haben sicher von der unzureichenden Schülerzahlenprognose in Berlin gehört. Plötzlich waren die Schülerzahlen viel höher, als vorher gedacht. Geld ist sicherlich auch ein Thema, gute Bezahlung für Lehrkräfte. Der Beruf muss finanziell attraktiv und gleichzeitig anspruchsvoll sein. Wenn man ausrechnet, wie viele Planstellen man für die 5 Milliarden Euro des Digitalpakts bekommen würde, fragt man sich doch: Warum ist das Geld eigentlich nicht für Lehrkräfte da?

KA: *Sie argumentieren in Ihrem Buch, dass Schulen vor Zentralismus bewahrt werden sollten.*

Kaube: Zentralismus ist nur dann förderlich, wenn die Zentrale gut besetzt ist. Mir scheint, Schule ist eine lokale Angelegenheit, ihr Erfolg ist abhängig vom Unterricht, also von den Lehrkräften, von der Zusammensetzung der Klassen, vom Wohnquartier, von der Situation „vor Ort". Insofern müssten Schulen noch föderaler geführt werden und mehr Freiheiten haben! Schon die Zuständigkeit der Bundesländer ist zu zentralistisch, weil die Schulen zum Beispiel vor Wahlkämpfen regelmäßig durch Reformen durchgerüttelt werden, damit Argumente für den Wahlkampf vorliegen. Da würde ich sagen: Es braucht eine lokale Autonomie. Die einzelne Schule soll über Lehrpläne entscheiden können und zum Beispiel auch darüber, welche Abiturfächer es geben soll. Die einzige Frage, die sich dann noch stellt, lautet: Wie sichern wir Standards? Die Schulaufsicht müsste mit einer hohen Toleranz für Lehrpläne ausgestattet sein, aber streng in der Beobachtung des Leistungsanspruchs. In der Medizin sagt man, „wer heilt hat Recht".

KA: *Und was heißt „heilen" in diesem Zusammenhang?*

Kaube: (lacht) Vielleicht, wer erfolgreich Dividieren unterrichtet hat.

7 Veränderung ja – aber wie?

Wenn Sie dieses Buch bis hierhin gelesen haben, haben Sie den Tenor der Interviews längst erfasst: Schule braucht dringend Veränderung. Manche kommen zu dieser Erkenntnis durch leidvolle Erfahrung (durch eigene, die der eigenen Kinder oder durch den Leidensdruck als Pädagoge); andere aus Angst vor einer Zukunft, in der in Deutschland weniger Wachstum, Wohlstand und Wohlbefinden herrschen könnte, so hört man es immer wieder aus politischen Kreisen. Wieder andere kommen durch Begeisterung, durch die „Ansteckung“ mit neuen Ideen und durch positive Beispiele zu dem Ergebnis, dass sich Schule ändern muss. Wie wir bereits gesehen haben, funktioniert Lernen mit Freude so viel besser als durch Druck. Klagende Bücher zu Bildungsthemen gibt es viele, ich setze jedoch Vertrauen in die Kraft, die positive Impulse bringen. Daher will ich kritische Aspekte oder hinderliche Umstände zwar benennen, sie sollen allerdings nicht der Fokus dieses Buchs sein. Denn: Viel spannender ist doch die Frage: Was genau ist zu tun, wenn Schule sich verändern soll? Wo fängt Veränderung an? Wie verändert sich ein großes System, das aus verschiedenen Gründen eine recht hohe Massenträgheit aufweist? Wie und womit soll eine neue Ära in der Bildung starten? Möglicherweise haben wir dazu seit dem Homeschooling in der Phase des Shutdowns im Frühjahr 2020 neue Impulse. Denn Probleme und Krisen beinhalten ein hohes Veränderungspotenzial.

7.1 Veränderung als Ansteckungsprozess

Ich begebe mich also auf die Suche nach Beispielen für kraftvolle und umwälzende Veränderungsprozesse in großen Systemen. Wie verlaufen nicht lineare Veränderungen? Ist das Wachstum einer neuen Form oder Idee vergleichbar mit dem sprunghaften Wachstum einer Eizelle zum Lebewesen? Wie konnte sich das Internet so schnell durchsetzen und wie verbreiten sich neue Ideen in der Mode teilweise rasant?

Prosperierende Wachstumsprozesse verlaufen nicht linear. Das gilt auch für soziale Prozesse, wie wir sehen werden. Einem Tipp folgend bin ich auf das Buch von Malcolm Gladwell (kanadischer Autor und Unternehmensberater) gestoßen. Er hat Veränderungsprozesse genauer analysiert und entdeckte Parallelen zwischen Epidemien, Moden und Veränderungsprozessen. In seinem Buch „Tipping Point" (2016) beschreibt er, welche Impulse und Bedingungen für eine sprunghafte Verbreitung von Inhalten, Botschaften oder Viren notwendig sind. Danach verbreitet sich eine Epidemie (Idee, Mode, Krankheit) zunächst langsam, bis die Entwicklung schließlich einen Kipppunkt erreicht. Von da ab verläuft Verbreitung sprunghaft und unaufhaltsam. Er veranschaulicht diese Kurve anhand der Verbreitung des HI-Virus, der wieder in Mode gekommenen „Hush Puppies" (Schuhmarke), der Entstehung von Bestsellern und Grippe-Epidemien.

7.1.1 Die Kraft der wenigen – eine Vision entsteht

Jede Veränderung beginnt klein. Wenn sie das Zeug zu einer großen Umwälzung hat, beginnt Veränderung am besten bei Vermittlern, die heute vielleicht auch „Influencer" genannt werden würden (vgl. Gladwell 2017, vgl. S. 64). Vermittler kennen viele Menschen und sie haben die Gabe, verschiedene soziale Gruppen und unterschiedliche Kontakte zusammenzubringen. Ihre Botschaft, ihr „Virus", wird also in ihr Netzwerk gegeben und sie können damit – unter günstigen Umständen – eine Epidemie auslösen (a.a.O., S. 64f.). Möglicherweise waren die Damen der Gesellschaft, die im 19.Jahrhundert einen Salon betrieben, solche Vermittlerinnen, denn sie brachten oft entscheidende Persönlichkeiten aus ihrem großen Bekanntenkreis zusammen. Vermittler scheinen immer im Zentrum des Geschehens zu stehen (a.a.O., S. 72).

Schließlich brauchen Vermittler zur Unterstützung Kenner, die die These, die Botschaft stützen. Sie kennen den Markt und helfen gerne, indem sie ihr Wissen intelligent weitergeben. Dadurch erreichen sie eine hohe Zuhörerschaft. Gladwell nennt sie auch „Informationsmakler" oder „Datenbank", während die Vermittler eher als „sozialer Klebstoff" fungierten. Schließlich braucht man eine kleine Gruppe von Verkäuferinnen und Verkäufern, die die Ideen, Moden oder Ähnliches gut verkaufen; die also andere Menschen motivieren und zum Weitertragen der Information oder zum Kauf bewegen.

Eine Vision beginnt (Teil 1)

Die Grund- und Stadtteilschule Alter Teichweg (ATW) liegt am Dulsberg, einem armen Stadtteil von Hamburg. Etwa 80 Prozent der Menschen dort beziehen staatliche Unterstützung und mehr als 80 Prozent der Schülerschaft hat einen Migrationshintergrund. Diese Kinder waren noch nie in der Hamburgischen Staatsoper, und es galt als unwahrscheinlich, dass sie die Oper in ihrem weiteren Leben kennenlernen würden. Die Entfernung zwischen Dulsberg und dem Opernhaus beträgt nur 7 km, und doch hatte wohl auch kaum ein Besuchender der Staatsoper jemals in Dulsberg in einem Café gesessen. Es gab jedoch eine Lehrerin, die den Kontakt zur Staatsoper hatte. Sie startete ein Projekt, in dem Kinder unter Anleitung von professionellen Sängerinnen und Sängern Teile klassischer Stücke sangen und zur Aufführung brachten. Sie war eine Vermittlerin, die Kennerinnen ins Boot holte.

7.1.2 Die Kraft der Gruppe – das kreative Feld

Nicht immer erfolgen Veränderungen in Schulen mit der Wucht einer Epidemie. Kreativität jedoch ist immer notwendig, wenn für die eigene Schule neue Lösungen gedacht werden sollen. Dafür ist eine Gruppe eine gute Form, wie Burow in seinem Buch „Team-Flow" (2015) beschreibt: „Eine zeitgemäße Form des schöpferischen Prozesses in der Wissensgesellschaft ist die Teamkreativität (…) gemäß der Formel":

> „Kreativität gibt es nur im Plural." (S. 57) Er beschreibt die Kraft des kreativen Feldes so: Sie bringt die analytische Intelligenz Einzelner zusammen mit einer praktischen und kreativen Intelligenz anderer Individuen in einem Team. Die allen Menschen eigene „Alltagskreativität" kommt erst in einem besonderen Feld zum Tragen: „(Es) ist das Auftreten von Kreativität vor allem als Effekt spezifisch aufgebauter sozialer Felder anzusehen. Solche Felder nenne ich kreative Felder." (S. 62)

Kreativität benötigt also zu ihrer Entfaltung einen besonderen Nährboden. Dazu zählen auch der richtige Ort und der richtige Moment.

7.1.3 Die Kraft des sozialen Tanzes

Nun kennen wir bereits die „Verkäufer", also jene Menschen, die andere begeistern können, motivieren und mitziehen. Gute Argumente scheinen dabei weniger ausschlaggebend zu sein. Vielmehr geht es darum, wie gut sie sich im Gespräch auf ihr Gegenüber einstellen können. Gehen Sie in Resonanz? Ist ihre Körperhaltung, Mimik und Gestik darauf eingestellt, Harmonie mit ihrem Gegenüber herzustellen? „Ein Teil dessen, was eine starke und überzeugende Persönlichkeit ausmacht, beruht also darauf, dass man andere in den eigenen Rhythmus ziehen (kann).“ (ebda., S. 101) Heute wird dies auch mit dem Begriff der „Mimikresonanz“ umschrieben. Darunter wird die Fähigkeit verstanden, die nonverbalen Signale anderer zu lesen, daraus Resonanz herzustellen und die Kommunikation harmonisch zu beeinflussen. (vgl. „Mimikresonanz“ von Dirk Eilert u.a., 2013)

Nach Gladwell verfügt ein „Verkäufer“ über Eigenschaften, die nicht alle besitzen: „Verkäufer“ sind optimistisch, gewinnend, charismatisch und damit für andere besonders „ansteckend“. (vgl. S. 105) Andere Menschen stellen sich auf sie ein, übernehmen ihre Mimik und passen sich ihrem Sprechtempo, ihren Pausen an und teilweise auch ihrer Gefühlslage. Gladwell vergleicht dies mit einem Tanz. Wenn Menschen besonders begeistert sprechen, sind andere Menschen auch eher bereit, sich für etwas begeistern zu lassen.

Vom Hamburger Dulsberg zur Staatsoper: Eine Idee setzt sich fort (Teil 2)

Nach einigen erfolgreichen Durchläufen über einige Jahre trafen sich an einem Freitagnachmittag Lehrkräfte mit dem Schulleiter Björn Lengwenus. Sie alle interessierten sich für das Projekt und wollten mithelfen, es zu verstetigen. Zusammen verfassten sie das Dulsberger Manifest zum Kulturprogramm, um die kulturelle Arbeit und die Kooperation mit der Staatsoper in das Schulprogramm aufzunehmen. Seither sind jährliche Aufführungen entstanden wie zum Beispiel „Die Zauberflöte – Made in Dulsberg“, die auch verfilmt wurden. Wir halten fest: Hier kamen Vermittler, Kenner und Verkäufer zusammen, um dieses Projekt auszubauen. Übrigens: Die Kulturagenten und die „Stiftung Kinderjahre“ machen es möglich, dass dieses Projekt auch finanzierbar bleibt. Mehr dazu kann online nachgelesen werden[1]. (Fortsetzung folgt)

---

1 Die Zauberflöte – Made in Dulsberg. In: https://www.gs-atw.de/index.php/2015-02-23-15-30-34/berichte/350-die-zauberfloete-made-in-dulsberg (recherchiert am 5.5.2020)

7.1.4 Die Kraft des richtigen Moments

Ein guter Vorschlag im Kollegium kann – wenn er zur Unzeit kommt – vollkommen untergehen. Kreativität kurz vor den Sommerferien, wenn die Erschöpfung am größten ist, oder eine neue Idee am Ende einer langwierigen Gesamtkonferenz haben wenig Aussicht auf Erfolg. Wir wissen aus dem Alltag, dass es einen günstigen Moment für eine Veränderung oder Idee braucht.

Aber was kennzeichnet ihn? Ein guter Moment ist entweder ein klar umrissenes Problem, zu dessen Lösung sich die neue Idee anbietet, oder ein Erfolgsmoment, der den Schwung des aktuellen Vorhabens nutzt und daran anknüpft. Die Bedeutung der Situation oder des Kontextes für Entscheidungen lässt sich auch an Negativbeispielen deutlich aufzeigen. Auf unsere Situation in Schulen übertragen bedeutet dies, dass Umwälzungen auch von förderlichen Faktoren im Kontext abhängen. Ein neuer Träger für die Ganztagsbetreuung, das Interesse einer Stiftung, dort zu investieren, oder ein neu gegründeter Förderverein, der sich mit Ideen an der Ausgestaltung der Nachmittagsangebote beteiligt – alles Beispiele für ein Zusammentreffen förderlicher Faktoren, die Synergien erzeugen und letztlich dazu führen können, dass sich die Qualität der Zeit am Nachmittag aus Sicht der Schülerinnen und Schüler deutlich verbessert.

Vom Hamburger Dulsberg zur Staatsoper: Eine neue Idee wird zum Erfolg (Schluss)

Nach den ersten Begegnungen mit Gesang und Oper und einigen erfolgreichen Projektdurchläufen in der Staatsoper konnte endlich die Oper selbst als Gast in der ATW begrüßt werden. Björn Lengwenus weiß, dass die Begegnung mit der Staatsoper für seine Schülerinnen und Schüler gut vorbereitet sein musste, sonst hätte sich wohl kaum ein Kind auf den Kontakt mit der Hochkultur einlassen können. Die Kooperation trug weiter Früchte: Die Grund- und Stadtteilschule Alter Teichweg wurde für ihre engagierte Arbeit mit mehreren Preisen ausgezeichnet und entwickelte sich weiter: Ganztagsprogramm, Eliteschule des Sports, das Filmprojekt „Filmfabrik Dulsberg" und anderes. Der Schulleiter vertritt die Ansicht, dass Kultur dringend notwendig ist, weil sie Freiräume verschafft, die andere Unterrichtsfächer weniger bieten. Dieser Freiraum eröffnete den Kindern die Chance zur Teilhabe an Hochkultur. Daher wurden die Kulturprojekte auch „BE PART" genannt und sind nun fester Bestandteil des Schullebens. (Quelle: Rede des Schulleiters vom 2.7.2019 zum Kulturagenten-Fest 2019)

Wir halten also fest:

- Veränderung beginnt mit wenigen Menschen, am besten mit einem „Vermittler", der aktiver Teil eines großen Netzwerks ist.
- Veränderung braucht die Kraft der wenigen und das kreative Feld.
- Veränderung braucht die Kraft der richtigen Worte und Vermittlung von Emotionen durch „Kenner" und „Verkäufer".
- Veränderung braucht die Kraft des richtigen Moments, also günstige Bedingungen zur Verbreitung des Neuen.

Interessant ist für mich, welche Rolle Sie, lieber Leser, liebe Leserin, einnehmen wollen? Haben Sie eine eigene Vision? Sind Sie eine Kennerin? Wollen Sie gute Ideen umsetzen oder weitertragen?

7.1.5 Pioniere und Changemaker

Wenn eine Schule oder Organisation ein neues Projekt erproben möchte, empfiehlt sich die Gründung einer Pioniergruppe. Diese geht für die Großgruppe den Weg von der Erkundung zur Lösung voraus und beteiligt dabei das Gesamtsystem an der Suchbewegung. Ihre Aufgabe ist es, das Neue zu erproben. Die Zusammensetzung der Pioniergruppe ist dabei wesentlich: Es sollten Menschen mit Macht und Einfluss (Entscheidungsträger) involviert sein; Menschen, die Mittel zur Verfügung stellen, Expertinnen und Experten mit Fachwissen, Informanten zu Zahlen, Daten und Fakten sowie Betroffene. In der englischen Übersetzung ergibt sich aus den Initialen der Gründungsmitglieder die ARE-IN-Formel: „The right mix of people who are in!" (vgl. Fünf goldene Regeln für Changemaker[36]):

- authority,
- ressources,
- expertise,
- information,
- need to be involved.

> „Durch die Herangehensweise – die Beteiligung des relevanten Systems von Anfang an (…) – entstehen erfahrungsgemäß Prozess-, Projekt- und Dialogarchitekturen, die von den Beteiligten als bedeutsam und ‚bis ins letzte Detail durchdacht' wahrgenommen werden und zum Gelingen beitragen." (ebda.)

7.2 Educational governance – veränderte Hierarchie und Schulaufsicht

Zum Kontext Schule und den förderlichen oder ungünstigen Rahmenbedingungen für Schulentwicklung zählen im besonderen Maße die Aufgaben der Schulträger und die der Schulaufsicht. Schulträger sind verantwortlich für die Ausgestaltung der Räume und die Ausstattung; ein wichtiges Thema, das separat in Kapitel 12.3 f. behandelt wird.

Die Schulaufsicht ist in Deutschland seit 1949 durch das Grundgesetz in einer föderalen Struktur gegliedert, die Hoheit über Bildungsfragen liegt bei den jeweiligen Bundesländern (Kulturhoheit). Am Beispiel des Digitalpakts wurde deutlich, dass eine Einflussnahme des Bundes eine Grundgesetz-Änderung erforderlich macht. Hier stellt sich die Frage, die bereits ins mehreren Interviews anklang: Ist diese Aufteilung von Macht für Schulentwicklung dienlich oder hinderlich? Nachfolgend lesen Sie dazu einige Meinungen.

36 Denkmodelle der Kommunikationslotsen. In: https://kommunikationslotsen.de/wp-content/uploads/pdf/lotsenpaper-denkmodelle.pdf (recherchiert am 5.5.2020)

7.2.1 Meinungen zur föderalistischen Struktur in Bildungsangelegenheiten

Zum Bildungsföderalismus findet man unterschiedliche Positionen. Aktuell steht die Entwicklung um den nationalen Bildungsrat im Fokus, der mehr Vergleichbarkeit, Transparenz und Qualität sichern soll. Allerdings ist auch dort die Kooperation unter den Bundesländern strittig. Daher finden Sie hier einige Beispiele, warum dieser Föderalismus teilweise hinderlich ist:

> „Der Föderalismus in der Bildungspolitik führt dazu, dass jedes Land seine eigene Schulpolitik betreibt. Die Kultusministerkonferenz ist dennoch um gemeinsame Standards bemüht. Vereinheitlicht wurden bisher die Dauer und der Beginn der Schulferien sowie die Aufteilung des Schuljahres. (…) Die Schulsysteme der Länder unterscheiden sich in mehreren Aspekten. Die Lehrpläne besitzen verschiedene inhaltliche Schwerpunkte. Das Fächerangebot und die Schultypen variieren. (…) Und auch der Übergang von der Grundschule in eine weiterführende Schule gestaltet sich von Land zu Land verschieden."[37]

Die Kultusminister der Länder stehen im Austausch über die Kultusministerkonferenz:

> „Heute sitzen dort die Kultusminister aller 16 Bundesländer an einem Tisch und beraten über überregionale Fragen der Bildung, Hochschulen, Forschung und Kultur. Das gilt etwa für gemeinsame Standards bei Lehrplänen und Schulabschlüssen. Die Zusammenarbeit des Gremiums gestaltet sich schwierig. Beschlüsse und Abkommen müssen einstimmig gebilligt werden. Ihre Rechtsgültigkeit bedarf der zusätzlichen Verabschiedung durch die jeweiligen Landesparlamente." (ebda.)

Die öffentliche Meinung dazu wurde in einer Umfrage erhoben:

> „Unterschiedliche Schulen, unterschiedliche Lehrpläne, unterschiedliche Abituraufgaben – Bildung ist in Deutschland Ländersache. Die Mehrheit der Bundesbürger sieht das einer aktuellen Umfrage zufolge allerdings kritisch. Fast 70 Prozent wünschen sich, dass der Bund stärker mitbestimmt."[38]

---

37 Warum Bildung in Deutschland Ländersache ist (22.3.2012). In: https://www.mdr.de/zeitreise/stoebern/damals/hintergrund-bildungsfoederalismus102_page-0_zc-6615e895.html (recherchiert am 5.5.2020)

38 ZeGov Umfrage. Mehrheit gegen Föderalismus in der Bildung (9.2.2019). In: https://www.forschung-und-lehre.de/politik/mehrheit-gegen-foederalismus-in-der-bildung-1494/ (recherchiert am 5.5.2020)

In der aktuellen politischen Diskussion wird häufiger mit dem Schlagwort „Bildungsnation“ argumentiert. Wie diese Aufgabe sich zum Föderalismus verhält oder ob politische Anstrengungen über den Digitalpakt hinausreichen, bleibt dabei unklar. Es gibt jedoch auch Befürworter des Föderalismus, die im möglichen Wettbewerb zwischen Bundesländern einen Anreiz für die weitere Entwicklung und für zusätzliche Anstrengung der Bundesländer sehen. Dabei wird meines Erachtens zu wenig beachtet, welche Anstrengungen in Neuentwicklungen wie digitaler Schulentwicklung, Erarbeitung von Lehrplänen und Bildungsstandards stecken und welche Synergie-Effekte sich durch stärkere Kooperation zwischen den Ländern ergeben könnten.

Welcher Gewinn liegt darin, wenn nun jedes Bundesland, jede Region oder gar jede Schule eine eigene Vorgehensweise bei der Implementierung digitaler Werkzeuge vornimmt und in monate- oder jahrelanger Arbeit entwickelt? Diese Frage stellte sich insbesondere in der Phase der Schulschließung während des Shutdowns, in der jede Schule auf die Schnelle eigene digitale Lösungen finden musste. Einheitlichkeit für alle Schulen hätte hier eine enorme Mehrarbeit verhindern können.

Schleicher hat im Interview (vgl. Kap. 9) dazu Beispiele genannt, wie und in welchen Feldern Föderalismus erfolgreich sein kann: „Kanada ist ein gutes Beispiel, weil die Bundesstaaten oder die Provinzen sehr eng zusammenarbeiten. Was für Deutschland am meisten auffällt, ist, dass die Schulen selbst deutlich weniger Gestaltungsfreiraum haben. Wie kann man lokal mehr Gestaltungsfreiräume erschaffen? Das ist für mich entscheidend. Für bestimmte Themen macht Föderalismus ganz klar keinen Sinn: zum Beispiel für die Lehrerausbildung, die sehr stark fragmentiert ist, auch für die Lehrplanentwicklung oder im technologischen Bereich. Das würde man für keinen anderen gesellschaftlichen Bereich so entscheiden, dass jedes Bundesland seine eigenen technologischen Lösungen entwickelt.“

7.2.2 Schulaufsicht – zwischen Kontrolle und Fürsorge

Im Bundesländervergleich stellt sich heraus, dass die Schulaufsicht sehr unterschiedlich organisiert ist. Als Lehrkraft werden diese Unterschiede erst im Austausch mit Kolleginnen anderer Bundesländer deutlich. Sie beinhaltet unterschiedliche Verwaltungsebenen und unterschiedliche inhaltliche Ausgestaltungen. Auch die Anzahl der beteiligten Akteure steigt, da Städte und Gemeinden ihr bildungspolitisches Engagement gesteigert haben.

In der Zeitschrift „Lernende Schule" findet man zumindest für Nordrhein-Westfalen als (empirisch belegtes) Fazit: „Die hier beschriebenen Veränderungen in der Praxis der Schulaufsicht haben (...) zu einer starken Aufgabenverdichtung und einer subjektiv empfundenen Überforderung des schulfachlichen Personals geführt."[39] Im gleichen Heft wird das Fehlen eines verbindlichen Leit- und Rollenbildes der Schulaufsicht festgestellt[40] und zusammenfassend formuliert:

> „Aufsicht hat mit Macht zu tun. Wer beaufsichtigt wird, wird im Zaum gehalten, damit er tut, was er tun soll – und nicht ‚ausbricht'. Man kann es auch anders wenden: Aufsicht (...) soll rechtskonformes Handeln garantieren, damit Beaufsichtigte (...) sicher sein können, Kontrolle und Fürsorge als zwei Seiten der Medaille. Gerade auf Schulen bezogen stellt sich die Frage, welche Rolle Ziele und Entwicklungen spielen."[41]

Bei aller kritischen Betrachtung möchte ich jedoch betonen, dass mir sehr einleuchtet, als Schulleiterin einer Rechenschaftspflicht zu unterliegen. Sowohl Steuergelder als auch personelle Ressourcen müssen verantwortungsvoll eingesetzt und die Weiterentwicklung von Schule vorangebracht werden. Das steht außer Frage. Die Form könnte jedoch auch zukünftigem Wandel unterliegen, sodass Gestaltungsspielräume an Schule entstehen und schlanke Strukturen möglich sind.

7.2.3 Educational governance: Merkmale

In der Form der Steuerung und Ausübung politischer Entscheidungsgewalt gibt es neue Entwicklungen. Der Begriff „Governance" hält Einzug in den Bildungsbereich. Was ist damit gemeint? In der Literatur ist man sich einig, dass dieser Begriff wenig abgegrenzt ist und verschieden verwendet wird. Auf folgende Erklärungen bin ich gestoßen:

> „Der Begriff Governance wird seit den 1990er-Jahren in der EU-Forschung genutzt, um neue, nicht hierarchische Formen der politischen Steuerung und des »Regierens in Netzwerken« (»network governance«) zu beschreiben. Er steht im Unterschied zu traditionellen Formen des Regierens (»government«) für eine auf Koordination und Verflechtung der politischen Entscheidungsebenen (...) angelegte Form der Steuerung im EU-Mehrebenensystem. Die EU gilt als Paradebeispiel für

39 Lernende Schule, Heft 78/ 017, Bogumil, J., S. 14

40 A.a.O., S. 17 (Kuhn, H.-J.

41 A.a.O., S. 20 (Wohne, K.)

> »Mehrebenen-Regieren« (»Multi-Level-Governance«) und für innovative Arten des Regierens (»Offene Methode der Koordinierung«)"[42]

Governance im Bildungsbereich wird „Public governance" oder auch „educational governance" genannt. Folgende Merkmale werden damit in Verbindung gebracht:

- „Verschlankung bürokratischer Abläufe,
- Einbindung der Adressaten,
- neue Bürgernähe,
- ‚Budgetierung',
- Orientierung an interorganisatorischen Problemlösungen." (ebda., S. 6)

Das sind Merkmale, die Veränderungsprozesse begünstigen und die Chance eröffnen, traditionelle und verfestigte Strukturen modernen Gegebenheiten anzupassen. Gerade angesichts der häufig behäbigen Hierarchie bildungspolitischer Entscheidungen kann die kreative Zusammenarbeit der unterschiedlichen Akteure zu mehr Effektivität und neuen Lösungen führen. Finnland bietet hier ein gutes Beispiel, von dem wir ohne großen Aufwand lernen können: Dort treffen beim Bau einer neuen Schule alle Akteure rund um Bau, Gemeinde und Pädagogik aufeinander. Sie planen und entscheiden gemeinsam, was die Schulgemeinschaft braucht.

7.2.4 Evaluation der Wirksamkeit von Schulaufsicht – ein neues Feld

Die Evaluierung der Arbeit von Schulaufsicht ist ebenfalls kein einfaches Thema, denn Ministerien und Schulämter sind den Schulen übergeordnete Behörden und weisungsbefugt. An welcher Stelle erhalten diese nun eine Rückmeldung ihrer Wirksamkeit? Wie werden Arbeitsprozesse, die Form der Kommunikation und Zusammenarbeit evaluiert? Erfolgt sie alle vier bis fünf Jahre durch die Landtagswahlen?

Hans J. Kuhn, ehemaliger Leiter der Schulaufsicht Brandenburg, vertritt die Auffassung, dass auch Behörden wie Schulämter und Kultusministerien sich Feedback und einen Blick von außen einholen sollten, so wie sie es für Schulen festlegen. Eine Schwierigkeit der Evaluation ist allerdings, dass Besetzungen in den Ministerien von Wahlergebnissen abhängig sind.

42 Bundeszentrale für politische Bildung. Governance. In: https://www.bpb.de/nachschlagen/lexika/das-europalexikon/177023/governance (recherchiert am 5.5.2020)

So kann es geschehen, dass nach einer Wahl große Veränderungen der Schwerpunktsetzung und personelle Wechsel anstehen, die wiederum neue Ideen und Abläufe mit sich bringen können. Hier wäre wünschenswert, dass erarbeitete Prozesse und bisherige Ergebnisse nicht verloren gehen. Diese Absicht formulierten die Parteien bereits mit dem Begriff „Bildungsfrieden". Die Schulsenatorin Christa Goetsch äußerte im Interview mit dem Hamburger Abendblatt: „Ich möchte den Bildungsfrieden". (Hamburger Abendblatt, 9.5.2008) Die Mitteldeutsche Zeitung titelte: „Böhmer fordert einen Bildungsfrieden. (...) Er bezog sich auf das Beispiel des Stadtstaats Bremen, wo für diesen Zeitraum die Schulstruktur unverändert bleiben soll." (Mitteldeutsche Zeitung, 12.3.2010)

7.2.5 Bildungsoffensive 2040

Nicht nur in Finnland, auch bei uns gibt es Vorbilder. Die „Bildungsoffensive 2040" des aktuellen niedersächsischen Kultusministers Grant Henrik Tonne ist geradezu ein Aufruf, Schule in dem bisher beschriebenen Sinne von Educational Governance neu zu denken und zu bewegen. Auf der Webseite findet man:

> „Wir suchen Visionäre, Weiterdenker und Querdenker! Gefragt sind alle, die in unserem Land mit Bildung zu tun haben, die mitdenken und mitgestalten wollen und die dabei auch den Mut haben, bisherige Muster zu durchbrechen! Lassen Sie uns gemeinsam Visionen entwickeln, die über den Tag hinausreichen! (...) Ziel ist es, gemeinsam mit möglichst Vielen einen roten Faden für die Bildungspolitik in Niedersachsen zu entwickeln."

Wer sich mit dieser „Bildungsoffensive 2040" beschäftigt, entdeckt eine Vielzahl von Themenblöcken und Möglichkeiten für Menschen in Niedersachsen, sich einzubringen. Alle Beiträge sollen gesammelt und zu Leitbildern und Handlungsfeldern zusammengefügt werden. Dazu gibt es auch das Angebot, mit Unterstützung Veranstaltungen vor Ort durchzuführen. „Bildung 2040 – vor Ort" heißt ein Format, das die Bildungslandschaft einer konkreten Region samt ihrer Akteure und Akteurinnen in den Blick nimmt und von Veranstaltern vor Ort in Eigenregie, aber in Kooperation mit dem Kultusministerium durchgeführt wird. Es geht dabei immer um die Frage, was und wie Kinder, Jugendliche und junge Erwachsene zukünftig lernen sollen, um in einer Welt im Wandel teilhabefähig zu sein.[43] Auch Fra-

43 A.a.O.

gen, wie die Schulverwaltung Niedersachsens zukünftig arbeiten soll und will, werden dort aufgegriffen und mit Impulsen von Margit Rasfeld vom Netzwerk „Schulen im Aufbruch" weiter gedacht. (ebda.)

Das zeigt uns, dass auch im großen System der Schulverwaltung und Schulaufsicht Veränderung möglich ist. Diese Systeme sollten grundsätzlich mehr Beteiligung für bildungspolitische und pädagogische Entscheidungen und mehr Gestaltungsfreiräume für Schulen ermöglichen, denn „Top-down"-Entscheidungen stoßen regelmäßig auf Widerstand und sind schwerer zu implementieren. Der Schulentwicklungsforscher Hans-Günther Rolff bringt es auf den Punkt:

> „Schließlich sind die Erfolgschancen desto größer, je genauer spezifisch lokale Interessen getroffen werden, je stärker lokale Projektteams mitbestimmen können und je mehr der Projektzuschnitt an lokale organisatorische Bedingungen angepasst wird. Das heißt aber gleichzeitig, dass die Möglichkeiten einer detaillierten zentralen Planung sehr begrenzt sind." (Rolff, 2016, Schulentwicklung kompakt, S. 13)

Und weiter heißt es:

> „Wenn von außen interveniert wird, also z. B. von zentralen Behörden, dann entscheiden die Einzelsysteme, also die Schulen selbst, ob und wie sie diese Intervention verarbeiten. SE (Schulentwicklung, *Anm. d. Autorin*) erhielt mit dem Blick auf die Einzelschule einen neuen Fokus. Diesen Perspektivwechsel vollzogen Bildungspolitiker wie Bildungsforscher und Lehrerfortbildner. Spätestens seit 1990 gilt die Einzelschule als »Motor der Entwicklung« (Dalin / Rolff 1990), für dessen Wirkungsweise in erster Linie die Lehrpersonen und die Leitung selbst verantwortlich sind, während andere Instanzen eher unterstützende und Ressourcen sichernde Funktionen ausüben." (Rolff, 2016, S. 14)

Meine achte These lautet folglich:

Gute Schulen brauchen eine veränderte Hierarchie in der Schulaufsicht und mehr lokale Autonomie.

Interview mit Thomas Bachmeier: ein Blick auf uns aus Südafrika

Thomas Bachmeier traf ich auf der Didacta an seinem Stand im Bereich der Auslandsschulen. Er ist seit fünf Jahren Schulleiter der Deutschen Internationalen Schule in Johannesburg und gewann 2016 mit seiner Schule den Deutschen Schulpreis. Ursprünglich hatte er Wirtschaftspädagogik und Sozialkunde studiert und anschließend noch ein Studium für Schulmanagement abgeschlossen. Dadurch hat er einen etwas anderen Blick auf Schule als Kolleginnen oder Kollegen, denen der Managementblick fehlt. Aber nicht nur das unterscheidet ihn: Er fühlt sich der afrikanischen Philosophie Ubuntu verpflichtet. Sie drückt eine Haltung der Menschlichkeit und des Gemeinsinns aus und zielt auf eine friedliche und harmonische Gemeinschaft.

Kati Ahl: *Was hat Sie nach Afrika geführt?*

Bachmeier: Ich war schon früher in Botswana und dort von 2005 bis 2007 mit dem Aufbau von Technical Colleges beauftragt. Eigentlich begleitet mich meine Liebe zu Afrika seit meinem 19. Lebensjahr, als ich mit dem Motorrad quer durch den Kontinent gefahren bin und auch meine Diplomarbeit in Nairobi, Kenia, schrieb.

KA: *Ihre Schule hat 2016 den Deutschen Schulpreis gewonnen. Was treibt Sie persönlich an?*

Bachmeier: Ich stamme aus einer Familie von Selbstständigen. Mich bewegt ein großer Drang nach Gestaltung und Veränderung. Finanziell ist der Beruf des Schulleiters relativ unattraktiv. Bei einer Größe mit 1.150 Schülerinnen und Schülern wie an unserer Schule habe ich eine Budget- und Personalverantwortung wie in einem mittelständischen Betrieb. Dort würde ein Manager wesentlich mehr verdienen. Für mich ist die Selbstwirksamkeit ein großer Antrieb. Außerdem ist unsere Schule ein Spiegelbild der Stadt. Johannesburg repräsentiert hervorragend die „rainbow nation" Südafrika, und das spiegelt auch unsere Schule wider. Das schätze ich sehr.

KA: *Wie viele Stunden arbeiten Sie ungefähr?*

Bachmeier: So etwa 60 bis 70 Stunden in der Woche. Als Internationale Schule im Ausland ist man immer auch Repräsentant Deutschlands, ob man möchte oder nicht. Wir haben häufig Persönlichkeiten aus Deutschland zu Besuch und sind mit sehr vielen Institutionen vernetzt, sodass man auch zahlreiche offizielle Einladungen wahrnehmen muss.

KA: *Bitte stellen Sie Ihre Schule kurz vor.*

Bachmeier: Wir haben 1.150 Schülerinnen und Schüler. An unserer Schule werden Menschen aus 36 Nationen und mit 32 verschiedenen Glaubensrichtungen unterrichtet. Wir haben einen angeschlossenen Kindergarten, die Vorklasse, die Grundschule und führen bis hin zum Abitur. Das Schulgelände hat einen Campus-Charakter. Allerdings haben wir ein anderes Budget als viele deutsche Schulen und dadurch eine andere Ausstattung. So arbeiten bei uns beispielsweise 35 Personen alleine in der Verwaltung. Wir haben zwei Stellen für den IT-Bereich und eine eigene Marketingabteilung, Personalabteilung, Finanzabteilung, ein Förderzentrum und eine Bücherei. Bei uns macht kein Lehrer die Homepage oder entwirft Flyer. Die Lehrkräfte konzentrieren sich ausschließlich auf ihr Kerngeschäft, das Unterrichten. Dafür gibt es ein ganzes Netzwerk an Unterstützung, so haben wir zum Beispiel zwei Personen, die alle Kopien anfertigen oder Tee und Kaffee kochen. Jede Lehrkraft hat einen eigenen Klassenraum, der nach ihren Wünschen ausgestattet wird, auch im IT-Bereich. Dabei achten wir die Unterschiedlichkeit der Lehrerpersönlichkeit, denn guten Unterricht kann man auf unterschiedliche Weise machen.

KA: *Wenn Sie nun mit etwas Distanz auf das deutsche Schulsystem schauen: Welche Veränderungen sind aus Ihrer Sicht nötig?*

Bachmeier: Deutschland ist ein reiches Land. Allerdings wird viel zu wenig in Bildung investiert. Damit meine ich nicht die Gehälter, die im internationalen Vergleich relativ hoch ausfallen. Ich meine die Infrastruktur für Schulen und die Ausstattung. Es braucht viel mehr Investitionen in die Lernbegleiter, Vertretungsreserve, Gebäude und Ausstattung, sodass beispielsweise jedes Kind einen PC hat. Außerdem sind finanzielle Mittel für die Inklusion erforderlich, eine kostenneutrale Inklusion ist nicht möglich. Und Klassengrößen von bis zu 30 Schülern und Schülerinnen sind nicht mehr zeitgemäß.

KA: *Wie bewerten Sie die föderalistische Struktur im Bereich Bildung? Steht sie größeren Investitionen im Weg, wie aktuell in der Diskussion um Digitalisierung?*

Bachmeier: Die Frage muss man sich stellen. Wir hören, dass Eltern und Lehrkräfte die Klassenzimmer streichen, dass Stiftungen in Bildung investieren. Da fragen wir uns: Was macht der Staat? Wir sehen außerdem, dass die Schülerinnen und Schüler der unterschiedlichen Bundesländer mit einem sehr unterschiedlichen Leistungsniveau zu uns kommen. Hier bräuchte es eine größere Einheitlichkeit in den Bedingungen und Lehrplänen. Außerdem bringt der Föderalismus die Schwierigkeit mit sich, dass jeder Wechsel in der Landespolitik zu einem Wechsel in der Bildungspolitik führt. Die Legislaturperioden sind vergleichsweise kurz, sodass die jeweilige Landesregierung eine schnelle Umsetzung ihrer Projekte und Vorhaben an den Schulen fordert. Hier wäre eine größere Zuverlässigkeit und Konstanz wichtig. Bildung und Erziehung sollte nicht zum Spielball von Parteiinteressen werden, wie man bei der Diskussion um G8 und G9 den Eindruck hatte.

KA: *Stichworte „Heterogenität" und „Inklusion": Wohin sollten wir uns entwickeln?*

Bachmeier: Wir wurden ja mit dem Deutschen Schulpreis gerade für unsere Arbeit zur Heterogenität ausgezeichnet. Bei uns lernen Kinder aus armen Verhältnissen aus Soweto gemeinsamen mit Kindern aus sehr wohlhabenden Verhältnissen. Alle Kinder tragen eine Schuluniform. Beim Besuch der Jury des Schulpreises hat das Mädchen B. eine Rede gehalten. Sie ist eine Waise und hat über unser Sozialprojekt einen Platz ohne Schulgeld bekommen. Mittlerweile hat sie ihr Abitur sehr erfolgreich abgeschlossen. In ihrer Rede hat sie dargestellt, wie ihr Leben ohne den Platz durch das Sozialprojekt an unserer Schule verlaufen wäre. Sie würde vielleicht wie die anderen armen Kinder aus Soweto an den Straßenkreuzungen betteln und nachts unter einem Baum draußen schlafen. Diese Rede hat auch die Delegation des Deutschen Schulpreises besonders berührt. Bei uns lernen alle Kinder zusammen, unabhängig von ihrer Hautfarbe, der sozialen Schicht oder dem Einkommen der Eltern. Im späteren Leben würden sie sich vielleicht nie begegnen, aber hier können Sie manchmal Freunde fürs Leben werden. Südafrika ist ein gespaltenes Land, bei uns kommen die Kinder zusammen. Wir sehen die Heterogenität an unserer Schule als große Stärke.

KA: *Sie arbeiten gesellschaftlich visionär – für ein Zusammenleben, das auf die Zukunft ausgerichtet ist.*

Bachmeier: Dabei ist uns der Schulerfolg sehr wichtig. Wir haben seit vielen Jahren eine hundertprozentige Bestehensquote im Abitur.

KA: *Wie schaffen Sie das?*

Bachmeier: Wir fördern intensiv und individuell: Wir haben drei Psychologen, eine Logopädin, eine Lehrkraft für LRS und einen Inklusionsbeauftragten an der Schule. Wir beraten die Schülerinnen und Schüler auch frühzeitig, wenn abzusehen ist, dass sie das Abitur nicht bestehen werden. Sie können dann einen anderen Abschluss anstreben. In Südafrika gibt es eine hohe Konkurrenz unter den Schulen. Es werden Rankings in der Zeitung veröffentlicht, auch die Schülerinnen und Schüler mit den besten Abschlüssen werden veröffentlicht.

KA: *Sie arbeiten aktuell nach den Lehrplänen von Baden-Württemberg?*

Bachmeier: Ja, wir orientieren uns an den Lehrplänen aus Baden-Württemberg und den Lehrplänen aus Südafrika, da wir auch Kinder aus den umliegenden Grundschulen aufnehmen. Der Unterricht ist bilingual deutsch und englisch.

KA: *Wie stellen Sie die Unterrichtsqualität sicher?*

Bachmeier: Wir haben ein Performance-Management-System. Dabei wird guter Unterricht und hohes Engagement für die Schule mit bis zu 200 Prozent Boni-Zahlungen gewürdigt. Im Prinzip weiß an einer Schule jeder, Eltern, Schülerinnen und Schüler und Kollegium, wer die Lehrkräfte sind, die Überdurchschnittliches leisten und wer weniger engagiert ist, und wir sind der Auffassung, Erstere verdienen eine besondere, auch finanzielle Wertschätzung.

KA: *Wie wählen Sie aus?*

Bachmeier: Es gibt zwei Unterrichtsbesuche im Jahr und regelmäßige Mitarbeitergespräche. Außerdem führen die Lehrkräfte ein Portfolio, das sie in einem Qualitätsgespräch vorstellen. So ist es ja an vielen Schulen, dass einige die Schulentwicklung vorantreiben und andere eher „mitschwimmen". Insgesamt sehe ich den Beamtenstatus deshalb eher kritisch. Als Schulleiter hat man in Deutschland kaum Instrumente im Bereich Personalmanagement, wenn eine Lehrkraft schlechten Unterricht macht oder wenig zur Schulentwicklung beiträgt.

KA: *Wie gewinnt man denn gute Lehrkräfte? Und was kann man tun, damit ihre Kräfte erhalten bleiben?*

Bachmeier: Man muss ein Bild malen. Es braucht eine Vision, mit der man andere motiviert. Außerdem muss man Anreize schaffen für guten Unterricht. Man kann nicht noch mehr obendrauf packen.

Aktuell werden die Bedingungen für Lehrkräfte immer schlechter und der Beruf dadurch immer unattraktiver. Man kann den Eindruck gewinnen, dass die Berufsliebe vieler Lehrkräfte ausgenutzt wird. Durch die vielen zusätzlichen Aufgaben geraten immer mehr Lehrer in einen Burn-out. Auch das ist eine Ressourcenfrage. Lehrkräfte sollten so unterstützt werden, dass sie sich auf ihr Kerngeschäft, das Unterrichten, konzentrieren können.

KA: *Wie können wir die Veränderung an Schulen initiieren? Wo fängt man da an?*

Bachmeier: Der Schulleiter muss „brennen". Er und das Team um ihn herum muss selbst hoch motiviert sein und Veränderung wollen. Er oder sie muss eine Vision haben. Schulleitung ist allerdings ein eigener Beruf. Nicht jeder gute Lehrer ist auch ein guter Schulleiter und umgekehrt. Deshalb bin ich der Ansicht, angehende Schulleiter sollten ein Aufbaustudium absolvieren. Er oder sie sollte die Schule output-orientiert steuern. Außerdem finde ich Feedback wichtig. An unserer Schule geben die Schülerinnen und Schüler den Lehrkräften Feedback und es gibt regelmäßige Gespräche zur Mitarbeiterzufriedenheit. Warum ist die Angst vor Feedback so groß?

KA: *Von wem könnte eine Veränderung ausgehen?*

Bachmeier: Eltern haben eine große Macht in Bildungsfragen, wie beispielsweise die Diskussion um G8 und G9 gezeigt hat. Allerdings verfolgen sie häufig ein Eigeninteresse, nicht alle denken für die Schule als Gesamtsystem. Eventuell könnte auch mehr Bewegung in Schulen kommen, wenn mehr Privatschulen eröffnet werden. Die Privatisierung wirkt ja auch in anderen Bereichen belebend. Monopole behindern da eher, wie beispielsweise beim Netzausbau und bei der Bahn. Da haben wir in Deutschland aufgrund der über Jahrzehnte vorhandenen Monopole noch großen Nachholbedarf.

KA: *Vielen Dank. Welche Frage hat Ihnen gefehlt oder was möchten Sie noch ergänzen?*

Bachmeier: Schulen brauchen eine professionelle Administration. Wir brauchen eine kompetente Führung, eine mittlere Führungsebene und dann das Vertrauen und den Freiraum der Bildungsverwaltung, die Schule zu gestalten. Wenn man eine kompetente Schulleitung hat, muss man sie nicht mehr so intensiv kontrollieren. Außerdem sollten gute Vorschläge gewürdigt werden. Während meiner Lehre bei einem Versicherungskonzern gab es einen Bonus für gute Ideen, im Bildungssystem ist das eher nicht der Fall. Das wirkt leistungshemmend. Manchmal riskiert man mit mutigen Vorschlägen seinen Kopf, so ist meine Erfahrung. Dadurch wird im Allgemeinen mehr verwaltet als gestaltet und es bleibt wenig Freiraum für Innovation.

7.3 Das Change-Modell nach Kotter

Ich möchte nun ein weiteres Veränderungsmodell vorstellen, denn **Change** ist in aller Munde, auch Wirtschaftsunternehmen stehen vor größeren Umwandlungen: New Work, agile Methoden, Design Thinking und Change Management sind die Schlagworte der Zeit. Lassen sich aus den Erfahrungen dort für das Bildungssystem Empfehlungen ableiten?

Hier also das Acht-Phasen-Modell für Change nach John P. Kotter (Professor für Führungsmanagement an der Harvard Business School), das mir hilfreich erscheint:

1. Gefühl der Dringlichkeit vermitteln.
2. Führungskoalition aufbauen.
3. Vision und Strategie entwickeln.
4. Vision kommunizieren.
5. Hindernisse aus dem Weg räumen, Mitarbeiter befähigen.
6. Kurzfristige Erfolge sichtbar machen.
7. Veränderung weiter antreiben, nicht nachlassen.
8. Veränderungen in der (Unternehmens-)Kultur verankern. (Vgl. Kotter, 2018, S. 18)

Der Schwerpunkt bei diesem Modell für Veränderung liegt nicht auf den technischen Aspekten, sondern auf der Kommunikation, weil Veränderungsprozesse in der anschließenden Umsetzung eher an Widerständen Beteiligter und dem Zurückfallen in frühere Muster scheitern. Beginnen soll der Veränderungsprozess hier mit dem Vermitteln eines Gefühls von Dringlichkeit. Dringliche Fragen lauten zum Beispiel: Wir wirkt unser System nach außen? Sind wir wirklich erfolgreich? Wie zufrieden ist unsere Kundschaft?

All diese Fragen lassen sich mit Leichtigkeit auf das Schulsystem übertragen. Ich möchte ergänzen, dass auch Begeisterung, gemeinsame Überzeugung und das Gefühl, etwas Sinnvolles zu bewirken, ein guter Motor für Veränderung sein können.

Im nächsten Schritt sollte dann eine Allianz von Personen gebildet werden, die treibende Kraft sein können und im eigenen System oder Betrieb Ansehen genießen. Gute Kommunikation ist für alle weiteren Anstrengungen zur Verbesserung ausschlaggebend. Das bringt mich zur Rolle der Schulleitung, deren kommunikative Kompetenz für erfolgreiche Veränderungsprozesse nicht hoch genug einzuschätzen ist.

7.4 Gute Schulleitung

Gute Schulleitung soll alles gleichzeitig sein: Sie ist Visionärin und auch Mann der Tat, Beraterin, Vorgesetzter, Lehrkraft, Ansprechpartnerin in allen Fragen, dabei rechtssichere Autorität und stets gelassener Ruhepol in Gesprächen auf Augenhöhe. Gleichzeitig sind Schulleiterinnen auch Menschen mit unterschiedlich ausgeprägten Stärken. Sie arbeiten unter teilweise enorm hohen Erwartungen. Insbesondere der Rollenwechsel von der Lehrkraft zur Schulleitung bringt zahlreiche Herausforderungen mit sich, die von den Schulaufsichtsbehörden je nach Bundesland unterschiedlich begleitet werden.

Dabei ist für die Entwicklung der individuellen Führungspersönlichkeit maßgeblich, wie die Person selbst Führung erlebt hat und ob es gute Vorbilder gibt; wichtig ist aber auch, welchem Menschenbild sie folgt. Dabei bestätigen sich Menschenbilder häufig selbst (der sogenannte Pygmalion-Effekt), da durch Erwartungen häufig die erwarteten Ergebnisse erst produziert werden. Damit wiederum eng verknüpft steht das individuelle Führungsverständnis: Wie versteht die Person die Rolle? Wir wird sie Konsens herbeiführen oder ihre Überzeugungen durchsetzen? Welche Schwerpunkte setzt sie?

Besonders gute Erfahrungen habe ich persönlich mit der Idee gesammelt, die Schule und das Kollegium als einen Organismus zu begreifen. Damit kann der Fokus auf das Gedeihen und die Wachstumsbedingungen gesetzt werden, der für eine lernende Organisation ein positives Bild schafft und die komplexen Strukturen besser erfasst als mechanistische Ursache-Wirkungs-Prinzipien. Die Entwicklungsberaterinnen Britt Huemer und Ingrid Preissemer nennen dies das „Growth-Mindset", welches ihrer Ansicht nach Voraussetzung für mehr Agilität in Organisationen ist.[44]

Am Anfang von Schulentwicklung stehen häufig die Arbeit am gemeinsamen Leitbild und Schulprogrammarbeit. Beides zählt zu den fundamentalen Aufgaben von Schulleitung, die den Rahmen für die inhaltliche Arbeit setzt. So ermöglicht die Schulleiterin das Erleben von Erfolg und gemeinsamen positiven Erfahrungen in kleinen überprüfbaren Schritten. (Die Bedeutung von Partizipation wird an anderer Stelle in diesem Buch erläutert, sie

44 vgl. Hypothesen für agile Entwicklung. In: https://www.trigon.at/artikel/trigon-themen-012019-agilitaet-und-sicherheit-ein-widerspruch/ (recherchiert am 5.5.2020)

ist auch für die Prozesse der Schulprogrammarbeit wesentlich; s. Kap. 11.3). Die Steuerung der Entwicklungsprozesse und deren Überwachung liegen bei der Schulleitung. Dabei sind Kontrolle und Fürsorge zwei Gegenpole, die maßgeblich die Steuerung der Prozesse und die Überprüfung der Einhaltung aller Vereinbarungen durch Schulleitung prägen. Wichtige Fragen sind:

- Was muss konkret kontrolliert werden?
- In welchen Bereichen ist Schulleitung verantwortlich und trägt Sorge für förderliche Rahmenbedingungen?
- Wie regt sie das Wachstum an?
- In welchen Aspekten vertraut sie auf die Kraft der Gruppe?

In den meisten Schulen wird Schulleitung verstanden als „primus inter pares“ und hat damit wenig Führungswerkzeuge zur Verfügung. Auch die Dienstordnung definiert klar die pädagogische Freiheit der Lehrkraft, sodass pädagogische Setzungen wenig wirkungsvoll sind. Nach meiner Erfahrung sind damit gemeinsam getroffene Vereinbarungen, die schulprogrammatisch verankert werden, der gemeinsame Rahmen, der die pädagogische Freiheit durch Beschluss beschränkt. Durch die Implementierung von Beteiligungsstrukturen und transparente Arbeitsprozesse kann eine hohe Identifikation des Kollegiums gefördert werden.

Gleichzeitig ist es wichtig, die Stärken der Lehrkräfte zu kennen, zu benennen und zu befördern. Schulleitungen sollten sich fragen:

- Wie hoch ist das Wohlbefinden am Arbeitsplatz im Kollegium und wie hoch ist der Krankenstand?
- Gibt es Möglichkeiten, selbstständig zu arbeiten, sich im Team auszutauschen, Feedback zu geben und einzuholen?
- Arbeiten die Menschen in der Schule gemäß ihrer persönlichen Stärken?

Damit wird wertschätzende Kommunikation und die Gestaltung professioneller Beziehungen zu einer der Schlüsselqualifikationen von Schulleitung. Neben dem Fördern, Initiieren und Gestalten gibt es jedoch auch die wichtige Qualität zu bremsen, zu bündeln und zu begrenzen. Damit der Fokus in der Schulentwicklung erhalten bleibt, formuliert Rolff (2016):

> „Zu den Gelingensbedingungen gehört, dass es eine kleine Anzahl von nicht mehr als zwei oder drei ‚big ideas' gibt, also kraftvolle oder starke strategische Ziele, die allen Mitwirkenden an der Schulentwicklung bekannt sind und von allen getragen werden." (S. 150 f.)

Ein Werkzeug für die Schwerpunktsetzung in der Weiterentwicklung ist beispielsweise die Evaluationsmethode „Spinnennetz“, bei der durch Bepunktung ermittelt wird, was gerade besonders dringend ist und als nächstes Schwerpunktthema bearbeitet werden sollte.

Und schließlich: Gute Schulleitung muss den Blick von innen und außen auf das eigene System suchen. Weiterführende Fragen können zum Beispiel sein:
- Wie sehen uns Eltern?
- Wie zufrieden ist unsere Schülerschaft und
- wie gut sind unsere Lernerfolge?

Mir persönlich geht es dabei nicht um ein Ranking zwischen Schulen, sondern um die Chancen für Entwicklung, die in einem Blick von außen liegen.

7.4.1 Schulleitung besser vernetzen

Schulleitung ist – zumindest in kleineren Systemen – eine einsame Aufgabe. Vieles ist alleine zu entscheiden, viel Verantwortung alleine zu tragen. Dabei ist eine Vernetzung unter Schulleitung und Supervision ein wichtiges Werkzeug, um Belastungen zu verarbeiten, neue Impulse zu erhalten und die eigene Rolle zu reflektieren. Relativ neu ist der Gedanke, dass auch Schulleitung besser gelingt und innovativer sein kann, wenn sie im Teamwork funktioniert. Kotter schreibt dazu:

> „In einem langsam sich verändernden Umfeld braucht eine Organisation nur eine Führungsperson. (…) In einer sich schnell verändernden Welt allerdings ist Teamwork zu jeder Zeit notwendig. In einem Umfeld konstanten Wandels haben selbst sehr kompetente Menschen nicht genug Zeit oder Expertise, um die sich schnell verändernden (…) Informationen vollumfänglich zu reflektieren.“ (Kotter, 2018, S. 139)

Damit zeichnet sich ab, dass auch Schulleitungen ein Team finden und gemeinsam klar definierte Bereiche abdecken sollten.

Aus den Ausführungen folgt, dass für innovative Schulen auch besondere Personen für Schulleitung wichtig sind. Im „Berufsbild Schulleitung“ des Hessischen Kultusministeriums ist zu lesen: „Damit die Akzentverschiebung vom Leiten und Verwalten hin zum Führen und Gestalten gelingt, ist es notwendig, die Schulleitungen bei ihren bereits heute vielfältigen Aufgaben zu unterstützen.“ (ebda., S. 10) Die Aufgaben nehmen zu und Unterstützung, gezielte Vorbereitung auf das Amt und qualifizierte Weiterentwicklung und Weiterbildung ist erforderlich. Auf die Unterschiede weiblicher und männlicher Führungsqualitäten werde ich hier aus Platzgründen nicht genauer eingehen, möchte aber darauf hinweisen, dass sie eine Rolle spielen: Ein Großteil der Erziehungs- und Bildungsarbeit wird von Frauen geleistet, männlich besetzt sind häufiger die Leitungspositionen.

Meine neunte These lautet folglich:

Gute Schulen brauchen eine engagierte Schulleitung mit augeprägten Führungs- und Gestaltungsqualitäten.

8 Voneinander lernen

Im folgenden Kapitel zeige ich auf, wie sehr Lehren und Lernen als wechselseitiger Prozess verstanden werden muss. Nur so lassen sich Lernprozesse wirkungsvoll initiieren.

8.1 Kinder wollen lernen

Kinder sind Meister im Lernen. Das wird deutlich, wenn man sie beim Laufen lernen und Sprechen lernen beobachtet. Häufig üben sie immer wieder dieselbe Bewegung, bis sie endlich gelingt. Dabei zeigen sie unermüdliche Anstrengungsbereitschaft, Frustrationstoleranz und Freude, sich und die Welt zu entdecken. Die Kraft zur Entwicklung wohnt also allen Kindern inne. Und so kommen sie meistens auch in die Schule: neugierig, lernbereit und mit Freude und Aufregung. Diese Kraft ist ein großes Potenzial. Da jedes Kind ein wenig anders lernt, ist auch hier der Grundsatz wichtig, das Kind in den Mittelpunkt aller Bemühungen zu stellen.

Kinder in den Mittelpunkt der Bemühungen zu stellen, bedeutet auch, sehr ernst zu nehmen, wie Kinder lernen. Unterricht, der sich damit befasst, was gelernt werden sollte, aber nicht damit, wie Lernen tatsächlich für möglichst alle gelingt, ist vergeudete Zeit. Schlimmer noch: Ich behaupte, dass Kinder zu jeder Zeit etwas lernen, nur nicht immer das Gewünschte. So wie der Kommunikationswissenschaftler Paul Watzlawick postuliert, dass man nicht nicht kommunizieren könne, formuliere ich entsprechend, dass man nicht nicht lehren und lernen kann.

Im Unterricht geschehen sehr viele Prozesse parallel:

- Ein Kind arbeitet mit einem anderen gut zusammen – oder auch nicht.
- Ein Kind arbeitet an einer sinnvollen Aufgabe – oder auch nicht.
- Ein Kind erfährt Wertschätzung – oder auch nicht.
- Ein Kind fühlt sich anschließend fähig – oder auch nicht.
- Ein Kind beginnt eine Aufgabe, arbeitet in angemessener Lautstärke, kann sie beenden – oder auch nicht.
- Ein Kind erlernt dabei etwa neue Satzmuster und Begriffe – oder auch nicht.
- Ein Kind erlernt neue Kooperationsmuster – oder auch nicht.

All dies sind tägliche Lernchancen. Das Kind lernt auf diese Weise, wie Unterricht „funktioniert“. Es lernt, im Unterricht zu kooperieren, sich einzubringen und erfolgreich zu lernen oder es lernt, dass ihm dieses nicht gelingt. Das sind tägliche Lernerfahrungen, die Schülerinnen und Schüler abspeichern. Sie lernen dabei, das, was sie erleben, für den ganz normalen Schulalltag zu halten.

Wenn man sich also die Vielfalt der täglichen Lernerfahrungen vor Augen führt, wird deutlich, dass der Unterricht sehr sorgfältig vorbereitet sein muss, damit alle Schülerinnen und Schüler tatsächlich wertvolle und wünschenswerte Lernerfahrungen sammeln. Ihnen dies zu ermöglichen, dazu bieten sich Lehrerinnen und Lehrern viele verschiedene Chancen im Schultag. Die folgenden Ebenen sind dabei wesentlich.

8.2 Gehirngerechtes Klassenzimmer

Gar nicht besonders neu sind die Überlegungen des gehirngerechten Klassenzimmers, die auf neurobiologischen Erkenntnissen über das Lernen basieren.[45]

Sie basieren auf den Grundlagen

- Klima zum Denken schaffen (emotionales Klima, Raumausstattung, usw),
- Methoden des Denkens lehren (Instruktion, Anwendung, Schlüsselkompetenzen),
- Denkszenarien vorbereiten und begleiten (aktives, kooperatives, experimentelles Lernen, authentische Erfahrungen),
- metakognitive Reflexion (über Lernprozesse nachdenken, sie auswerten). (ebda., S. 24)

Professor Michael Schratz, österreichischer Erziehungswissenschaftler, Schulpädagoge und emeritierter Professor an der Leopold-Franzens-Universität Innsbruck, nennt diesen Fokus auf den gelingenden Lernprozess „lernseits denken“. Er erklärt:

> „Im pädagogischen Bezug ‚lernseits‘ des Unterrichts sind Lehrende und Lernende in gleicher Weise in das Unterrichtsgeschehen verwickelt. Als pädagogische Ver-

45 Thüringer Institut für Lehrerbildung, Heft 126, 2007, https://www.schulportal-thueringen.de/media/detail?tspi=2035 (recherchiert am 5.5.2020)

antwortliche zeigen Lehrpersonen Anteilnahme für ihr Gegenüber, indem sie ihre Aufmerksamkeit bewusst darauf lenken (…), welche Möglichkeiten im Entstehen begriffen sind. Lehren im Modus des Lernens betrachtet, meint, taktvoll und responsiv zu handeln und in Beziehung zur Sache und zueinander zu sein." (Schratz, u.a., 2018, S. 24)

Die Beziehung zur Sache wird Thema des nächsten Kapitels, in dem es auch um Sehnsucht und Motivation geht.

8.3 Gute Aufgaben und das Problem mit der Sehnsucht

Der heilige Bernhard von Clairvaux, einer der bedeutendsten Mönche des Zisterzienserordens, soll gesagt haben: „Glühen ist mehr als Wissen". Gemeint ist die starke Bedeutung von Motivation, von Begeisterung für die Sache, wenn Lernen erfolgreich sein soll. Diese Begeisterung wird nicht in Übungsphasen entzündet, sie findet sich wahrscheinlich weder beim mühsamen Erlernen einer schönen Schreibschrift (einer sehr deutschen Begeisterung, die andere Länder so nicht im Lehrplan haben) oder dem Wiederholen von 1x1-Reihen oder der Wirkung des Zitronensäurezyklus. Auch wenn Übungsphasen wie diese unumgänglich sind für eine gute Verankerung von Lernstoff, so ist doch klar, dass Begeisterung für eine Sache sehr viele Frustrationen ertragen hilft und einen langen Lernprozess beflügeln kann. Man denke nur an Babys, die das Laufen erlernen, immer wieder hinfallen und trotzdem weiter üben.

Gerne und häufig wird auch ein Zitat von Antoine de Saint-Exupéry verwendet, um zu veranschaulichen, wie Schülerinnen und Schüler am besten lernen sollen:

> „Wenn Du ein Schiff bauen willst, dann trommle nicht Männer zusammen um Holz zu beschaffen, Aufgaben zu vergeben und die Arbeit einzuteilen, sondern lehre die Männer die Sehnsucht nach dem weiten, endlosen Meer."[46]

Aber: Reicht Sehnsucht aus, um sich ein tragfähiges Boot zu bauen? Wird das Boot halten? Wird es die Mannschaft tatsächlich sicher über das Meer

46 Zitat. In: https://www.zitate-online.de/literaturzitate/allgemein/18950/wenn-du-ein-schiff-bauen-willst-dann-trommle.html (recherchiert am 5.5.2020)

tragen? Oder werden sie – voller Sehnsucht – mitten im Meer untergehen oder ihr Ziel verfehlen? Sollte nicht ein Naturwissenschaftler, eine Technikerin und eventuell eine in Geografie kundige Person helfend unterstützen, damit Materialbeschaffenheit, Entfernung zum Ziel, Windstärke etc. annähernd ermittelt werden und die Mannschaft sicher landet? Die Sache muss durchdrungen werden, es müssen die didaktischen Prinzipien verstanden sein. Sowohl im Deutsch- wie auch im Mathematikunterricht gibt es klassische Stolperfallen im Lernprozess, wie etwa die Ähnlichkeitshemmung oder die deutsche Sprechweise für mehrstellige Zahlen (Einer werden zuerst genannt). Die Lehrkraft muss also die Sache selbst verstehen, um andere über „das Meer" begleiten zu können.

Für die Schule reicht Sehnsucht oder intrinsische Motivation allein sicher nicht aus, um Lernende gut auf den Weg zu bringen, aber sie ist ein starker Motor und Teil des volitionalen Aspekts im **Kompetenz**begriff nach Weinert.

Kompetenzen

Der Kognitionspsychologe Franz Weinert (1930–2001) prägte den Kompetenzbegriff, auf dem die heutigen Bildungsstandards beruhen: Danach sind Kompetenzen „die bei Individuen verfügbaren oder durch sie erlernten kognitiven Fähigkeiten und Fertigkeiten, um bestimmte Probleme zu lösen, sowie die damit verbundenen motivationalen, volitionalen (freiwillig, selbst gewählt oder selbst gesteuert, *Anm. d. Autorin*) und sozialen Bereitschaften und Fähigkeiten, um die Problemlösungen in variablen Situationen erfolgreich und verantwortungsvoll nutzen zu können." (Weinert, 2001, S. 27f.) Kompetenzen umfassen demnach neben erlerntem Wissen auch das Können und die jeweilige Haltung. Es soll kein träges Wissen angehäuft, sondern im jeweiligen Anwendungsbezug erlernt werden. Kompetenzen als Potenziale sind nur schwer zu prüfen.

Neben den fachlichen und überfachlichen Kompetenzen muss für eine Welt im Wandel das lebenslange Lernen Bestandteil werden, insbesondere deshalb, da der Wandel mit immer schnelleren Schritten voranschreitet und den Menschen komplexe Kompetenzen abverlangt:

> „Zentrales Ziel schulischer Reformen muss daher sein, Kinder und Jugendliche mit den Voraussetzungen für jenes Unterfangen auszustatten, das man sich als Ret-

tungsanker für die im Leben mit hoher Wahrscheinlichkeit auftretende Fluktuationen denkt: Das Lebenslange Lernen."[47]

8.3.1 Problemhaltige Situationen, die sich zum Lernen eignen

Noch einmal zurück zur Hirnforschung: Nur Lernen mit Freude ist effektives und nachhaltiges Lernen. Hier die Erklärung von Spitzer:

> „Eintreffende Eindrücke lösen in aller Regel sofort verschiedene Emotionen aus: von positiv über neutral bis hin zu negativ. Abhängig davon werden die Eindrücke an unterschiedliche Hirnareale zur weiteren Verarbeitung übermittelt. Bei einer positiven Emotion wird über Umwege der Hippocampus aktiviert. Dieses Hirnareal ist unter anderem darauf spezialisiert, Einzelheiten zu verarbeiten und dafür zu sorgen, dass wir nachts das Gelernte des Tages wiederholen. Informationen, die durch den Hippocampus laufen, werden meist tief verarbeitet und fest verankert."[48]

Immer wieder wird betont, dass man in etwa so unterrichtet, wie man selbst Unterricht erlebt hat. Demnach wäre es sehr schwer, eigene Muster und Gewohnheiten zu verändern. Wie gelingt es trotzdem? Rolff fand:

> „Wer den Unterricht verändern will, muss mehr als den Unterricht verändern. Das kann auf mehr Kooperation oder mehr Teamarbeit hinauslaufen. Unterrichtsveränderung mag auch Kern des Schulprogramms werden. Auswirkungen auf das Lehrerhandeln sind unvermeidlich (…)." (Rolff, 2016, S. 19)

Das Thema Kooperation für Lehrkräfte haben wir in Kapitel 1 ausführlich behandelt. Wie kann diese Kooperation aber den konkreten Unterricht verbessern? Hierzu fand ich bei Andreas Helmke, Professor für Pädagogische Psychologie, in seinem Standardwerk „Unterrichtsqualität und Lehrerprofessionalität" (2009) folgenden Hinweis: „Es besteht kein Zweifel daran, dass die gemeinsame Planung ein geeignetes Werkzeug (…) für die Entwicklung von Unterricht einschließlich der Überprüfung der Wirksamkeit solcher Entwicklungsprozesse ist." (2009, S. 321) Helmke empfiehlt wechselseitige Unterrichtsbeobachtungen und sogenannte **Lesson Studies**, für die mehrere Lehrkräfte gemeinsam Musterstunden entwickeln und sie anderen Lehrern zur Erprobung zur Verfügung stellen. So arbeiten zum Bei-

47 Ullmann, M. (2012): Schule verändern, Klagenfurt, S. 16

48 Tillmann, K.-J. (19.6.2015): PISA & Co – eine kritische Bilanz. In: http://www.bpb.de/gesellschaft/bildung/zukunft-bildung/208550/pisa-co-eine-kritische-bilanz?p=all (recherchiert am 5.5.2020)

spiel japanische und chinesische Lehrkräfte. Aufgrund der niedrigeren Stundendeputate haben sie nachmittags Zeit für gemeinsame Kooperations- und Ko-Konstruktionsprozesse. (ebda., S. 328)

Die **Lesson Studies** fand ich ebenfalls bei Roland Knobloch, Fachberater für Schulentwicklung:

> „Lesson Study bedeutet sinngemäß übersetzt Unterrichtserforschung: Eine Gruppe von Lehrkräften – meist mit einem gemeinsamen fachlichen Hintergrund – wertet Unterrichtserfahrungen aus und leitet daraus Fragestellungen bzw. Ziele für die Weiterentwicklung des Unterrichts ab. (…) Für diese Fragestellungen bzw. Ziele werden am Beispiel einer Unterrichtsstunde gemeinsam Lösungen entwickelt und im Unterricht erprobt. Durch die Beobachtung des Schülerlernens wird die Wirkung des gemeinsam erstellten Unterrichtskonzepts untersucht. Die durch die Beobachtung gewonnenen Daten können für eine Weiterentwicklung dieses Unterrichtskonzepts genutzt werden."[49]

Gemeinsam vorbereiteter Unterricht wird also durch die Beobachtung des Lernens der Schülerinnen und Schülern in Hospitationen ausgewertet. So lässt sich herausfinden, was genau für welche Schülerin und für welchen Schüler wirklich lernwirksam ist! Lehren wird damit selbst zum Lernprozess voneinander, das heißt von anderen Lehrerinnen und Lehrern und von Schülerinnen und Schülern.

8.4 Erkenntnisse, die wirken: die Hattie-Studie

Auswirkungen auf das Lehrerhandeln sind nicht nur unvermeidlich, sondern ein wesentlicher Aspekt für den Lernerfolg, wie Hattie herausfand. John Hattie ist Professor und Bildungsforscher aus Neuseeland und hat mit seiner „Hattie-Studie" mehr als 800 Metastudien zu Lernerfolg zusammengefasst. Die höchste Effektstärke fand er für die Einflussfaktoren aus der Gruppe der Lehrerfaktoren heraus. Im Idealfall sind Lehrende selbst Lernende für den Lernprozess ihrer Schülerinnen und Schüler:

---

49 Knoblauch, R. (26.11.2014): Lesson Study – eine Form kooperativer und evidenzbasierter Unterrichtsreflexion. In: https://www.lernensichtbarmachen.ch/2014/11/lesson-study-eine-form-kooperativer-und-evidenzbasierter-unterrichtsreflexion/ (recherchiert am 5.5.2020)

„Es geht um Lehrpersonen, die das Lernen mit den Augen der Lernenden sehen und es geht um Lernende, die das Unterrichten als den Schlüssel für ihr ausdauerndes Lernen begreifen. Auffällig (…) ist, dass die größten Effekte auf das Lernen der Schülerinnen und Schüler dann auftreten, wenn die Lehrpersonen zu Lernenden ihres eigenen Unterrichts und Lernende zu ihren eigenen Lehrpersonen werden." (Hattie, 2018, S. 16)

Resultierend formuliert er für Lehrkräfte die beiden Grundhaltungen: „Ich sehe das Lernen durch die Augen meiner Lernenden. Ich helfe Lernenden, ihre eigenen Lehrpersonen zu werden." (ebda., S. 6)

Die Unterrichtsmethoden selbst haben demnach einen geringeren Einfluss. Damit werden viele Diskussionen um Methoden, Hausaufgaben oder die Klassengröße hinfällig, denn sie haben sehr geringen Einfluss. Wirksam ist dagegen, wenn die Lehrpersonen „direktiv, einflussreich, fürsorglich und aktiv in der Leidenschaft des Lehrens und Lernens engagiert" sind. „(…) Sie müssen (…) sinnstiftende Erfahrungen (…) konstruieren, ein kompetentes Wissen und Verständnis vom Stoff ihres Faches besitzen, um sinnvolles Feedback und angemessenes Feedback geben zu können." (ebda., S. 21)

Das entspricht meinen Erfahrungen, da ich sowohl in der Ausbildung von Lehrkräften als auch als Schulleitung sehr häufig Unterricht gesehen habe. Die Methode ist weniger entscheidend, wenn nur die Lehrkraft mit Engagement und gutem Blick auf die Lernenden unterrichtet. Da das Feedback zum Lernen ebenfalls einen sehr wirkmächtigen Einfluss auf den Lernerfolg hat, bietet Hattie drei Feedback-Fragen für Lehrkräfte an:

- Wohin gehe ich? (Übergeordnetes Lernziel)
- Wie komme ich voran? (Planung von Lernschritten, Erfolge)
- Wohin geht es als Nächstes? (Nächste Aktivitäten für einen Fortschritt) (ebda., S. 132)

Die Ergebnisse der Hattie-Studie sind sehr umfassend. Ich möchte mich Andreas Helmke anschließen, der sich von zwei Faktoren insbesondere überrascht zeigt: Der Beziehungsaspekt des Lernens, „die Wahrnehmung des Lehrer-Schüler-Verhältnisses aus Schülersicht steht von allen 138 Variablen (…) auf Rang 11. (…) Ebenfalls überraschend lernwirksam ist der Einsatz von Tests, Diagnose- und Vergleichsarbeiten, sofern das Testen mit Feedback verbunden ist. (…) [Es ist] ein starkes Signal, dass solche Tests kein Selbstzweck sind, sondern ihr Potenzial für die Unterrichtsentwicklung und Lernförderung nur dann entfalten können, wenn sie mit Feedback und individueller Unterstützung verknüpft werden …" (Helmke in Lehren & Lernen 7/2013, S. 9 f.) Individuelle Unterstützung und individualisiertes Lernen meint dabei insbesondere die Abkehr von den 7 Gs, die auch Pant im Interview erwähnt: „Der gleiche Lehrer unterrichtet alle gleichaltrigen Schüler im gleichen Tempo mit dem gleichen Material im gleichen Raum mit den gleichen Methoden und dem gleichen Ziel." (Helmke, 2011)

9 Unterricht für die Zukunft

Damit gute Ideen für Bildung und explizit für den Unterricht nicht immer, wie in Kapitel 1 erörtert, zu spät kommen, möchte ich hier auf das CCR-Framework eingehen[50], da es die hier gewonnenen Erkenntnisse so gut wiedergibt. Charles Fadel u. a. beschäftigen sich intensiv mit Empfehlungen zur Veränderung von Lehrplänen unter Berücksichtigung zahlreicher Forschungsergebnisse und zukünftiger Voraussetzungen. Sie vergleichen Lernzieltaxonomien und finden folgende Dimensionen:

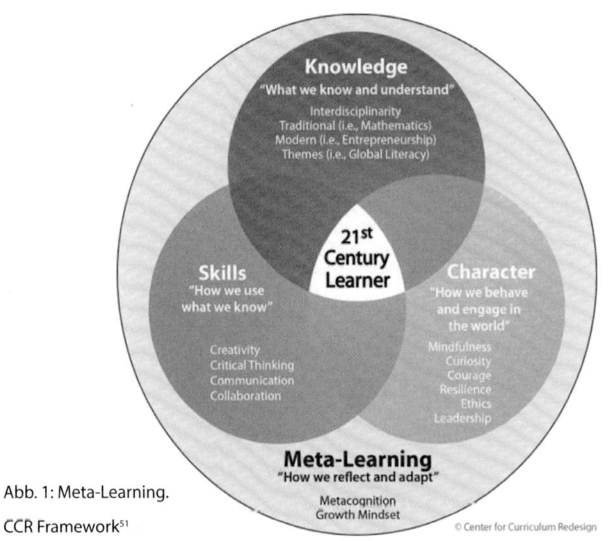

Abb. 1: Meta-Learning. CCR Framework[51]

Unter Skills finden sich die Kompetenzen, die Schleicher die 4 Ks nannte: Kreativität, Kritisches Denken, Kommunikation und Kollaboration. Auch sein Buch „World class“ gibt wichtige Hinweise, wie die Erkenntnisse der zahlreichen OECD-Studien und die Beobachtungen der Bildungssysteme verschiedener Länder für die Weiterentwicklung zusammengefasst werden können. (vgl. Schleicher, 2018, S. 226 ff.)

50 Auch zu finden unter CCR-Framework: https://curriculumredesign.org/wp-content/uploads/CCRVennDiagramPrint.png

51 Charles Fadel u. a. (2017): Die vier Dimensionen der Bildung. Was Schülerinnen und Schüler im 21. Jahrhundert lernen müssen. Hamburg. Abbildung mit freundlicher Genehmigung der Autoren.

9.1 Guter Unterricht, weniger Störungen

Guter Unterricht ist nicht nur wirksamer für den Lernprozess, er beugt auch Unterrichtsstörungen vor. Hans-Peter Nolting lehrt Pädagogische Psychologie an der Georg-August-Universität Göttingen. Er hat sich mit Unterrichtsstörungen intensiv befasst und verweist auf die Videobeobachtungen durch Kounin, der vier Dimensionen für Unterricht ohne Störungen fand. Nach Nolting sind dies gleichzeitig präventive Maßnahmen, die Unterrichtsstörungen vermeiden helfen:

1. Prävention durch Regeln und Unterrichtsorganisation.
2. Prävention durch breite Aktivierung im Unterricht.
3. Prävention durch Unterrichtsfluss.
4. Prävention durch Präsenz- und Stoppsignale. (Vgl. Nolting, 2017, S. 32 f.)

Eine andere Form der Prävention ist die Begeisterung. Schulen brauchen Lehrkräfte, die von einem Thema begeistert sind, oder Externe, die für ihr Fachgebiet begeistern können. Hier bieten kulturelle und sportliche Bewegung ungeahnte Chancen, Schülerinnen und Schüler nach ihren Stärken zu fördern und vielleicht die eingangs zitierte Sehnsucht nach „dem Meer“ zu wecken.

9.2 Die Bedeutung von Spiel, Kultur und Bewegung für den Lernerfolg

„Wer nicht spielt, ist krank!“, zitiert Alexander von Schönburg, Journalist, eine Publikation von Norbert Bolz (2014) und schreibt weiter, „dass es den ganzen Menschen, der nicht in Nützlichkeitskalkülen denkt und nicht von Langeweile zerfressen wird, überhaupt nur im Spiel gibt.“ (2018, S. 179) Und auch Mihaly Csikszentmihalyi kommt in seinem bekannten Werk „Flow“ zu dem Ergebnis:

> „Der Wert einer Schule beruht nicht auf ihrem Prestige oder ihrer Fähigkeit, Studenten auf die Notwendigkeiten des Lebens vorzubereiten, sondern eher auf dem Grad der Freude an lebenslangem Lernen, die sie vermitteln kann.“ (2017, S. 295)

Royston Maldoom, ein englischer Choreograf, wurde berühmt durch die Verfilmung seiner Arbeit in „Rhythm is it!“ Über ihn schreibt der Journalist Reinhard Kahl in seiner Dokumentation „Individualisierung. Das Geheimnis guter Schulen“: Es wird deutlich, „dass nur derjenige Erwachsene von ihnen etwas verlangen kann, der auch daran glaubt, das in ihnen etwas

Wertvolles steckt, auch wenn das häufig verschüttet ist. (…) Maldoom sieht in ihnen allen, auch in den schwierigen Jugendlichen, „potenzielle Künstler“ – und so behandelt er sie auch. (…) Den Schülerinnen und Schülern sagt Maldoom: „Glaubt bloß nicht, dass es hier nur ums Tanzen geht. Ein Tanzprojekt kann euer ganzes Leben verändern.“ (Kahl, 2011, S. 40 f.)

Etwas Wertvolles in Schülerinnen und Schülern sehen, ihnen mit ernst zu nehmenden Herausforderungen begegnen, um ihnen die Wichtigkeit der eigenen Leistung aufzuzeigen, das gelingt besonders gut bei kulturellen und sportlichen Anstrengungen. Hier haben auch diejenigen eine Chance, denen Lernen sonst schwerfällt, die in Deutsch oder Mathematik (Teilleistungs-) Schwächen haben und zu deren Schulalltag dadurch in der Regel weniger Erfolgserlebnisse zählen.

9.3 Die Bedeutung von digitalen Medien für den Unterricht

Dieses Kapitel fiel mir beim Schreiben schwer. Lange konnte ich keine eindeutige Haltung in Bezug auf Digitalisierung im Unterricht entwickeln. Auch in der Diskussion an meiner früheren Schule hatten wir intensive Arbeitsprozesse, um uns zu einer gemeinsamen Haltung durchzuringen. Diese Fragen waren dabei für uns leitend:

- Welchen Mehrwert erbringt uns welche digitale Nutzung für den Unterricht?
- Welche didaktische Nutzung macht für die Schülerinnen und Schüler Sinn?
- Welche sinnlichen und sozialen Erfahrungen wollen wir analog fördern?
- Wie greifen wir die mediale Lebensrealität unserer Schülerinnen und Schüler angemessen auf?
- Wie vermitteln wir die kritische Rezeption in der virtuellen Informationsflut?

Erst die Erfahrungen während der Schulschließungen und die gute oder weniger gelungene Umsetzung digitaler Angebote durch die Schulen zusammen mit den für mich klärenden Interviews mit Prof. Ulf-Daniel Ehlers und Micha Pallesche brachten mir Klarheit. Sie ermöglichten mir, Nutzen und Chancen zu erkennen und ein Bild zu gewinnen, wie analoges und digitales Lernen Hand in Hand gehen und einen Zugewinn an Lernchancen bieten kann. Schließlich ist die Nutzung digitaler Medien seit dem Digitalpakt, spätestens aber seit dem Shutdown 2020 und den damit verbundenen Schulschließungen, für Schulen in den Fokus gerückt.

Prof. Ulf Daniel Ehlers erklärte mir im Interview, warum damit eine neue Form der Didaktisierung notwendig einhergeht und der analoge Unterricht nicht einfach digital übertragen werden sollte. Gleichzeitig ist die digital mögliche Individualisierung und die Vernetzung durch Co-Working ein Zugewinn. Wie Ehlers bestätigt, lassen sich auf diese Weise auch Bildungsbenachteiligungen und andere Barrieren abbauen, wenn alle gleichen Zugang zu Information und vernetzter Arbeit haben können. Wie das für die verschiedenen Altersstufen und Schulformen, einzelne Fächer kreativ und innovativ umgesetzt wird, wird noch zu erarbeiten sein als pädagogische Durchdringung digitaler Möglichkeiten und Chancen.

Eine Prämisse haben mir dabei die interviewten Experten bestätigt: Analogen Unterricht digital aufzubereiten, das ist nicht die anzustrebende Innovation. Eine neue Didaktik und Methodik muss berücksichtigen, wann der Einsatz von digitalen Medien tatsächlich einen Zugewinn von der analog präsenten oder handelnden Auseinandersetzung erbringt, wann Bildungsbenachteiligungen abgebaut werden können und neue kollaborative Möglichkeiten geschöpft werden. Gemeint ist der sogenannte „digital return on invest" oder auch Mehrwert einer digitalen Aufbereitung von Unterricht.

Dabei ist die Auseinandersetzung mit den Gefahren der medialisierten Welt eine relativ neue Aufgabe, die Schule und Eltern nur gemeinsam bewältigen können:

- Wie hoch ist die Bildschirmzeit über den Tag verteilt?
- Wie hoch ist der aktiv gestaltende und der rein konsumierende Anteil?
- Wie erkennt man Fake News und Manipulationen von Informationen und Bildern/Videos?
- Wie schützt man sich im Netz?
- Wie lernt man, die mediale Zeit aktiv zu gestalten und auch bewusst offline zu gehen?
- Wie lernt man, im Netz Feedback zu geben und anzunehmen, zu kooperieren und zu kollaborieren?
- Wie unterstützt die digitale Nutzung die Kooperation und demokratische Grundhaltung?

Digitalisierung als technischer Fortschritt und Werkzeug allein verstanden – das greift zu kurz. Digitale Bildung oder Bildung vor dem Hintergrund der

Digitalität, wie es Pallesche beschreibt, eröffnet vielmehr neue Denkräume, schlägt eine Brücke in neue Welten, die wir gerade erst entdecken – und für Schulen zu entdecken haben.

Interview mit Ulf-Daniel Ehlers: ein Telefonat über den digitalen Mehrwert der Corona-Krise

Prof. Ulf Daniel Ehlers ist Professor für Bildungsmanagement und Lebenslanges Lernen an der Dualen Hochschule Baden-Württemberg und dort Beauftragter für Digitalisiertes Lernen, außerdem Direktor des European Distance and E-Learning Network. Mich hat besonders interessiert, wie Schule von den Erfahrungen profitieren kann, die zumindest Herr Ehlers und seine Studierenden an Hochschulen bereits intensiv gesammelt haben.

Kati Ahl: *Welche Erfahrungen nehmen wir aus der Corona-Phase in den Alltag unseres Bildungssystems mit?*

Ulf-Daniel Ehlers: Das ist ein spannendes Thema. Wir haben dazu schon eine Klausurtagung für den Herbst geplant. In der Hochschule bleibt die gemeinsame Erfahrung, dass digitale Medien für den Kontakt zu Studierenden nutzbar sind und die Hemmschwelle gesunken ist, digitale Medien zu nutzen. Wir kennen nun die Telefonnummer des IT-Supports, wir haben eine Videokamera, wir haben gelernt, dass man die auch mal ausschalten kann. Viele Vorurteile sind durch reale Erfahrungen informierter geworden.

KA: *Je mehr ich mich mit dem Thema Digitalisierung an Schulen beschäftige, desto mehr wächst in mir die Vermutung, dass digitale Medien mehr sein können als die digitale Umsetzung des analogen Unterrichts …*

Ehlers: Ich arbeite sehr viel zum Thema Digitalisierung und finde die aktuelle Zeit [Shutdown im Frühjahr 2020, *Anm. d. Autorin*] sehr spannend. Ich bin begeistert über die Improvisationsmentalität, die sich gerade entwickelt, und die sich viele vorher nicht zugetraut haben, und über das, was neu gedacht wird.

KA: *Was ist Ihnen besonders wichtig?*

Ehlers: Im Bildungsbereich ist mir die Frage wichtig, was wir durch digitale Medien anders machen können, dass wir also über die Vorstellung hinausgehen, das Gleiche zu tun, was wir im Präsenzunterricht gemacht haben. Das erlebe ich auch im Gespräch mit Kolleginnen und Kollegen der Hochschule. Viele machen zum Beispiel die Erfahrung, dass es für die Lernenden sehr anstrengend ist, wenn sie bei einer Online-Vorlesung zwei Stunden vor dem Bildschirm sitzen müssen. Das Wunderbare aber ist, dass es ein Potenzial hin zur Flexibilisierung und zur Individualisierung gibt. Das ist der größte Mehrwert. Man kommt also weg von der Fiktion, dass alle das Gleiche zur selben Zeit in der gleichen Geschwindigkeit lernen, und findet zu der Haltung, dass es unterschiedliche Lernpfade geben kann, dass Lernen ein Problem lösen muss und nicht nur einem Thema folgt, dass es dazu verschiedene Wege gibt und verschiedene Materialien. Und man kann zu unterschiedlichen Zeiten und an verschiedenen Orten lernen und die Lebenssituation berücksichtigen.

KA: *Sicher nutzen die Studierenden auch digitale Möglichkeiten zum vernetzten Lernen?*

Ehlers: Ja, eine weitere große Chance ist die Möglichkeit zur Vernetzung und die daraus entstehende Form der Zusammenarbeit. Es kann dadurch zum Beispiel eine Zusammenarbeit mit der interessierten Fachcommunity entstehen, da wir Material und Arbeitsergebnisse online stellen. So hatten wir beispielsweise eine Zusammenarbeit mit dem Südwestrundfunk, der darüber einen Bericht erstellt hat. Durch den Kontakt zur realen Welt bekommt das Thema eine ganz neue Relevanz, es geht raus aus der Hochschule. Man lernt plötzlich nicht mehr nur für sich oder den Professor oder die Professorin, sondern in einem gesamtgesellschaftlichen Kontext.

KA: *Welche konkreten Potentiale würden Sie nennen?*

Ehlers: Das sind die Potenziale Individualisierung, Flexibilisierung und das Schaffen einer neuen Öffentlichkeit sowie Vernetzung. Das erfordert allerdings ein Umdenken, weg vom Frontalvortrag. Man stellt dann fest, dass Lernende durchaus auch ohne Lehrende lernen können, diese aber eine neue tolle Rolle haben. Sie sensibilisieren für Probleme, sie geben Hilfestellung und stellen Lernmaterialien bereit.

KA: *Ich habe drei Punkte herausgehört: die Möglichkeit der Individualisierung, die selbsterklärend ist, die neue Flexibilität im Lehren und Lernen und die Öffnung neuer Räume; sowohl der Lernräume, aber auch des Denkraus zur realen Welt, zum Anwendungsbezug von Lernen. Ich frage mich aber: Wenn die Menschen so an einer Sache arbeiten, fehlt dann da nicht der soziale Bezug? In sozialen Medien sehen wir ja, dass Distanz sprachlich eher enthemmend wirkt. Es fällt leichter zu kritisieren, wenn man dem Gegenüber nicht in die Augen schaut. Und dazu gehört für mich die Frage, ob die Arbeit nicht stark vereinzelt. Ist es nicht sozial betrachtet „zu einfach", nur einen Kom-*

mentar zu hinterlassen, statt sich auch miteinander auseinanderzusetzen, um eine Lösung zu ringen oder auch mal zu streiten?

Ehlers: Ich würde sagen, dass sind möglicherweise Risiken, die man in der digitalen Arbeit eingeht. Aber wichtig ist, dass Online-Kommunikation, Online-Feedback und ein Prozess einer Peergroup, die online arbeitet, nicht automatisch funktioniert. Auch in der Präsenz muss man das ja erst erlernen. Das erfordert eine absichtsvolle und gerichtete Anleitung, die wir Online-Didaktik oder Online-Pädagogik nennen, wie wir das auch im Präsenzunterricht tun.

KA: *Können Sie mir ein positives Bild malen von innovativer digitaler Bildung, die pädagogisch sinnvoll ist?*

Ehlers: Ein Beispiel: Ich habe 2006 sehr gute Erfahrungen als Online-Professor an einer amerikanischen Universität gemacht. Dort gab es eine Lernplattform ohne synchrone Elemente, nur Text und Diskussionsforen. Wir haben dort an einem Thema gearbeitet, mit Wochenaufgabe zu einem Lead-Text, die die Studierenden selbst beantwortet haben. Zusätzlich war gefordert, zwei Feedbacks zu den Ergebnissen anderer zu schreiben. Die Kriterien für das Feedback waren klar ausformuliert. Sie mussten Bezug aufeinander und auf den Originaltext nehmen. Jeder hat also Feedback bekommen und gegeben, und auch Kommentare anderer kommentiert. Das führte zu einer rollierenden Diskussion; das war eine so reichhaltige Auseinandersetzung im Austausch, das hätte ich in einer Präsenzklasse niemals hinbekommen, da die Interaktion dort anders verläuft. Hier kann auf jede Aussage Bezug genommen werden! Das braucht es, das ist ein kunstvolles Geschehen, genauso wie gelungener Präsenzunterricht. Diese Welt ist viel individueller und flexibler als die Welt, in der wir unsere Schulen organisieren, in der alle zur gleichen Zeit für 45 Minuten das Gleiche lernen.

KA: *Diese Form des Unterrichts produziert ja auch viele Bildungsverlierer. Das andere klingt nach einer exponentiellen Steigerung an Möglichkeiten und auch an Lernchancen, wenn alle auf alles reagieren können und so vielleicht auch einen anderen Zugang bekommen.*

Ehlers: Das ist ein sehr reichhaltiger Weg. Er braucht aber auch viel Aufmerksamkeit und Sensibilität dafür, dass Studierende das nicht von alleine können.

KA: *Das ist interessant: Digitalisierung braucht also einen neuen Lernprozess für Kommunikation?*

Ehlers: Genau. In diesen Corona-Zeiten unterrichte ich beispielsweise online. Ich bemerkte dabei, dass manche Studierende noch nicht dieses reichhaltige Feedback geben können. Deshalb gehen wir schrittweise vor und erläutern Kriterien für das Feedback. So üben wir das gerade, und es wird jede Woche ein bisschen besser. Es braucht also einen Sozialisationsprozess für den Online-Unterricht. Das erfordert für Hochschule wie für Schulen ein Umdenken und eine Sozialisation in die Materie hinein und auch neue didaktische Formen.

KA: *Wer muss umdenken?*

Ehlers: Lehrkräfte, aber auch Schülerinnen und Schüler; davon bin ich überzeugt. Veränderung heißt, alle mitzunehmen, zumindest so viele, bis die Mehrheit erreicht ist. Das Kultusministerium Niedersachsen will jetzt beispielsweise Online-Unterricht ermöglichen und Cloud-Services und eine Plattform bereitstellen. Die Diskussionen um Digitalisierung kann man jetzt auf Erfahrungsbasis führen.

KA: *Aber nur das Arbeitsblatt in einer Cloud abzulegen, ist ja nicht die maximal gewinnbringende Nutzung, oder?*

Ehlers: Das stimmt, das ist nur die Logistik; die Interaktion ist das eigentliche Thema. Es gibt verschiedene Stufen oder Schritte. Neben der Logistik brauchen wir „enabling connection", also Verbindungen herzustellen zwischen den Lernenden, zwischen Lernenden und Lehrkräften, zwischen Lernenden und dem Material oder Thema. Da liegt die Power.

KA: *Wenn ich das auf die Grundschule übertrage, steckt die „connection" im Blickkontakt, manchmal auch im Körperkontakt, in der persönlichen Ansprache und in der Beziehung. Was denken Sie, wie wirkt sich eine stärkere Digitalisierung auf diesen Kontakt aus?*

Ehlers: Wir haben ja die Wahl. In meinen Augen führen wir über die scheinbare Opposition zwischen Präsenzerfahrungen und digitalen Erfahrungen eine Scheindiskussion. Wir können doch die Präsenzerfahrungen durch die digitalen Erfahrungen reichhaltiger gestalten und beides verbinden. Wir wollen vielleicht zukünftig Grundschule, wie Sie sie beschreiben, und gleichzeitig eine individuelle Lerngeschwindigkeit, vielleicht computerunterstützt, vielleicht nicht in allen Fächern und die ganze Zeit. Die Lernenden können sich vielleicht auch auf neue Weise vernetzen und miteinander sprechen, zwischen Grundschulen oder mit dem Bürgermeister; das sind ja auch Erfahrungen, nur digital vermittelt. Ich finde beides wichtig. Wir sollten das Beste von allem nehmen, damit das Beste für die Kinder daraus wird.

Daraus leite ich meine zehnte These ab:

Gute Schulen verbessern stetig die Qualität des Unterrichts.

Interview mit Andreas Schleicher: skypen mit Paris

Andreas Schleicher, OECD-Direktor im Bereich Bildung, wird in den Medien gerne der „PISA-Chef" genannt. Er gilt als der wohl einflussreichste Bildungsforscher der Welt. Seit fast 20 Jahren leitet der studierte Physiker und Mathematiker die PISA-Studie. Er berät Regierungen, schreibt Bücher und ist auf Bildungsgipfeln ein viel gefragter Redner. Ich freue mich, dass er für ein Interview per Skype zur Verfügung steht.

Kati Ahl: *Sie selbst haben eine Waldorfschule besucht, wie haben Sie Ihre Schulzeit in Erinnerung?*

Schleicher: Eigentlich nur positiv, vielleicht nicht die ersten Schuljahre, aber später war das eine schöne Zeit. Mir hat die Schule Spaß gemacht, ich habe dort viele Fähigkeiten entwickeln können. Ich habe auch immer Glück gehabt mit Lehrern, die sich um mich gekümmert haben.

KA: *Wie nehmen Sie die Schule für Ihre eigenen Kinder wahr?*

Schleicher: Meine Kinder gehen in Frankreich zur Schule. Die Schule ist sehr streng geordnet. Meine Töchter haben sich dem recht gut angepasst, mein Sohn hat damit Schwierigkeiten gehabt. Er hat dann auch sehr gut abgeschnitten, aber das war eine schwere Zeit für ihn. Das ist in Frankreich ein Schulsystem, in dem im Gegensatz zur Waldorfschule auf Konformität gesetzt wird und darauf, dass Kinder bestimmten Denk- und Arbeitsweisen folgen. Er hat später in England studiert und das war für ihn eine neue Welt!

KA: *Ist die Schule in Frankreich oder auch in Deutschland eher eine Schule für Mädchen?*

Schleicher: Die Schulformen in den beiden Ländern unterscheiden sich grundlegend. In Deutschland wird mehr Selbstständigkeit für Schülerinnen und Schüler ermöglicht, während in Frankreich der Raum dafür sehr begrenzt ist. Dort ist der Unterricht sehr lehrerzentriert und die Schule ist abgeschirmt von der Gesellschaft. Aber es stimmt schon: Vielen Mädchen fällt es leichter, sich an solche Strukturen anzupassen. Ob man das verallgemeinern kann, weiß ich nicht.

KA: *Was muss sich an Schule verändern? Bitte nennen Sie bis zu fünf Thesen.*

Schleicher: Zunächst: Was sich leicht unterrichten und vielleicht auch leicht testen lässt, lässt sich leicht automatisieren, das lässt sich auch leicht digitalisieren. Das ist die erste große Herausforderung. Unsere Schule hat bisher noch eine sehr industrielle Arbeitsorganisation. Es gibt einen Lehrstoff, den vermitteln wir allen Schülern im Gleichschritt, und genau das, was wir dort vermitteln, wird durch Automatisierung und künstliche Intelligenz schon schneller und besser erledigt. Die künstliche Intelligenz zwingt uns heute, uns sehr viel mehr Gedanken zu machen, was uns eigentlich zum Menschen macht. Was sind die kognitiven, emotionalen und sozialen Fähigkeiten, die uns ausmachen? Welchen Nutzen ziehen wir aus den neuen Technologien?

Die zweite Herausforderung ist Vielfältigkeit in der Gesellschaft. Das ist nicht einfach, aber die Vielfalt nimmt auf allen Ebenen zu: die soziale Vielfalt, die Vielfalt in den Lernformen und der Arbeitsorganisation. Diese Vielfalt spiegelt sich in den Klassenzimmern wieder. Die Idee – ein Unterricht für alle – funktioniert einfach nicht mehr und wird immer weniger tragfähig sein. Dann müssen wir uns um völlig neue Formen des Lernens Gedanken machen. Lernen muss sehr viel stärker personalisiert und individualisiert stattfinden, vielleicht wird uns die Technologisierung hierbei helfen.

Die dritte Herausforderung ist in meinen Augen, dass die Bildungsorganisationen auf eine sehr langsame Veränderung ausgerichtet sind. Zuerst haben wir eine lange Erstausbildung der Lehrkräfte, dann schicken wir sie in die Schule und dann passiert relativ wenig. Auf viele Situationen, die Lehrkräfte heute vorfinden, konnten sie sich nicht vorbereiten, die waren zur Zeit der Ausbildung nicht vorauszusehen. Also brauchen wir ständige Ausbildung und Weiterbildung. Das machen uns viele Länder in Asien vor, wo weniger unterrichtet wird, aber mehr auf andere Weise gearbeitet wird. Da wird weniger Wissen von oben nach unten transferiert. Die Lehrpläne sind schlanker, vielleicht auch allgemeiner, und es wird stattdessen vor Ort mehr Wissen geschaffen; auch verknüpft durch Kollegien, die gemeinsam neue Arbeitsformen entwickeln. Der Schulbetrieb muss stärker professionalisiert werden durch weniger Vorgaben von außen und mehr Entwicklung vor Ort. Das setzt sehr viel Veränderung voraus – eine andere Mentalität in Schulen und mehr Entwicklungsarbeit für den Lehrberuf. Auch Lehrkräfte müssen lebenslang lernen. Wir brauchen neue Unterrichtsformen, es muss sehr viel mehr Entwicklungsarbeit in die Schulen verlagert werden. Die vierte Herausforderung ist, die besten Lehrkräfte für die schwierigsten Klassen und die besten Schulleitungen für die schwierigsten Schulen zu gewinnen.

KA: *Wie kann das gelingen?*

Schleicher: Es geht gar nicht so sehr darum, mehr Ressourcen aufzuwenden, sondern die Ressourcen viel gezielter dort einzusetzen, wo sie Wirkung entfalten können. In Deutschland hat man den Lehrberuf finanziell im Vergleich relativ attraktiv gemacht, aber intellektuell ist er nicht sehr attraktiv, da muss man ansetzen.

KA: *Wie kann man den Lehrberuf attraktiver machen?*

Schleicher: Außerhalb des Unterrichts müssen Möglichkeiten geschaffen werden, dass sich Lehrkräfte in die aktive Gestaltung der Lernumgebung und der Lehrpläne einbringen. Wir wissen aus unserer Forschung: Was den Beruf attraktiv macht, ist die Arbeit im Team; Zeit zur Verfügung zu haben, den Unterricht weiterzuentwickeln. Ein wichtiger Faktor ist ebenso die Vielfältigkeit in den Karrierestrukturen, es braucht viele Entwicklungsmöglichkeiten für qualifizierte Lehrkräfte. Es braucht mehr Anerkennung, dabei geht es um öffentliche Anerkennung und Anerkennung in der Profession. Es gibt sehr viele Menschen in der Schule, die gerne bereit sind, sich zu entwickeln und gute Ideen einzubringen. Aber dafür braucht es ein System, das Innovation fördert, anstatt Innovation zu behindern. Das sind Punkte, die für die Attraktivität einer Laufbahn in Schulen sehr wichtig sind.

KA: *Sie haben gerade schon die Lehrpläne angesprochen. Gibt es neue Fächer, die wir installieren sollten oder welche, die wir reduzieren sollten?*

Schleicher: Es geht im Wesentlichen darum, weniger Stoff in größerer Tiefe zu unterrichten. Dabei geht es gar nicht so sehr um die Fächer, sondern es geht eher darum, Fächer stärker zu vernetzen und fächerübergreifendes Denken zu fördern. In meinen Augen muss man unbedingt die emotionalen und sozialen Kompetenzen stärken. Das kann man in fast allen Fächern tun. Kritisches Denken, Kreativität, das Lösen komplexer Probleme, das können sie in Mathematik genauso unterrichten wie in Geschichte. Da ist meine Kritik an der deutschen Bildung, dass zu viel an Inhaltswissen vermittelt wird und zu wenig an epistemischem Verständnis, also: Kann ich wie ein Mathematiker denken? Kann ich wie ein Naturwissenschaftler denken? Wir vermitteln viel Wissen in Physik und Chemie, aber das Grundverständnis der Disziplinen geht dabei verloren. Genauso wie in Geschichte; wir lernen viele Namen und Orte, aber wenig darüber, wie sich das Narrativ einer Gesellschaft entwickelt, entfaltet oder verändert. Das sind die wichtigen Fragen heute. Und dieses Strukturverständnis ist die Voraussetzung, um das Wissen der Welt heute zu nutzen. Das bedeutet, im Unterricht mehr fächerübergreifend zu arbeiten und weniger Stoff in größerer Tiefe zu vermitteln.

KA: *Schulen oder Schulsysteme reagieren träge auf Veränderungen. Wie kann man zügig Impulse setzen und eine Initialzündung in Gang bringen? Wer macht uns das vor?*

Schleicher: Bewegung entsteht immer dort, wo die Aktivität am größten ist. Die Bildungssysteme sind träge, wenn wir sie als große Industriebetriebe sehen, in denen einer von oben entscheidet und das dann über viele Arbeitsebenen vor Ort vermittelt wird. Das macht Betriebe träge. Je mehr Entscheidungsstrukturen vor Ort verlagert werden, je mehr Aktivität und Entwicklungsarbeit vor Ort stattfindet, je mehr Freiraum es gibt, umso mehr werden sich Menschen einbringen. Die Größe eines Systems hat nicht unbedingt mit der Trägheit eines Systems zu tun. Es gibt durchaus in der Gesellschaft viele große Strukturen, die sehr dynamisch sind. Das Schulsystem in den Niederlanden ist ein ganz gutes Beispiel, da gibt es eine ganz vielfältige Schullandschaft, sehr viel Mobilität, sehr viele Ideen. Ich denke, es gibt viele gute Möglichkeiten in Europa, um das Bildungssystem sehr viel flexibler und dynamischer zu gestalten.

KA: *Wo könnte ich hospitieren?*

Schleicher: Das kommt darauf an, was man sehen möchte. Für Leitungsfunktionen ist Singapur immer ein hervorragendes Beispiel, weil die das wirklich durchdacht haben. Die haben die beste Praxis aus der Gesellschaft, aus der Wirtschaft in die Schulen übernommen. Dort werden Leitungsfunktionen sehr früh entwickelt. Dort werden Lehrkräfte vom ersten Tag an von der Schulleitung in der Entwicklung ihrer Stärken und in ihrer Karriere unterstützt. Dafür gibt es ein sehr großes Zeitkontingent. Jede Lehrkraft bekommt mindestens 100 Stunden pro Jahr an Fortbildung und Entwicklung. Dort gibt es also sehr viele Gestaltungsmöglichkeiten in der Schule. Schulleitung bedeutet dort, ein eigenes Profil zu entwickeln, das ist sehr spannend zu sehen.

KA: *Sie haben die zeitlichen Ressourcen angesprochen. Ich möchte nochmal nach der weiteren Ressourcenverteilung fragen. Nach den Angaben der OECD ist Deutschland mit 6,2 Prozent des Bruttoinlandsprodukts kein Land, das sehr viel in Bildung investiert. Ist das ein wichtiger Punkt für die Schulentwicklung?*

Schleicher: Ja, vielleicht. Das hängt damit zusammen, wie die Mittel aufgewendet werden. In Deutschland wird gerade in Bildung für die ersten Lebensjahre wenig investiert. Das sehe ich als Problem an. In der Sekundarstufe II und im Tertiärbereich wird relativ viel investiert. Das ist eine problematische Verteilung der Investitionen. Es gibt auch eine große Imbalance in anderen Bereichen: Die Gehälter in Deutschland sind im Vergleich zu anderen Ländern relativ gut, aber andere Ressourcen stehen in einer Schule kaum zur Verfügung. Der Gestaltungsfreiraum ist sehr stark begrenzt. Die Infrastruktur wird, das kommt hinzu, von den Kommunen bezahlt, die wenig Geld haben.

KA: *Jetzt haben wir ja in Deutschland eine föderalistische Struktur. Gibt es die eigentlich in anderen Ländern auch und ist sie förderlich oder hinderlich?*

Schleicher: Das gibt es durchaus auch in anderen Ländern, das kann auch funktionieren. Kanada ist ein gutes Beispiel, weil die Bundesstaaten oder die Provinzen sehr eng zusammenarbeiten. Was für Deutschland am meisten auffällt, ist, dass die Schulen selbst deutlich weniger Gestaltungsfreiraum haben. Wie kann man lokal mehr Gestaltungsfreiräume erschaffen? Das ist für mich entscheidend. Für bestimmte Themen macht Föderalismus ganz klar keinen Sinn: zum Beispiel für die Lehrerausbildung, die sehr stark fragmentiert ist, auch für die Lehrplanentwicklung oder im technologischen Bereich. Das würde man für keinen anderen gesellschaftlichen Bereich so entscheiden, dass jedes Bundesland seine eigenen technologischen Lösungen entwickelt.

10 „Leuchtturm"-Schulen und ihre Reichweite

Sie kennen das vielzitierte afrikanische Sprichwort: „Es braucht ein ganzes Dorf, um ein Kind zu erziehen.“ Jedes Dorf ist anders und jede Schule auch. Die Schülerinnen und Schüler, das Einzugsgebiet, das Kollegium mit seinen individuellen Stärken, die mehr oder weniger engagierten oder zur Kooperation eingeladenen Eltern, die Kommune mit spezifischen Angeboten und Kooperationen, Förderer und andere Externe prägen ein Gesamtkonstrukt, das sich schon von der Nachbarschule erheblich unterscheiden kann. Daher gilt für alle hier formulierten Empfehlungen, dass jede Schule ihren eigenen Schwerpunkt setzen und ihre eigene Entwicklung festlegen sollte. Auch Best-practice-Beispiele sind nur schwer übertragbar. Interessant sind sie trotzdem. Sogenannte „Leuchttürme“, also Schulen, die besondere Projekte und Ansätze verfolgen, werfen immer die Frage auf: „Wie viel davon ist wirklich auf das eigene System übertragbar?“ Oder wie es Wassilios Fthenakis einmal zu mir sagte: „Wie weit leuchtet der Leuchtturm?“

10.1 Die Einzelschule ist entscheidend

Ich gehe davon aus, dass für jedes einzelne System Lösungen gefunden werden müssen, von den Menschen vor Ort. Inspirationen sind dafür hilfreich, aber nicht kopierbar. Auch Rolff kommt zu ähnlichen Ergebnissen:

> „Vor dem Hintergrund dieser Studien [zur Bedeutung von Einzelschulen, Miles, 1998, *Anm. d. Autorin*] bahnte sich in der Schulentwicklung ein Paradigmenwechsel an, und zwar von der Makropolitik zur Mikropolitik. Fend war der Erste, der anhand empirischer Untersuchungen feststellte, dass sich einzelne Schulen derselben Schulform untereinander stärker unterschieden als von Schulen anderer Schulformen, woraus er den Schluss zog, dass die »einzelne Schule als pädagogische Handlungseinheit« (Fend, 1986) anzusehen sei.“ (Rolff, 2016, S. 14)

10.1.1 Das geht nicht! – Oder doch?

Viele Herausforderungen stellen sich für alle Schulen ähnlich. Da können andere Lösungen – an anderen Schulen gefunden – Inspiration sein, und noch wichtiger: Sie können den Blick weiten. Ulrike Kegler (ehemalige Schulleiterin der Montessori-Schule Potsdam, Mitglied der Deutschen Schulakademie) beschreibt, wie sie viele Jahre regelmäßig zuerst mit kleinen Gruppen, später mit einem großen Teil des Kollegiums andere Schulen besucht hat. Schulen in der Nähe, Schulen im Ausland, aber jedes Jahr eine andere (vgl. Lob den Lehrerinnen, 2018, S. 133 f.). Sie nennt die Besuche „Reisen in pädagogische Welten" und erklärt, wie die Reisen sowohl zur Induktion von etwas Neuem, zur Spiegelung des eigenen Systems, aber auch zu Schulpartnerschaften und über Jahre zu neuen Netzwerken Gleichgesinnter geführt haben.

Damit kein Unterricht ausfiel, wurden diese Reisen in die beweglichen Ferientage gelegt, und die Gruppe der interessierten Kolleginnen und Kollegen nahm jährlich zu.

> „Die eigene Realität an einer anderen zu spiegeln war jedoch das Wichtigste. Das hat zu vielen Relativierungen geführt. Vor allem hat es ein für alle Mal mit der Killerphrase ‚Das geht nicht!' Schluss gemacht." (ebda., S. 134)

Dieses Beispiel belegt für mich anschaulich, dass der Austausch zwischen Schulen wesentlich für die Schulentwicklung ist.

10.2 Lob den Fehlern

„Leute macht mehr Fehler, und macht sie schneller! Woraus wollt ihr sonst lernen?", so sagte der Dichter Heiner Müller.[52] – Sind Pädagoginnen geeignet, Fehler zu machen? Wie gut sind sie darin? Ob Rechenfehler, Rechtschreibfehler oder kriteriengestützte Bewertung von Klassenarbeiten – bisher scheint der Fehler und das Misslingen der Feind des Unterrichts, der Grund für eine schlechte Bewertung. Wenn nun diese Lehrkräfte, die soeben einen Stapel Arbeiten korrigiert haben, über Schulentwicklung nachdenken, können sie dann Fehler riskieren? Sind sie nicht diejenigen, die selbst besonders erfolgreich die Schullaufbahn durchlaufen haben und deshalb von jeher bemüht waren, möglichst wenige Fehler zu machen? Sind denn Schulen vielleicht auch deswegen so wenig offen für Veränderung, weil alle Beteiligten bemüht sind, es besonders gut zu machen?

52 zitiert nach: https://www.dctp.tv/filme/macht-mehr-fehler-macht-sie-schneller-woraus-wollt-ihr-sonst-lernen (recherchiert am 5.5.2020)

Da aber für Innovation Fehler unumgängliche, ja notwendige Zwischenschritte im Prozess sind, werden sie beispielsweise spielerisch in Design-Thinking-Workshops für Schulen mit „Herzchen" belohnt. Auch meine Interviewpartner zum Aspekt der Digitalität betonen, wie wichtig Fehler für Lernprozesse und ergebnisoffene Forschung ist. Sie können als Abbild einer Entwicklung verstanden werden oder als Schritte einer kollaborativen Erarbeitung. In diesem Sinn sind also auch unfertige, bruchstückhafte oder noch fehlerhafte Annäherungen an ein Ergebnis wünschenswert.

11 Die Not mit der Zeit

Bei einer hohen Unterrichtsbelastung wie in Deutschland, die nicht nur von Bundesland zu Bundesland, sondern auch von Schulform zu Schulform variiert, kann nicht von ausreichenden Zeitressourcen für anspruchsvolle Entwicklungsprozesse in Schulen ausgegangen werden.

Neue Impulse durch Fort- und Weiterbildungen, Hospitationen bei Kollegen, Besuche an anderen Schulen und das Aufbauen von Netzwerken – das alles braucht Zeit. Allein der gedankliche Freiraum, Neues und Anderes zu denken, entsteht nicht im hektischen Alltag. Wenn eine Kollegin im Unterricht ausfällt, so fühlt sie sich trotzdem häufig der eigenen Lerngruppe, der eigenen Schule verpflichtet. Sie sorgt sich vielleicht: Wird im Vertretungsunterricht der geplante Unterricht stattfinden können? Was bedeutet der Ausfall für meine Klasse, meine Schule, mein Kollegium? Wie kann ich trotz Krankheit unterstützen?

Angesichts der Belastung in den Schulen stellt sich die Frage: Wie kann es unter diesen Umständen gelingen, dass mehrere Kollegen gleichzeitig miteinander lernen und sich bilden?

Der Begriff der lernenden Institution umschreibt die Anpassungs- und Innovationsfähigkeit einer Organisation, man spricht auch von der Organisationsintelligenz. Neben einer reflektierenden und beweglichen Haltung gehört dazu die Persönlichkeitsentwicklung einzelner Beteiligter. Dieses lebenslange Lernen, die Haltung und Innovationsfähigkeit sollte vor allem im schulischen Bereich gelten, wo doch das Lernen im Mittelpunkt steht.

Eine Lehrkraft, die regelmäßig Neues lernt, die umdenken muss und sich regelmäßig Zeit nimmt, den eigenen Unterricht, die eigene Schule in ihren Arbeitsabläufen zu hinterfragen, bringt nicht nur sich selbst auf den neuesten Stand. Sie nimmt zusätzlich, und das ist das Interessante, auch die Rolle der Lernenden ein, der Nichtwissenden. So kann sie wieder mehr Verständnis für Schülerinnen und Schüler aufbringen.

Die Lehrende reflektiert als Lernende: Wie fühlt man sich, wenn man etwas Neues nicht gleich versteht? Wie groß ist die Unsicherheit, wenn man das neu Erlernte ausprobiert? Ist man in der Lage, sich Hilfe zu holen und mit welcher Haltung begegnet ihr der Helfende? Hat man einen Fehler gemacht? Die Spiegelung der eigenen Rolle ist eine Erfahrung, die mehr Demut in den schulischen Alltag bringen kann.

11.1 Arbeitszeitbelastung konkret

Wie viel Zeit bleibt im Schulalltag real für neue Entwicklungen? Die Arbeitszeit von Lehrkräften wurde aktuell in Niedersachsen untersucht:

> „Mehr als die Hälfte der Lehrer in Niedersachsen arbeitet zu viel – das hat eine Studie im Auftrag des Kultusministeriums ergeben. (…) Die Autoren der Studie hatten bei der ein Schuljahr dauernden Zeitmessung unter anderem herausgefunden, dass sich die Arbeitsbelastung von Lehrern zu einem Drittel aus Unterricht, einem Drittel aus dessen Vor- und Nachbereitung sowie einem Drittel aus Tätigkeiten zusammensetzt, die außerhalb des Unterrichts angesiedelt ist. Dieser Anteil – meist Verwaltungstätigkeiten – habe zulasten des Unterrichts stark zugenommen, so die Autoren der Arbeitszeitanalyse.“ [53]

Auch die Rechenmodelle und Studien der Gewerkschaften und Verbände belegen eine zu hohe zeitliche Belastung von Lehrkräften. Die Gewerkschaft Erziehung und Wissenschaft (GEW) hat in Kooperation mit der Georg-August-Universität, Göttingen, 2018 mehrere Zeiterfassungsstudien verglichen.[54] Das Ergebnis:

> „Der Mittelwert bedeutet, dass ein Großteil der Lehrkräfte – häufig die Leistungsträger – weit über der Norm liegt und sich in einem Bereich ‚überlanger Arbeitszeiten‘ bewegt. (…) Die dokumentierten Verläufe der Arbeitszeit, aber auch Befragungen ergeben einhellig, dass die Arbeitszeitbelastung in der Schulzeit so hoch ist, dass sie in ‚normalen‘ Arbeitszeiten üblicherweise nicht zu bewältigen ist. Für einen großen Teil der Lehrkräfte ist die Sieben-Tage-Woche und das Arbeiten abends und nachts bzw. die Entgrenzung von Arbeits- und Privatzeit völlig normal.“ (ebda. S. 95)

Ich berichte also nicht nur von eigenen Erfahrungen im pädagogischen Feld, wenn ich sage, dass Lehrerinnen und Lehrer bei der bisherigen Arbeitsbelastung keine Zeit haben, um Schule grundlegend anders zu denken. Sie ha-

53 MK Niedersachsen (Hg.): Expertengremium Arbeitszeitanalyse legt Abschlussbericht vor. In: https://www.mk.niedersachsen.de/startseite/aktuelles/presseinformationen/expertengremium-arbeitszeitanalyse-legt-abschlussbericht-vor-170499.html (recherchiert am 5.5.2020)

54 Kooperationsstelle Hochschulen und Gewerkschaften der Georg-August-Universität Göttingen (Hg.) 2018: Zeiterfassungsstudien zur Arbeitszeit von Lehrkräften in Deutschland. In: https://www.gew.de/index.php?eID=dumpFile&t=f&f=66088&token=cd04ea7653a4fec28be40604bc945c8f448ebbb3&sdownload=&n=2018-01-29_Mussmann_MTS-Expertise_Zeiterfassungsstudien_zur_Arbeitszeit.pdf (recherchiert am 5.5.2020)

ben gerade genügend Zeit, um weiter zu machen wie bisher, dabei vielleicht noch neue Kolleginnen durch den Quereinstieg oder befristete Verträge gut zu begleiten.

Martin Spiewak, Journalist der Wochenzeitung DIE ZEIT, findet Beispiele für Aktionismus, der Schulen eher behindert: „‚Gerade ist die eine Reform halbwegs organisiert, kommt die Anweisung für die nächste', sagt eine Lehrerin an einer anderen Essener Brennpunktschule. ‚Und das alles in einer Situation, in der wir Probleme haben, den normalen Unterrichtsbetrieb aufrechtzuerhalten.' Was oben als Hilfe für Schüler und Lehrer gedacht ist, kommt unten als sinnloser Aktionismus und Schikane an"[55]

Belastend ist insbesondere die Zunahme von Verwaltungsaufgaben. Neue Aufgaben wie das Erstellen von Förderplänen, die Einarbeitung und Kooperation mit neuen Kollegen und schulorganisatorische Aufgaben nehmen immer mehr Raum ein. Und wer packt eigentlich und räumt alle Materialien, wenn eine Schule umzieht, renoviert werden muss oder einen neuen Anstrich erhält? Hier herrschen teilweise Zustände, die in keiner Firma zumutbar wären. Die Jahresplanung einer Schule muss sich ebenso an baulichen Veränderungen wie an Schulentwicklungsthemen und der Personalentwicklung bemessen. Es ist vor diesem Hintergrund nachvollziehbar, wenn bei einer regelmäßigen Überlastung und zu knapp bemessener Zeitvorgaben für Schulentwicklung und Veränderung weder Kraft- noch Zeitressourcen bleiben.

Auch Schleicher sieht hierfür in Deutschland weniger zeitliche Ressourcen als in anderen Ländern und meint:

> „Die Zahl der Unterrichtsstunden des einzelnen Lehrers sollte verringert werden, damit es mehr Raum dafür gibt, auch anderes als nur ganz normalen Unterricht zu machen. Aber diese Erkenntnis entlastet die Lehrer nicht davon, im Alltag auch selbst nach Räumen für die Zusammenarbeit mit Kollegen zu suchen. Und sich gemeinsam dafür einzusetzen." [56]

55 Ende einer Dienstzeit (8.2.2007). In: https://www.zeit.de/2007/07/B-Pisaopfer (recherchiert am 5.5.2020)

56 Schleicher vergleicht Schulen mit Lernfabriken – und meint: „In Deutschland ist der Lehrerberuf intellektuell zu unattraktiv". (2.1.2019). In: https://www.news4teachers.de/2019/01/schleicher-vergleicht-deutsche-schulen-mit-lernfabriken-und-meint-in-deutschland-ist-der-lehrerberuf-intellektuell-zu-unattraktiv/ (recherchiert am 5.5.2020)

11.2 Unterrichtsverpflichtung im Vergleich

Die unterrichtliche Wochenarbeitszeit variiert nicht nur unter den Schulformen, sie unterscheidet sich auch von Bundesland zu Bundesland um bis zu mehrere Stunden wöchentlich.[57] Gravierender wird der Unterschied jedoch nochmal, wenn man Bildungssysteme der Länder vergleicht: Schleicher äußerte sich hierzu in einem Interview. „Schauen Sie mal nach Singapur oder nach Shanghai. Da haben Lehrkräfte etwa die Hälfte der Unterrichtsverpflichtung wie Lehrkräfte in Deutschland (…) Sie haben viel mehr Gelegenheiten zum kollegialen Austausch, zur Unterstützung einzelner Schüler und für die Arbeit mit Eltern.“ (Schleicher in didacta digital 2019, S. 14)

Die elfte These muss also lauten:

Gute Schulen brauchen mehr Zeit für Entwicklung, Reflexion und Netzwerkarbeit.

57 KMK (Hg.) 2019: Übersicht über die Pflichtstunden der Lehrkräfte an allgemeinbildenden und beruflichen Schulen. In: https://www.kmk.org/fileadmin/Dateien/pdf/Statistik/Dokumentationen/2019-09-16_Pflichtstunden_der_Lehrer_2019.pdf (recherchiert am 5.5.2020)

Interview mit Jürgen Müller: ein Tag in der Villa Mohr

In der schönen Villa Mohr in München traf ich eine Berliner Initiative, die Schulen bei Veränderungsprozessen begleitet. Die Initiative „Schulen im Aufbruch" und die Deutsche Schulakademie kannte ich nun bereits und war neugierig auf einen neuen Ansatz. Ich traf einen der Begründer, Jürgen Müller, sowie Nils Reubke, geschäftsführender Vorstand der „Initiative Neues Lernen" (INL), bei einem Workshop. Das erste Interview stellt die Historie der Initiative aus Sicht eines Gründers vor, das zweite beschreibt die aktuelle Arbeit der INL und deren Haltung.

Kati Ahl: *Wie kam es zur Gründung der „Initiative Neues Lernen"?*

Jürgen Müller: Die Initialzündung war eine Geschichte zwischen Christian Obad und mir. Wir beide hatten im Dezember 2012 überlegt, ein Unternehmen zu gründen. Dazu hatten wir eine Woche gemeinsamen Urlaub geplant. Jeden Abend saßen wir gemeinsam an der Bar und haben über private Dinge gesprochen, auch über unsere Erfahrungen als Väter mit Schule. Unsere Kinder sind mit sehr unterschiedlichem Erfolg durch die Schule gegangen. Seine und meine Schullaufbahn waren auch nicht einfach. Da wir gerade im Gründungsfieber waren, haben wir zusätzlich zu unserem Unternehmen eine Initiative gegründet. Wir dachten: Das kann doch nicht sein, dass manche Kinder und Jugendliche an Schule fast kaputt gehen und andere ganz einfach durch marschieren. Es muss mehr Individualität an Schulen geben, das waren so die ersten Themen. Wir haben dann schnell entdeckt, dass es eine ganze Landschaft an Initiativen und Ansätzen gibt; das hat uns Mut gemacht. Im Gründungsworkshop haben wir also ein Design-Thinking-Workshop geplant, um in einem partizipativen Prozess mit allen Interessierten Ideen zu entwickeln. Ein Teilnehmer hatte später die Idee, dass wir genau diese Workshops für Schulen anbieten könnten. Dann haben wir entwickelt, was wir für diese Workshops brauchen; Trainerinnen und Trainer, eine Ausbildung und Multiplikatoren und Multiplikatorinnen. Aus diesen Gründungsworkshops ist dann unser Netzwerk entstanden. Ich biete etwas Ähnliches für die Wirtschaft an, New Work, wie man in der Wirtschaft menschlicher arbeiten kann. Dort erzähle ich manchmal von meiner Arbeit für INL als meinem gemeinnützigen Beitrag. Ich bin überzeugt, dass die Veränderung in Schulen anfangen muss: Wir können Kinder nicht in den Schulen zuerst zu Einzelkämpfern erziehen, damit wir sie später in den Unternehmen wieder teamfähig machen. Aber unsere Idee entstand eigentlich aus dem Druck, den wir als Eltern hatten.

KA: *Wie sieht euer Konzept heute aus?*

Müller: Wir haben unseren zweitägigen Anstoßworkshop entwickelt. Den bieten wir für Schulen an, dann kommen wir mit drei Trainern. Nach unserer Erfahrung in den agilen Methoden ist die Arbeit in Kleingruppen ein wichtiger Ansatzpunkt. Das Konzept unserer Arbeit basiert im Kern auf „design thinking“. Dazu kommt die Haltung, die uns im Trainerteam verbindet. Design thinking ist eine Methode zum Lösen von Problemen, zum Beispiel „Wir brauchen ein Leitbild“, „Wir müssen geflüchtete Schüler integrieren“, „Wir wollen mit dem Thema Hochbegabung intensiver arbeiten“. Unsere Schulen haben konkrete Probleme.

KA: *Aus der Erfahrung, die ihr in den Workshops gesammelt habt, was sind für euch die dringendsten Veränderungen, die an Schulen anstehen?*

Müller: Alle Workshops, die wir anbieten, sind für uns nur ein Vehikel, um eine andere Kultur der Schulentwicklung zu etablieren. Was wir an Schulen bringen wollen, ist die Ablösung von der wasserfallartigen Bearbeitung von Problemen durch Arbeitsgruppen. Wir wollen stattdessen eine agile Lösungsfindung, die innerhalb von zwei Tagen geschehen kann. Im Nachhinein kann der entwickelte Prototyp an Lösung noch weiter entwickelt werden.

KA: *Wie kann daraus eine Idee für das gesamte Schulsystem werden? Wie kann dadurch Schule auch inhaltlich verändert werden?*

Müller: Mein Weg ist: Ich drehe jeden Tag ein Steinchen um. Wenn wir damit kleine Erfolge erreichen, dann kann sich die Idee verbreiten. Wir beginnen damit bei den Schulen, die dafür bereit sind. Für die Wirtschaft arbeite ich auch so. Nur wenn die Firma dahintersteht, wenn alle Betroffenen auch am Prozess beteiligt werden, macht der Prozess Sinn. Das bedeutet für mich Partizipation. Wir bauen Veränderung in diesen Workshops. Wir brauchen diese Veränderung in Schule. Wenn in den Prozess der Lösungssuche alle mit einbezogen und an einem Tisch geholt werden, steigen die Chancen, dass das Ergebnis für alle

Beteiligten gut ist. Dann fällt auch die Umsetzung viel leichter und es gibt weniger Widerstände. Dadurch dauert der Prozess der Lösungssuche länger, aber diese Zeit spart man hinterher; das ist viel effizienter. Neuerungen zu präsentieren, an denen alle mitgewirkt haben, ist viel einfacher, als Lösungen von oben herab zu diktieren. Das Digitalisierungsthema wäre ein Beispiel dafür. Da wurden die Schulen nicht gefragt, was sie mit dem Geld machen wollen. Eine interessante Frage wäre: Wie könnten Digitalisierungsprojekte an deiner speziellen Schule aussehen? Was sind eure großen Themen, welche Eltern könnten euch unterstützen? Welche Lehrer sind kompetent? Und wie bekommt man das alles zusammen?

KA: *Das bedeutet, die Lösung steckt immer im einzelnen System.*

Müller: Ja genau! So entstehen Inseln in der Schullandschaft, die weiter an der Veränderung arbeiten. Es kann eine Bewegung entstehen. Das muss keine INL-Bewegung sein; die Bewegung muss sich verselbstständigen. Was wir bieten, sind konkrete Begleitungen für Schulen. Wir wollen letztlich eine Veränderung für Schule bewirken. Es gibt wenig Dinge, die sich in den letzten 30 Jahren so wenig verändert haben wie Schule als System.

Interview mit Nils Reubke: Austausch am Abend

Nach einem lebendigen Tag mit der INL, bei der ich deren Methode selbst erproben konnte und die Atmosphäre der Initiative genossen habe, spreche ich abends mit dem Geschäftsführer Nils Reubke.

Kati Ahl: *Was bewegt dich, dich für Bildung zu engagieren?*

Nils Reubke: Tatsächlich rührt das von einer persönlichen Erfahrung in meiner Schulbiografie. Ich war ein sehr begeisterter Erstklässler. Später war ich in einzelnen Bereichen sehr frustriert. Erst spät, bei einem Schüleraustausch in England, habe ich die Freude am Lernen wiederentdeckt. Die Lehrer dort haben sich sehr für uns eingesetzt und uns beim Lernen begleitet. Gleichzeitig habe ich damals erfahren, dass 50.000 bis 60.000 Schülerinnen und Schüler jedes Jahr in England den niedrigsten Schulabschluss nicht schaffen, in Deutschland sind es derzeit etwa 55.000. Da habe ich gemerkt, irgendetwas stimmt mit unserem Schulsystem nicht. Ich frage mich daher: Wie kann Schule bildungsgerechter werden und wie können Kinder und auch Lehrkräfte wieder mit mehr Freude in die Schule gehen? Das ist mein innerster Antrieb.

KA: *Hier ein Zitat von Diesterweg: „Ich bin Pädagoge und verlange von daher, dass derjenige, der mein Tun und Lassen (…) beurteilen will, vorerst nachweise, dass er über die Grundsätze der Lehrkunst und der Erziehungswissenschaft nachgedacht und jene praktisch geübt habe. Sonst bin ich stolz genug, mich um sein Urteil nicht zu kümmern und unbesorgt meinen Gang zu besorgen.“*[58] *Was sagst du zu diesem Zitat? Es zweifelt ja an, dass jeder mitsprechen darf zum Thema Schule.*

Reubke: Das Zitat ist spannend, aber nicht sehr überraschend. Ich habe den Vorwurf aber selten in unserer Arbeit gehört. Ich würde mir nie anmaßen, einer Schule eine bessere Idee von Schule überzustülpen. Unser Anliegen ist es, die Menschen einer Schule an einen Tisch zu bekommen, ins Gespräch zu bringen, und ihnen zu helfen, eine bessere

58 Handbuch der Berufsbildung (2007). Bader, R.: In: https://link.springer.com/chapter/10.1007/978-3-531-90622-5_24 (recherchiert am 5.5.2020)

Lösung für sich selbst zu finden. Sie sind dabei selbst die Expertinnen und Experten. Wir empfinden uns als Fachleute für Kommunikation und Veränderung. In der Ausbildung von Schulleitungen haben diese Themen derzeit noch kaum Platz. Personalentwicklung, Organisationsentwicklung, Prozessentwicklung – da bieten wir unsere Expertise an.

KA: *Wie ist deine Erfahrung: Wie offen sind Schulen für Veränderung?*

Reubke: Das erlebe ich sehr unterschiedlich. Die Mehrheit ist da vielleicht behutsam. Gleichzeitig gibt es sehr viele Einzelpersonen, die sich eine Veränderung wünschen. Manche Menschen streben nach einer Vision von einer besseren Schule, manche Menschen werden aus einem Schmerz heraus aktiv. Man könnte vielleicht verallgemeinern, dass Veränderungen für die meisten Menschen schwierig sind und wir oft Angst davor haben, weil sie unsere Fundamente infrage stellen.

KA: *Bezogen auf Deine Erfahrung als Trainer und als Veränderungsexperte: Wie lässt sich das gesamte Schulsystem verändern?*

Reubke: Mir ist bewusst, dass wir bisher nur einen kleinen Teil der Schulen erreichen können – und natürlich bewegt mich oft die Systemfrage. Wir orientieren uns aktuell stärker zu den Schulämtern und Schulträgern hin – das sind für uns spannende Multiplikatoren, weil sie handlungsleitend wirken können. Aus meiner Sicht gibt es tatsächlich einige systemische Barrieren, wenn sich Schulen weiter entwickeln wollen. Damit meine ich zum Beispiel Zeitkontingente für Schulentwicklung. Ich bin der Ansicht, wenn wir das verändern könnten, wäre schon viel geholfen.

KA: *Barrieren im System, wer könnte daran etwas ändern? Wo sitzt die Kraft für Veränderung?*

Reubke: Das ist eine Frage, die ich noch nicht vollständig beantworten kann. Auch durch die verschiedenen Bundesländer und die jeweils unterschiedlichen Regelungen ist das sehr komplex. Die Zeitkontingente sind ja ebenfalls sehr unterschiedlich verteilt. Schritt eins wäre für mich, qualifizierte Funktionsstellen mit Zeitkontingenten für Schulentwicklung an Schulen einzurichten. In Luxemburg bekommen Schulen beispielsweise ein gewisses Zeit- und Finanzbudget, das sie frei verwalten können. Damit können sie sich eine externe Schulentwicklungsbegleitung einkaufen oder Prozesse selbst anstoßen.

KA: *Partizipation spielt in eurem Ansatz eine große Rolle. In wie vielen Projekten sind Schüler und Schülerinnen tatsächlich involviert?*

Reubke: Im Jahr 2018 lag die Quote bei 35 Prozent unserer Projekte – am häufigsten haben wir sie in unseren Anstoßworkshops. Manche Schulen brauchen einen anderen Zugang, etwas niedrigschwelliger. Sie trauen sich vielleicht erst später, einige Schülerinnen und Schüler mit dazu zu nehmen. Immer dann, wenn wir es allerdings ermöglichen konnten, war die Resonanz danach durchweg überrascht positiv.

KA: *Gibt es da eine Altersbeschränkung?*

Reubke: Nein, wir machen bei allen gute Erfahrungen, auch in der Grundschule. Diese Kinder nehmen in der Regel mit einer Begleit- oder Vertrauensperson teil. Wenn wir sie fragen, was ihre schönsten Momente in der Schule sind, was sie sich noch wünschen würden und sie dann mit Bastelmaterial ihre Träume gestalten lassen, dann funktioniert das meist sehr gut. Überdies müssen die Erwachsenen dann so sprechen, dass die Kinder es auch verstehen. Das zwingt sie dazu, sehr konkret und verständlich zu sprechen.

KA: *Wem muss eine angestrebte Veränderung in Schule nutzen?*

Reubke: Letztendlich der Schülerin und dem Schüler, aber auch alle anderen Menschen in Schule sind wichtige Akteure.

KA: *Jetzt hat Bildung ja immer das Problem, dass der endgültige Nutzen erst Jahre später zu erkennen ist, nämlich in der Lebensbiografie der Schülerin oder des Schülers. Da wir ja nicht wissen, wie die Welt in 30 Jahren aussieht: Woher weiß man, in welche Richtung sich Schulen verändern sollten?*

Reubke: Sehr berechtigte Frage. Unser Ansatz kommt aus der agilen Organisationsentwicklung. Wir wollen Menschen dazu befähigen, sich stetig weiterentwickeln zu können. Wir fragen also, was braucht ihr jetzt? Wir hoffen, dass im nächsten Schritt, bei der nächsten Herausforderung, dieser Prozess bzw. die Veränderungskompetenz wieder genutzt werden kann. Schulentwicklung wird niemals fertig sein.

KA: *Agile Methoden wurden ja zuerst für die Wirtschaft entwickelt. Wie machen es dort große Systeme, wenn sie Veränderungen anstoßen wollen?*

Reubke: Große Konzerne tun sich mit Veränderung auch sehr schwer. Dort beobachtet man, dass Inkubatoren entstehen: Ein kleiner Teil des Unternehmens bricht aus, entwickelt sich innovativ und wird wieder integriert. Das könnte auch im Schulkontext ein hilfreicher Weg sein, indem sich kleine Gruppen auf den Weg machen und Neues erproben. Erst im nächsten Schritt wird überlegt, wie sich erfolgreiche Ideen auf das bestehende System Schule transferieren lassen. Aus sogenannten Pilot- oder Modellprojekten entstehen oft nachhaltige Veränderungen. Wichtig ist, den ersten Schritt zu gehen. Darauf folgt der nächste.

KA: *Hat dir eine Frage gefehlt?*

Reubke: Ich habe einen Wunsch, der mich besonders umtreibt: Die verschiedenen Ebenen, die mit Schulentwicklung zu tun haben, wie Schulverwaltung, Schulpolitik, Schulpraxis, Wissenschaft und Privatwirtschaft, sollten viel stärker miteinander kommunizieren und interagieren, damit Schule ein Lernort für das Leben wird und kein abgeschlossener Raum, der stehen bleibt und am Leben vorbei existiert.

11.3 Partizipation als Lernprozess für alle Akteure

Wie gut ist unsere Schule wirklich? Fragen wir doch mal Schülerinnen und Schüler! Können sie das Ganztagsprofil beurteilen? Oder die Qualität des Unterrichts? Oder die Themen, mit denen sich die Schulkonferenz oder die Gesamtkonferenz beschäftigt? Ja, das können sie! – Wenn man die Interviews liest, finden wir immer wieder den Hinweis darauf, dass sich Schule letztlich daran messen lassen muss, was sie Kindern und Jugendlichen an Bildungserfahrungen ermöglicht. Teil des Kompetenzbegriffs ist es ebenfalls, den Unterricht und den eigenen Lernzuwachs in Beziehung zu setzen. Warum also nicht die Zielgruppe des Bildungsbetriebs befragen: die Kinder?

11.3.1 Partizipation durch Evaluation

Claus G. Buhren beschreibt in seinem Buch „Selbstevaluation in der Schule“ drei Ebenen der notwendigen Evaluation: die Evaluation von Unterricht, von Schulorganisation und vom Schulprogramm oder Teilen davon (vgl. Buhren, 2018, S. 13 f.). Insbesondere in der Evaluation von Unterricht hält er die Schülersicht für wichtig: „In Evaluationsprozessen zum Unterricht wird hier eine Verbindung geschaffen, indem die Schülersicht auf Unterricht einbezogen wird – im eigentlichen Sinne des ‚Visible Learning‘ (Hattie 2009/2014).“ (ebda., S. 14)

Evaluationen können dabei zur Rechenschaft und zum Sichtbarmachen von Situationen ebenso dienen wie zur Planung, als Motor für Entwicklung und als Beteiligungsinstrument. Für die Auswahl der Methode eignen sich je nach Fragestellung kommunikative Verfahren wie Befragungen, Daten und Statistiken (etwa Klassenarbeiten oder Lernstandserhebungen) oder schriftliche Befragungen durch offene oder geschlossene Fragen. Hilfreich sind dabei beispielsweise die Portale der Bildungsserver der Länder mit den bereitgestellten Materialien oder auch SefU („Schüler als Experten für Unterricht“), ein Onlineportal der Friedrich-Schiller-Universität Jena.[59] Auch jüngere Schülerinnen und Schüler können mit Ankreuz- oder Bepunktungsverfahren und geringer Textlast schon beteiligt werden. Dabei ist es notwendig, dass die Ergebnisse der Evaluation und die daraus folgenden Konsequenzen anschließend offengelegt werden.

59 Onlineportal der Friedrich-Schiller-Universität Jena: www.sefu-online.de (recherchiert am 5.5.2020)

Zur Evaluation gehören also quantitative und qualitativ erhobene Daten, Aussagen aus verschiedenen Blickwinkeln, um zu einem validen Ergebnis zu gelangen. Insbesondere Berufsschulen in Hessen nutzen dafür den Q2E-Ansatz aus der Schweiz.[60] Aus Platzgründen wird er hier nur erwähnt und nicht näher erläutert.

11.3.2 Schülerparlamente und echte Anliegen

Mit diesen Evaluationen holt man zielgerichtet Rückmeldungen ein. Wie aber können Schülerinnen und Schüler eigene Themen und Anliegen einbringen? Aktuell ist wieder häufiger das Zitat von Willy Brandt aus seiner Regierungserklärung von 1969 zu lesen: „Mehr Demokratie wagen". Damit sind Beteiligungen von Bürgerinnen und Bürgern landesweit gemeint, aber auch hinsichtlich der Demokratieerziehung an Schulen wird das Zitat gerne verwendet.

Wie lernt man am besten Demokratie; den Diskurs, das Argumentieren, das Aushalten von Widerspruch und Gegensätzlichkeit? Wie lernen Kinder, sich für eigene Anliegen einzusetzen und dass es sinnvoll und erwünscht ist, eine eigene Meinung zu vertreten und eine andere anzuhören?

Der deutsch-englische Soziologe Norbert Elias hat seinem Standardwerk „Über den Prozeß der Zivilisation" folgendes Zitat vorangestellt: „La civilisation n´est pas encore terminée." Er beschreibt die Auslegung wie folgt: „Die Zivilisation, die wir gewöhnlich als ein Besitztum betrachten, das uns so, fertig, wie sie uns erscheint, einfach zukommt, (…) ist ein Prozeß oder Teil eines Prozesses, in dem wir selbst stehen". (Elias, 1997, S. 74) In diesem Sinn ist Demokratieerziehung ein unerlässlicher Lernprozess, für alle Akteure in Schulen.

In diesem Zusammenhang sei auf ein Ergebnis der Bertelsmannstudie zum Thema „Demokratie in Schulen" hingewiesen: „Die Formate der Demokratiebildung werden sehr zurückhaltend eingesetzt. Bei 41,3 Prozent der Befragten ist ein niedriger Einsatz zu konstatieren und bei lediglich 1,3 Prozent ein hoher Einsatz."[61] Es wird angegeben, dass lediglich etwa ein Drittel aller Lehrkräfte demokratiebildende Kompetenzen in hohem Maße vermitteln. Die Schulgesetze der Bundesländer sehen jedoch Werte wie To-

60 Q2E – ein Orientierungsmodell für Qualitätsmanagement. In: https://www.q2e.ch/ (recherchiert am 5.5.2020)

61 Demokratiebildung an Schulen – Analyse lehrerbezogener Einflussgrößen, Bertelsmann-Stiftung, 2018, S. 35)

leranz und Gerechtigkeit und zu deren Verwirklichung Mitgestaltung und Teilhabe als verbindliche Elemente von Schulleben vor.

Was hindert Schulen daran, dies umzusetzen? Es mag mit dem folgenden Zitat zu tun haben, das Winston Churchill zugeschrieben wird: „The best argument against democracy is a five-minute conversation with the average voter." Natürlich ist es ein mühsamer Prozess, Mitbestimmungsstrukturen einzurichten, und es ist zuerst zu klären, in welchen Bereichen und zu welchem Zweck damit begonnen werden sollte. Deutlich wird jedoch auch, dass Demokratie nur dann überzeugend wirkt, wenn sie mit Leben gefüllt ist, wenn tatsächlich eigene Anliegen der Schülerschaft ernst genommen werden. Häufig sind es zunächst Themen wie die Sanierung der Schultoiletten, die schülerfreundliche Gestaltung des Schulhofs und Beschwerden über den Unterricht, die in Schülerparlamenten oder im Klassenrat formuliert werden, denn sie bestimmen den schulischen Alltag von Kindern. Die Schule aus Sicht der Schülerinnen und Schüler zu betrachten, bringt uns dem Ansatz näher, sie in den Mittelpunkt aller Bemühungen zu stellen. Und damit benötigen sie partizipative Strukturen und ein Gremium, in dem ihre Themen zählen und ihr Alltag betrachtet wird.

11.3.3 Evaluation als Rechenschaft

Die Interviews mit Schülerinnen und Schüler in diesem Buch legen nahe, dass es eine eigene Anlaufstelle in Schulen geben muss, die insbesondere in Notfällen kontaktiert werden kann. Weder Schülersprecher noch Vertrauenslehrkräfte scheinen in der Breite der Schülerschaft hinreichend bekannt oder als hilfreiche Institution wahrgenommen zu werden. Ob es ein anonymer Kummerkasten, eine Online-Befragung oder andere Einrichtungen in Schulen sind: Es muss eine Möglichkeit geben, sich im Fall von Machtmissbrauch durch pädagogische Kräfte Hilfe zu holen. Die Studie von Prengel (s. Kap. 4.2.2) belegt, dass für Schülerinnen und Schüler schädliche Handlungsmuster durch Lehrkräfte auch heute noch aktuell sind. Der eigenen Lehrkraft, die gleichzeitig die Leistung bewertet, kritische Rückmeldung zu geben, ist demnach sehr schwierig. Auch eine Vertrauenslehrkraft wendet sich wohl eher ungern gegen eine Kollegin oder Kollegen. Hierüber haben die Stadtschulsprecher unter anderem in der unten zitierten Petition an den Hessischen Landtag nachgedacht, als sie sich für mehr Demokratie an Schulen eingesetzt haben.

Ich folgere daraus, dass ein ganzheitlicher Blick auf das eigene Schulsystem nur dann vollständig ist, wenn es den Blick der beteiligten Kinder und

Jugendlichen miteinbezieht, wenn deren Nöte, Anliegen und Rückmeldungen ernst genommen und mitbedacht werden und wenn es Strukturen gibt, die Partizipation ermöglichen und befördern.

11.4 Partizipation von Eltern

Kommunikation auf Augenhöhe – so lautet das Schlagwort der Zeit für Elternarbeit. Ich finde die Kooperation mit Eltern so grundlegend wichtig, dass ich ihr ein eigenes Buch gewidmet habe (Elterngespräche konstruktiv führen, 2019). In einem anderen Buch hat Verena F. Hasel, Mutter und Journalistin, ihre Erfahrungen mit dem neuseeländischen und dem deutschen Schulsystem verglichen (Der tanzende Direktor, 2019). Sie bescheinigt den deutschen Eltern: „[Man, *Anm. d. Autorin*] steht vor dem verschlossenen Schultor und ereifert sich. (…) In Neuseeland habe ich solche schimpfenden Elternzusammenrottungen nie erlebt."(S. 66) Und weiter: „In Deutschland legen Eltern oft eine eigenartige Forderungshaltung an den Tag." (S. 78) Die Beteiligungsstrukturen für Eltern in Neuseeland seien deshalb hilfreich, denn „wer auf diese Weise eingebunden ist, meckert weniger, weil er einerseits mehr Einblick in all die Schwierigkeiten hat, die das Management einer Schule mit sich bringt, und andererseits selbst etwas bewegen kann." (S. 66) Durch die Kuratorien für Schulen und durch die Öffnung des Unterrichts für Eltern sei sowohl die Transparenz als auch die Mitbestimmung an neuseeländischen Schulen hoch. (s. Kap. 12.1)

Doch die „Forderungshaltung" von Eltern ist nicht die einzige Herausforderung. Auch die Frage, ob Eltern Einzelinteressen verfolgen oder das Wohl aller im Blick haben, ist relevant. Pant dazu im Interview: „Prüffrage könnte sein: Wann handeln Eltern ausschließlich für ihr Kind und wann wollen sie das Beste für alle Kinder?" (s. 2.2) Elternbeteiligung ist demnach ein Lernprozess für alle. In Neuseeland werden dafür Fortbildungen für Schulen und Eltern angeboten, bevor Eltern sich im Kuratorium einer Schule einbringen.

Die zwölfte These lautet deshalb:

Gute Schulen entwickeln Strukturen der Partizipation auf allen Ebenen.

Interview mit Kevin Saukel und Paul Harder: Schüler machen Lokalpolitik

Die Stadtschulsprecher der Stadt Frankfurt/M. haben 2018 eine Petition mit 36 Forderungen für mehr Demokratie in Schulen in den Hessischen Landtag eingereicht.[62] *Ich war beeindruckt. Den vorherigen und den aktuellen Stadtschulsprecher, Kevin Saukel und Paul Harder, habe ich daher zum Interview in mein Büro eingeladen. Sie stellen sich hier selbst vor.*

Ich bin Paul Harder, 15 Jahre alt, der aktuelle Stadtschulsprecher aus Frankfurt. Ich bin genau zur Zeit des Landtagswahlkampfs (2018) in den StadtschülerInnenrat gekommen und habe somit auch ein paar Forderungen erarbeitet und eingebracht. Mein größtes Interesse ist die Politik, mein größter Wunsch wäre es, mal in die Politik zu gehen und dann auch etwas zu verändern im Bildungsbereich. Aktuell bin ich in der E2 (Einführungsphase der Oberstufe).

Ich bin Kevin Saukel, 18 Jahre alt, und mit 15 Jahren in den StadtschülerInnenrat gekommen. Das Forderungspapier ist 2018 im Landtagswahlkampf entstanden. Seit 2016 bin ich im Bildungswerk für SchülerInnenbeteiligung und Schülervertretung SV-Berater geworden. Wir geben dort Seminare für mehr Demokratie in Schulen. Momentan bin ich Praktikant am Medienzentrum und Geschäftsführer im StadtschülerInnenrat.

Kati Ahl: *Die kommende Frage stelle ich tatsächlich allen, die ich interviewt habe: Wie haben Sie Ihre persönliche Schulzeit erlebt?*

Paul Harder: Ich habe gemerkt, dass es ist wichtig ist, einen guten Kontakt zu Lehrkräften zu haben; die Nähe, um etwas von ihnen zu lernen. Das ist bei den meisten Schülerinnen und Schülern nicht der Fall. Häufiger sind Lehrer und Lehrerinnen distanzierte Personen, wo man vielleicht mal Angst bekommen hat; und das ist nicht gut. Auch aktuell ist es noch so, dass viele Lehrkräfte versuchen, autoritär rüberzukommen. Das führt zu Distanz, dann können sich Schülerinnen und Schüler nicht wohlfühlen oder sich entfalten.

62 Lage der Schülerinnen und Schüler verbessern – Frankfurter Schulpetition (2018). In: https://www.openpetition.de/petition/online/verbesserung-der-unterrichtsqualitaet (recherchiert am 5.5.2020)

KA: *Woran liegt das, dass Lehrkräfte so „autoritär rüberkommen"?*

Harder: Das könnte eventuell daran liegen, dass Schüler und Schülerinnen um einiges jünger sind. Mir ist aufgefallen, dass Referendare das Thema Nähe ein bisschen besser beherrschen. Je älter Lehrer werden, desto schlimmer wird das Problem.

Kevin Saukel: Bei mir war es in der Mittelstufe auch so. Es gab auch eher ein distanziertes Verhältnis zu den Lehrkräften. Bei mir hat sich das geändert, als ich in der 9. Klasse in die Schülervertretung eingetreten bin, weil mir das eine andere Sicht gegeben hat. Man konnte sich dann mit den Lehrkräften aktiver über Themen unterhalten und zusammenarbeiten.

KA: *In der Grundschule gibt es ja häufig das Klassenlehrerprinzip und in den weiterführenden Schulen meist das Fachlehrerprinzip. Trägt das Fachlehrerprinzip – wie etwa nur zwei Stunden Fachunterricht in einer Klasse zu unterrichten – zu dieser Distanz bei?*

Saukel: Sicherlich. Man muss aber auch sagen, man versteht sich ja nicht mit jedem gleich gut. Bei Lehrpersonen, wo man sich gut fühlt oder sich geborgen fühlt, ist man sicher auch besser im Unterricht. In der Grundschule ist der Klassenlehrer oder die Klassenlehrerin ja eine besondere Bezugsperson für die jüngeren Schülerinnen und Schüler. Daher würde ich sagen, dass diese Distanz, weil sie sehr viel Zeit mit diesen Lehrkräften verbringen, noch nicht gegeben ist.

KA: *Sie haben sich ja sehr viel Arbeit gemacht: Was ist eigentlich aus Ihren Forderungen geworden? Wie war das Echo?*

Harder: Dieses Papier ist im Juni 2018 mit allen anwesenden SchulsprecherInnen in der Ratssitzung beschlossen worden. Wir haben an jede Fraktion Wahlprüfsteine geschickt. Sie konnten also zu einzelnen Forderungen mit Ja / Nein / Enthaltung abstimmen. Im Koalitionsvertrag müssten dann diese Elemente aufgenommen werden, da ja beide Parteien öffentlich mit „Ja" für einige Punkte gestimmt hatten. Das zu verfolgen, ist dann die Aufgabe des nächsten Vorstands.

KA: *Ihre Petition enthält 36 Forderungen in vier unterschiedlichen Bereichen. Welche sind Ihre Hauptforderungen?*

Saukel: Es gibt vier Oberthemen: Demokratie an Schule, Qualitätsmanagement in der Schule, Unterrichtsqualität und schulorganisatorische Fragen. Die Hauptforderung aus dem ersten Thema lautet, demokratischere Situationen in den Schulen herzustellen, also statt

Demokratie in der Schule zu lehren, Demokratie in der Schule zu leben. Dazu zählt die Einführung von Vertretungen für Kinder auch in der Grundschule.

KA: *Ich finde das Kinderparlament interessant, denn da geht es plötzlich nicht mehr nur um Klassenthemen, sondern um Schulthemen.*

Saukel: Genau das verfolgt auch die Forderung, einen Klassenrat einzurichten, wodurch man die Interessen der Klassen erst mal erfährt. Im allgemeinen Schulalltag ist das ja sonst schwierig, mitzubekommen, wie die Stimmung ist. Das Kultusministerium sollte solche Partizipationsstrukturen verankern und Begleitmaterialien herausgeben. Außerdem war uns wichtig, dass die Stimmverteilung in der Schulkonferenz gleichmäßig geschieht; sonst haben die Lehrkräfte immer die Möglichkeit, die Eltern und die Schülervertretungen zu überstimmen. Es sollte eine paritätische Verteilung geben, sodass man um Mehrheiten kämpfen muss.

KA: *Dann müssen die Schülerinnen und Schüler einen guten Einblick in die Themen bekommen, um wirklich mitstimmen zu können.*

Saukel: Das fehlt bisher. Der zweite Bereich ist das Qualitätsmanagement in der Schule. Wir meinten nicht die permanente Kontrolle von Lehrkräften, sondern einen gesunden Austausch im Rahmen einer konstruktiven Feedback-Kultur. Das können beispielsweise digitale Beschwerdewege sein, die anonym sind oder ähnliche Plattformen. Regelmäßig unangekündigte Unterrichtsbesuche zählen auch dazu.

Harder: Die Landesschülervertretung erstellt Konzepte für einen anonymen Bewertungsbogen für Lehrerinnen und Lehrer.

KA: *Dieser Punkt interessiert mich sehr. Da steckt ja eine Idee dahinter: Ist es so gemeint, dass man als Lehrkraft der Kritik nicht so ausgeliefert ist, wenn es mal nicht so gut läuft, etwa im Unterricht?*

Saukel: Das trifft den Nagel auf den Kopf. Im Hintergrund steht die Frage: Was tun wir, wenn eine Lehrkraft das Wissen nicht gut vermittelt? Es gibt ja immer schwarze Schafe. Wir hatten mal einen Lehrer, dessen Unterricht bestand daraus, in jeder Stunde eine Seite im Schulbuch durchzunehmen. Das an ihn zurückzumelden, ist ja für Schülerinnen und Schüler schwierig.

Harder: Wir bekommen auch häufig erzählt, dass Lehrpersonen beleidigen oder anfangen zu schreien, sodass Schülerinnen und Schüler verängstigt sind. Diese Angst vor Lehrkräften gibt es. Durch unangekündigte Unterrichtbesuche kann ein solches Verhalten aufgedeckt werden; es wäre ja nicht zielführend, wenn die Besuche angekündigt wären. Die andere Möglichkeit sind die anonymen Bewertungsbogen.

Saukel: Als Stadtschülerrat habe ich immer wieder Nachrichten über gesetzeswidriges oder autoritäres Verhalten erhalten; man bekommt ein gutes Bild über die Situationen in Schulen.

Harder: Lehrkräfte haben ja eine Machtposition, sie können das Leben verändern, indem sie schlechte Noten geben. Deswegen trauen sich viele Schülerinnen und Schüler nicht, ernsthaft mit den Lehrkräften zu reden. Schülervertretungen müssen ernst genommen werden und müssen Entscheidungen treffen können, wenn eine Lehrperson schreit oder auch gewalttätig wird. Da wäre es hilfreich, ein Gespräch zusammen mit Schülersprecher und Schulleitung zu führen und das dort zu klären oder mit den Vertrauenslehrern. Im Moment denken viele, sie können nichts verändern, sie fühlen sich ohnmächtig.

KA: *Ich halte das für ein wichtiges Thema, weil ja auch die Stress-Symptome bei Kindern zunehmen, wie das Thema Burn-out bei Kindern zeigt.*

Harder: Ja. Es erkranken ja nicht nur Schülerinnen und Schüler an Burn-out, sondern auch Lehrerinnen und Lehrer. Es gibt also nicht nur ein Problem bei einzelnen Gruppen, sondern es scheint ein generelles Problem zu sein. Das ist meiner Meinung nach die Schulstruktur; da müsste man drüber sprechen, auch mit der Koalition.

Saukel: Damit kommen wir zu den Forderungen zu Unterrichtsqualität und Schulorganisation. Es ging uns nicht nur um den reinen Unterricht, sondern um die individuelle Situation in der Schule. Wenn Schüler und Schülerinnen sich selbst Ziele für den Unterricht stecken und es nicht mehr nur nach dem Prinzip des „Nürnberger Trichters" abläuft, arbeitet jeder individuell und soll seine Erarbeitung und Förderung festlegen – wie an einer IGS, an der Leben und Verantwortung als Fach eingeführt wurde. Da arbeitet man zuerst zu einem Thema seiner Wahl, nach individueller Geschwindigkeit. Die Klausur schreibt man, wenn man sich dafür bereit fühlt. Die Lehrperson gibt dann eher Hilfestellungen.

Saukel: Genau, dann lernt jeder für sich und nicht nur nach den Curricula.

Harder: Es wird ja langsam immer wichtiger, nicht nur unterrichtet zu werden, sondern selbst zu lernen. Es wird immer mehr Maschinen geben, die etwa einfache Formelberechnungen viel besser können. Zukünftig wird es wichtiger, kreativ und selbstbestimmt zu lernen.

KA: *Okay. Als Lehrerin schlägt aber mein Herz gleichzeitig auch für bestimmte Inhalte. Wer würde sich beim selbstbestimmten Lernen denn von sich aus für kulturelle Themen interessieren und fragen, wie Mozart sich anhört oder ein Gemälde von Klimt aussieht? Oder wie war das Leben zu der Zeit, als Goethe gelebt hat? Man kann ja nur nach etwas fragen, wovon man schon gehört hat.*

Saukel: Wenn Schülerinnen und Schüler sich beispielsweise gegenseitig ihre Projekte vorstellen, können sie ja voneinander hören und lernen. Mich hat Klassik als Zeitepoche immer dann besonders interessiert, wenn das Thema in Filmen vorkam.

Harder: Natürlich gibt es Schülerinnen und Schüler, die sich dafür überhaupt nicht interessieren, aber die interessieren sich dann für etwas anderes. Wenn man seinen Interessen folgen könnte, könnte man auch viel tiefer in das Thema einsteigen.

KA: *Die Forderung kann ich gut nachvollziehen, aber steht sie nicht im Gegensatz zu einer breit gefächerten humanistischen Bildung, einer guten Allgemeinbildung?*

Saukel: Man muss auch die Gegenfrage stellen: Ist eine gute Allgemeinbildung überhaupt noch möglich? Unser Wissen steigt ja exponentiell! Da ist ein breites Spektrum immer schwerer abzudecken. Es gibt ja keine Universalgelehrten mehr.

KA: *Welches Thema spielt für Sie bei der Veränderung von Schule die Hauptrolle?*

Harder: Das Wichtigste ist wirklich, dass man sich in der Schule zu Hause fühlt. Dann lernt man am meisten. Wenn man sich wohlfühlt und das mit Lerninhalten und mit eigenständigem Lernen verbindet, dann hätten wir fast ein perfektes Schulsystem.

Saukel: Schule verändern ist ja ein Kooperieren mit verschiedenen Menschen und gemeinsam an einem Thema zu arbeiten. Gerade dieses gemeinsame Weiterentwickeln sollte man herausstellen. Wenn Schülerinnen und Schüler zusammen mit Eltern und Lehrern die Schule verändern wollen, geht es um eine gemeinsame Zukunft.

KA: *Brauchen wir dazu noch Noten?*

Harder: Ja, wir brauchen Noten, aber wir brauchen ein anderes Notensystem, nicht nur Zahlen. Wir brauchen Ergänzungen: Was steht hinter den Noten? Worin ist jemand gut? Was könnte jemand verbessern? Einfach nur ein Blatt mit Zahlen, das bringt nichts.

Saukel: Ich glaube, wir brauchen keine Noten. Im Moment funktionieren Noten als Leistungssystem, wenn aber Schülerinnen und Schüler nur wegen der Noten lernen, muss man das infrage stellen. Eigentlich soll Schule ja Wissen vermitteln und Erfahrungen ermöglichen. Die Noten sollen vor allem der Wirtschaft einen Vergleich ermöglichen. Konstruktives Feedback geht anders.

KA: *Themen aus Wirtschaft und Politik wollten Sie auch verstärkt im Unterricht haben.*

Harder: Politik umgibt uns immer, sie ist sehr wichtig. Deshalb muss man wissen, was Rhetorik ist, man muss wissen, was Grundprinzipien und Rechte sind, damit sich 1933 nicht wiederholt. Und die Wirtschaft ist der kleine Motor, der immer etwas antreibt. Sie hält alles am Laufen.

Saukel: Auch der lebenspraktische Bezug als die Vorbereitung auf das Leben ist wichtig, solche Themen wie Berufsorientierung, Steuern, Wohnen.

KA: *Zur Inklusion im weiteren Sinn, die Berücksichtigung von vielfältigen Lernvoraussetzungen: Wie gelingt das zukünftig in Schule?*

Harder: Ich war lange davon überzeugt, dass wir integrierte Gesamtschulen brauchen, in die alle Schülerinnen und Schüler gehen können. Allerdings war ich gerade zu Besuch in einer Förderschule und musste feststellen, dass es Ausnahmen gibt; Kinder, die verloren gehen würden. Wir sollten so viel Inklusion wie möglich machen. Diejenigen, denen es körperlich schlecht geht, die eine Person zur Unterstützung brauchen, denen sollten wir das ermöglichen.

Saukel: Ich bin der Meinung, dass Inklusion unmöglich ist; zumindest in diesem System. Vor allem, wenn ich auf die Förderschulen schaue, kann ich verstehen, dass manche Eltern ihr Kind hier besser gefördert sehen. Wenn man aber diese Förderung an die Regelschule gibt und einen besseren Personalschlüssel bietet, das richtige Material, die richtige Ausstattung, ist das dort möglich. Gerade im Gymnasium finde ich es wichtig, dass die Schülerinnen und Schüler Inklusion erleben, weil man dieses Zusammensein sonst für das spätere Leben nicht lernt. Dann würde eine Abwertung entstehen. Als viele Schülerinnen und Schüler mit Fluchthintergrund in die Klassen kamen, war es für die anderen ganz normal, damit umzugehen. Es fiel den Schülerinnen und Schülern viel einfacher als den Erwachsenen, und das zeichnet ja eine gute Heterogenität aus. Es müsste einfach mehr geschultes Personal geben.

KA: *Mit Ihren Forderungen wollen Sie ja Schule verändern. Von wem sollte die Veränderung ausgehen? Diese Frage stellt sich mir immer wieder: Wo steckt die Kraft?*

Harder: Ich glaube, jeder kann ein bisschen verändern, und wenn alle zusammenarbeiten würden, käme ein gutes Produkt raus.

KA: *Wer sind „alle"?*

Harder: Alle sind alle, die an der Schule beteiligt sind. Eventuell auch noch Politiker und Politikerinnen, die über Schule bestimmen.

Saukel: Es braucht viele Menschen, es gibt aber auch keinen perfekten Zustand. Es braucht Schlüsselpersonen, die alle an einen Tisch bringen. Man sieht das auch in anderen Veränderungsprozessen: Erst wenn jemand sich darum kümmert, dass sich alle zusammensetzen und Interessen gebündelt werden, kann es weitergehen.

KA: *Was möchten Sie gerne persönlich noch ergänzen?*

Saukel: Ich finde, Schule ist wichtig, aber sie ist nicht alles; sie kann zur Persönlichkeitsentwicklung nicht alles leisten. Deshalb sollte auch die Reflexionsfähigkeit über das eigene Leben vermittelt werden.

Harder: Ich finde auch, dass Schule nicht alles ist, aber Bildung ist das Wichtigste. Und Schule ist aktuell der Weg zu einer erfolgreichen Bildung. Ich finde es traurig, dass in andere Dinge mehr investiert wird als in Bildung, denn gute Bildung garantiert die gute Zukunft eines Landes und somit auch der Menschheit.

12 Schule als gemeinsame Verantwortung

Die Überlegungen und Antworten der beiden Schülervertreter haben gezeigt, wie wichtig ihnen Bildung ist, auch für die Weiterentwicklung unserer Gesellschaft. Fragen wir also noch einmal ganz genau: Wie wichtig ist Bildung für die Gesellschaft? Wie stark beeinflusst Bildung den allgemeinen Wohlstand und das Wohlergehen? Wer interessiert sich dafür besonders? Gilt Schule nur als Thema für Eltern schulpflichtiger Kinder?

12.1 Schule und das öffentliche Interesse

Die bereits zitierte Journalistin Hasel (vgl. Kap. 11.4) schreibt zum öffentlichen Interesse an Schulen in ihrem Buch „Der tanzende Direktor":

> „In deutschen Talkshows geht es um Migration, das bedingungslose Grundeinkommen oder die Autoindustrie, doch ein Thema vermisse ich schmerzlich: Bildung. Obwohl Schulfragen im Alltag der meisten Menschen, die ich kenne, eine sehr große Rolle spielen, kommen sie auch in Bundestagsdebatten kaum vor. (…) Weil Bildung Ländersache ist, schweigen die Bundespolitiker (…) Damit wird ein großes Thema in Deutschland künstlich klein gemacht." (S. 73)

Hasel zeigt einen Gegenentwurf auf: Das Schulsystem Neuseelands belegte 2017 den ersten Platz im *Worldwide Educating für the Future Index*.[63] Sie beschreibt die Schulreform „Tomorrow's schools" von 1988, die in Neuseeland stattfand, als einen Prozess, der 14 Monate dauerte. Seitdem ist die Schulbürokratie wesentlich verkleinert, die finanziellen Mittel werden zum Großteil direkt an Schulen ausgezahlt und jede Schule wird von einem Kuratorium geleitet, also von gewählten Eltern und der Schulleitung. Dazu wurde ein landesweites Curriculum erarbeitet, das etwa 40 Seiten umfasst und von einer schuleigenen Charta ergänzt wird. Jährlich überprüfen die Schulen sich selbst und formulieren Jahresziele.[64]

63 Lea, M. (5.12.2017). Rethinking education for a better world. In: https://www.globalpartnership.org/blog/rethinking-education-better-world (recherchiert am 5.5.2020)

64 Adams, M. (9.1.2009): Tomorrow's schools To day: New Zealand's Experiment 20 years on. In: https://www.mercatus.org/system/files/WP0901_GAP_New_Zealand_Reforms.pdf (recherchiert am 5.5.2020)

Wenn nun also Politikerinnen und Politiker durch den Föderalismus bundesweit zu Bildungsfragen wenig Stellung beziehen, so wäre es doch zu erwarten, dass sich Eltern und Ausbildungsbetriebe oder Wirtschaftsunternehmen in besonderer Weise für gute Schulen engagieren. Doch Eltern und Familien fallen objektive Einschätzungen schwer, da sie sich oft an den Einzelinteressen des eigenen Kindes orientieren. Zu oft wird daraus ein Lamento, das wenig an echter Schulentwicklung orientiert ist.

Hasel schreibt dazu:

> „Der exzentrische Lehrer, der widerspenstige Schüler in den Bann zieht – das ist der Stoff aus dem Filme wie der Club der toten Dichter gemacht sind. Das ist auch das Material, aus dem Elternträume gemacht sind. Ach, wenn unser Kind nur einen solchen Erziehungskünstler an der Seite hätte. (…) Was wäre dann? Würden wir ihn erkennen? Wüssten wir ihn zu würdigen? Ich glaube, dass diese Sorte Mensch unter Lehrern gar nicht so selten ist. Wer täte sich einen derart anstrengenden Beruf an, wenn er nicht hochfliegende Ideen hätte?" (S. 35)

Es fehlt also an einer gemeinsamen Vision, einer Idee von Bildung, die von breiten gesellschaftlichen Schichten getragen wird. Wir können seit einigen Jahren beobachten: Der Leidensdruck dafür steigt kontinuierlich. Nach dem Bildungsmonitor 2019 des Instituts der deutschen Wirtschaft (IW) stieg die Quote der Schulabbrecher von 5,7 Prozent in 2016 auf 6,3 Prozent in 2017. Das ist eine große Steigerung und entspricht etwa zwei Kindern pro Klasse. Besonders gefährdet sind Kinder mit Migrationshintergrund. (Die Bundesländer unterschieden sich jedoch stark in den Ergebnissen.)

Grundsätzlich wird die größere Bildungsarmut in einzelnen Bundesländern zum bundesweiten Problem: „Bildungsarm ist, wer kein Abitur beziehungsweise keine abgeschlossene Lehre, oder wer massive Probleme mit Rechnen, Lesen und Schreiben hat. Bildungsarmut in einem Bundesland ist ein bundesweites Problem: Denn sie verursacht enorme Folgekosten, die der Steuerzahler in allen Bundesländern tragen muss, etwa durch nötige Nachqualifizierungen in beruflichen Schulen oder über die Bundesagentur für Arbeit sowie durch Hartz-IV-Zahlungen."[65]

Für die Interpretation der Ergebnisse wird Studienautor Axel Plünnecke zitiert:

---

65 Bildungsmonitor (2019). Bestandsranking, sortiert nach Bildungsarmut. In: https://www.insm-bildungsmonitor.de/2019_best_i_bildungsarmut.html (recherchiert am 5.5.2020)

„Er forderte, die Bildungsinvestitionen von neun Prozent des Bruttoinlandsprodukts auf zehn Prozent zu steigern [gemeint sind hier staatliche und private Investitionen, *Anm. d. Autorin*]. Durch mehr gezielte Ausgaben in Forschung und Bildung können Wirtschaftswachstum und Teilhabe gestärkt und dadurch der Wohlstand langfristig gesichert werden."[66]

Bruttoinlandsprodukt als Messgröße für Bildungsausgaben

Mit 4,8 Prozent des Bruttoinlandsprodukts gibt Deutschland vergleichsweise wenig für Bildung aus. Der Wert liegt zwar genau im Weltdurchschnitt, jedoch auf Rang 70 aller Länder mit der zuletzt verfügbaren Auskunft in der Liste der Länder nach Bildungsausgaben.[1] Gemeint sind hier die Bildungsausgaben pro Schüler und. Schülerin. Das Bruttoinlandsprodukt als Messgröße für das Wirtschaftswachstum und die Grundlage für zukünftigen Wohlstand berücksichtigt keine Faktoren zu Lebensstandards, Wohlstand und Gesundheit.

1 Bildungsausgaben nach Ländern. In: https://de.m.wikipedia.org/wiki/ListederLänder-nach Bildungsausgaben (recherchiert am 5.5.2020). Teilweise wird der Anteil am BIP auch mit 4,2 Prozent angegeben, je nachdem wie stark Ausgaben in primärer Bildung eingerechnet werden. Die OECD spricht beispielsweise von 6,2 Prozent.

12.2 Darstellung von Schulen in den Medien

„If it bleeds, it leads", so ein Leitspruch in den Medien; danach verkaufen sich schlechte Nachrichten besonders gut. Gleichzeitig führt die alltägliche Verbreitung von schlechten Nachrichten zu verstärkten Ohnmachtsgefühlen oder heizt Stimmungen zusätzlich an. Maren Urner ist Neurowissenschaftlerin an der Universität Köln und setzt sich für einen positiveren, lösungsorientierten Journalismus ein. In ihrem Buch „Schluss mit dem täglichen Weltuntergang" (2019) schreibt sie, dass Journalisten und Journalistinnen sich oft in der Rolle sehen, Missstände aufzudecken; positive Entwicklungen werden wesentlich seltener dargestellt. Dies führt bei Lesenden zu Stress, weil ein Bild entstehen kann, welches negativer ist, als die Realität tatsächlich ist.

66 INSM-Bildungsmonitor (2019). Ökonomische Bildung und Teilhabechancen. In: https://www.insm-bildungsmonitor.de/pdf/Forschungsbericht_BM_Langfassung.pdf (recherchiert am 5.5.2020)

Ein konstruktiver Journalismus als sensiblerer Journalismus soll keine Schönfärberei sein, sondern beispielsweise Lösungsvorschläge mitberichten und zum Nachdenken anregen. Das könnte auch das Bild der pädagogischen Arbeit verbessern helfen. Um es mit Steve de Shazer (Psychotherapeut und Autor) ganz knapp zusammenzufassen: „Das Reden über Probleme schafft Probleme, das Reden über Lösungen schafft Lösungen.“[67]

So versuche ich beispielsweise jedes Jahr immer wieder, Eltern den komplexen Prozess des Schriftspracherwerbs von Kindern zu vermitteln; die aufeinander aufbauenden Phasen und die mittlerweile breite Anerkennung von Anlauttabellen, auch in Fibeln. Ich erkläre auch, dass es die Methode „Schreiben nach Gehör“ so nicht gibt und sie weder an der Schule so gelehrt noch als alphabetische Strategie vollkommen abgelehnt werden kann. Hier wurden viele Eltern durch medial verbreitete verkürzte Darstellungen und Scheindebatten verunsichert. (Vgl. Faktencheck Grundschule)[68]

Fritz Glasl ist Konfliktforscher und Organisationsentwickler mit Erfahrung in der Konfliktberatung großer Systeme, beispielsweise auch in politischen Konflikten und Friedensprozessen in Kriegs- und Krisengebieten. Er berichtete auf einer Fachtagung (Fachtagung Veränderung und Stabilität, Hanau, 16.11.2019) davon, wie Makrosysteme, also große Bevölkerungsgruppen, einer sozialen Ansteckung unterliegen. Nach seinen Erfahrungen können auch große Gruppen einem gemeinsamen Leitgefühl unterliegen und eine eigene Wut-Logik oder Opfer-Logik konstruieren. Er bezieht dabei das Konzept der Affekt-Logik von Luc Ciompi mit ein, nach dem Emotionen entscheidenden Einfluss auf allen mikro- und makrosozialen Ebenen gesellschaftlichen Geschehens haben.

> „Dafür sind (…) in erster Linie gewisse soziale Verstärker- und Resonanzmechanismen verantwortlich, die im individuellen Bereich fehlen. Auch das Phänomen der emotionalen Ansteckung sowie typisch massenpsychologische Effekte, die die individuellen Unterschiede verwischen, tragen zur Verstärkung von kollektiven Emotionswirkungen bei." (Ciompi, 2011, Gefühle machen Geschichte, S. 16)

Es wäre also gesellschaftlich hilfreich, neben den zahlreich vorhandenen Negativschlagzeilen zu Bildung auch positive Entwicklungen aufzuzeigen

67 de Shazer, S. u. a. (2017): Worte waren ursprünglich Zauber: Von der Problemsprache zur Lösungssprache

68 Faktencheck Grundschule (2018). In: https://grundschulverband.de/wp-content/uploads/2018/04/180320-Faktencheck-Grundschule-final.pdf (recherchiert am 5.5.2020)

und Lösungsansätze breit zu diskutieren, um kollektive Ohnmachtsgefühle oder breite Ablehnung pädagogischer Arbeit zu vermeiden. Dann kann eine Aufbruchstimmung durch gelingende Beispiele in der Breite und aktivierend wirken.

Meine dreizehnte These lautet demzufolge:

Gute Schulen brauchen den Bildungsoptimismus der Gesellschaft und deren Willen zur gemeinsamen Verantwortung für Schulen.

Interview mit Olaf A. Burow: zur Vorlesung ans Telefon

Olaf A. Burow ist emeritierter Hochschulprofessor für Erziehungswissenschaften. Seine Schwerpunkte sind neben neuen Formen des Lehrens und Lernens insbesondere die Schul- und Organisationsentwicklung, Kreativitätsförderung und Digitalisierung. Er erklärt sich für ein Interview bereit und ich erhalte am Telefon eine kurze Privatvorlesung, die mir weiterführende Impulse für dieses Buch lieferte.

Kati Ahl: *Wie haben Sie Ihre persönliche Schulzeit erlebt?*

Olaf A. Burow: Ambivalent. Ich komme aus Berlin, die Berliner Grundschule habe ich als positiv und anregend erlebt. Zum Beispiel mussten wir als Jungen Handarbeit machen, ich habe Topflappen gehäkelt. Ich war im Schulorchester, das war alles ganz lustig. Aber als ich nach Baden-Württemberg kam, war das ein mittlerer Schock. Als ich einmal etwas falsch gemacht hatte, musste ich nach vorne kommen und wurde vom Lehrer mit dem Rohrstock zwei Mal auf die Finger geschlagen, das war 1962. Dann kam der Gymnasialzweig, das war wieder ambivalent. Ich bin sogar mal sitzen geblieben, auch mal aus der Schule geflogen, ich war ein verhaltensorigineller Schüler.

KA: *Womit kamen Sie in der Schule nicht klar, einmal abgesehen von dieser brutalen Züchtigungsmethode?*

Burow: Das Problem war, dass der Unterricht völlig verstaubt war und wir abgestandene Besinnungsaufsätze schreiben mussten. Sie müssen bedenken, das war die Zeit der 68er. Das Leben tobte woanders. Wir hatten aber den Pfarrer Wolfer, der fuhr mit uns drei Wochen in die Schweizer Alpen. Das war sehr kreativ, wir haben viel unternommen. Wir hatten auch eine Schulband, aber ein großer Teil dieser Aktivitäten fand außerhalb der Schule statt. Die Schule selbst hat das nicht gewürdigt. Heute haben wir ein ähnliches Phänomen: Schüler beschweren sich, dass sie in der Schule wenig für das Leben lernen. Und dann gibt es radikale Innovatorinnen wie Frau Rasfeld, die das Projekt „Herausforderungen" gegründet hat, in denen Schülerinnen und Schüler drei Wochen die Schule verlassen und ein eigenes Projekt durchführen; im Prinzip ist das ein ähnliches Vorgehen, wie es unser Religionslehrer damals mit uns durchführte.

KA: *Wo sehen Sie Zusammenhänge zwischen gestern und heute?*

Burow: Wir haben heute eine zu starke Verschulung und Ver-Regelung der Schule. Die freien Aktivitäten, die nicht bewerteten und kreativen, in denen die Schülerinnen und Schüler ihr Talent entdecken und ihr Potenzial entfalten, fehlen. Stattdessen sehe ich bei meiner Tochter, die gerade das Abitur gemacht hat, dieses „Bulimie-Lernen". Aus meiner Sicht ist der Versuch, die Schule als ein wissenschaftliches und evaluiertes System zu organisieren, übers Ziel hinausgeschossen worden. Die notwendigen Freiräume zum Lernen wurden dabei viel zu sehr eingeschränkt, sowohl für Lehrerinnen und Lehrer als auch für Schülerinnen und Schüler. Wir machen seit 20 Jahren Zukunftswerkstätten zum Abbau von Belastungen, da haben mittlerweile 1.500 Schulleiter teilgenommen. Dort beginnen wir mit der Skizze, was sie am meisten belastet oder behindert. Auf fast jedem Analysebild, das die Lehrkräfte in der Diagnosephase anfertigen, ist eine Uhr zu sehen: Schule ist ein gehetztes System. Es ist außerdem viel zu viel normiert, das zeigen auch Studien. Gute Schulen haben einen großen Freiraum an Selbstgestaltung und sie haben gute Schulleitungen.

KA: *Angenommen, eine Schule hat einen guten Schulleiter oder eine gute Schulleiterin: Wo sehen Sie dann die größten Herausforderungen für diese Person?*

Burow: Die größte Herausforderung ist, eine Schulkultur zu entwickeln, in der die Schlüsselpersonen, also Lehrer, Eltern, Schüler, pädagogische Kräfte gemeinsam eine Zukunftsvorstellung von dem haben, was sie erreichen wollen. Und sie brauchen einen Plan, wie sie dahin kommen. Ich glaube nicht, dass man Schulen normieren kann. Jede Schule muss ihr eigenes Profil erreichen. Zentrales Problem ist dabei, dass unser Schulsystem vor etwa 200 Jahren entwickelt wurde, also in der Zeit der Aufklärung und Industrialisierung. Damals ging es um Fließbandarbeit und das Sortieren der Schüler nach Alter. Dabei entsteht auch „Ausschuss": 150.000 Schüler wurden im letzten Jahr als Sitzenbleiber aussortiert; eine pädagogisch sinnlose Maßnahme, die 1 Milliarde Euro kostet, wie Klaus Klemm errechnet hat.[69] Diese gewaltige Summe könnte man sofort für individuelle Fördermaßnahmen

69 Bildung und Politik. Beim Geld hört die Bildungsrepublik auf (8.9.2017). In: https://www.jmwiarda.de/2017/09/08/beim-geld-h%C3%B6rt-die-bildungsrepublik-auf/ (recherchiert am 5.5.2020)

einsetzen. Wie der Soziologe Stefan Reckwitz herausgearbeitet hat, erleben wir zurzeit den Übergang vom industriellen Kapitalismus zum kulturellen Kapitalismus[70], da geht es um Singularität, um individuelle Potentialentfaltung, um Einzigartigkeit. Aber die Kinder in der Schule müssen immer noch den Einheitsbrei zu sich nehmen! Das entspricht nicht der Vielfalt der Neigungen und Begabungen und ist angesichts der Anforderungen einer globalisierten und digitalisierten Gesellschaft auch nicht mehr angemessen.

KA: *Worauf kommt es Ihrer Meinung nach an?*

Burow: Es kommt darauf an, dass Schülerinnen und Schüler schon früh ihre Talente und Neigungen erkennen und darin gezielt gefördert werden, denn jeder ist etwas Besonderes und es geht darum, die Entwicklung des persönlichen Profils zu unterstützen. Wir müssten die verpflichtenden Curricula zurückfahren auf ein Basis-Curriculum. Man braucht bestimmte Grundfertigkeiten und daneben einen Raum für Selbstgestaltung und Potenzialentfaltung, individuell und im Team. Große Firmen wie Microsoft oder Google geben ihren Mitarbeitern zeitliche Freiräume von 20 Prozent. Da entstehen oft die kreativen Erneuerungen! Ein Lehrer in Rheine zeigte mir letztens im Keller ein sogenanntes Makerspace. Da gab es wilde Landschaften mit Maschinen und Geräten und eine „Hall of fame“ für die missglückten Projekte; da konnte jeder anpinnen, was schief gegangen ist. Die Schule hatte sogar mehrere Preise bei „Jugend forscht“ gewonnen. Und dieser Lehrer macht das zusätzlich. Das wird nicht finanziell oder mit Stellen ausgestattet, sondern das ist Eigeninitiative. Das ist eigentlich der Prototyp der Garage, in der entwickelt wird. Die Garage ist die Metapher für einen Raum, in dem man keine „credit points“ kriegt und nicht bewertet wird.

KA: *Was bedeutet das für den Lehrerberuf, wenn solch hervorragende pädagogische Arbeit nur in zusätzlicher Arbeit entsteht?*

Burow: Es bedeutet, dass nicht die Kreativen in die Schule gehen; sondern dahin gehen – ich pauschalisiere jetzt – diejenigen mit dem Wunsch nach Verbeamtung. Sie fragen mich ja, warum sich Schulen so wenig verändern. Ich kann Ihnen eine Reihe fantastischer Schulen nennen. Deren Engagement geht aber immer von besonders engagierten

70 Reckwitz, A. (2017): Die Welt der Singularitäten

und leidenschaftlichen Pädagogen aus; zum Beispiel in der Alemannenschule Wutöschingen: Ein Lehrer dort sieht den Film „Treibhäuser der Zukunft“ von Reinhard Kahl. Er hat eine schlaflose Nacht und beschließt, die Pädagogik an der Schule zu ändern. Heute hat man dort ein fantastisches Schulmodell. Die Kolleginnen und Kollegen sagen ja oft: wenn wir mehr Geld hätten oder diese besonderen Bedingungen hätten, dann könnten wir was ändern. Aber ich habe gesehen: Die Schulen, die sich auf den Weg machen, die haben nicht viel Geld, die haben eine Vision. Wenn sie eine attraktive Idee und Vision haben, dann kommt das Geld zu ihnen, weil andere das interessant finden! Dieser Sog entsteht dadurch, dass die Schulen pädagogischen Spirit haben und sich mit ihrem Umfeld vernetzen.

KA: *Das ist genau die spannende Frage: Wo entsteht Veränderung? Was ist der zündende Funke?*

Burow: Dazu müssen sie „Tipping Point“ von Gladwell lesen. Veränderungen gehen danach immer von wenigen aus. Wenn sie eine Sache attraktiv formulieren, dann entsteht das, was ich ein kreatives Feld nenne. Das habe ich in meinem Buch „Team-Flow“ beschrieben.

(Das war ein guter Tipp: Den Rat, „Tipping Point“ zu lesen, habe ich befolgt und in Kapitel 7 verwertet.)

12.3 Räume in Schulen – Schule als Raum

In welchen Räumlichkeiten, in welcher Atmosphäre sollen Kinder und Jugendliche zehn Jahre Schulzeit und demnach mindestens 1.000 Stunden pro Jahr verbringen? Wie kann Architektur und Gestaltung der Räume die pädagogischen Ziele am besten unterstützen? Und was sollte sich auch in der Raumkultur von Schule ändern?

Burow beschreibt notwendige Änderungen an Schulen nach der Corona-Phase: „Für dieses eingreifende, zukunftsgestaltende, projektorientierte und problemlösende Lernen benötigen wir eine Veränderung des Lehr- und Lernraums (...). Das alte Klassenzimmer mit seiner frontal auf die Tafel und die Lehrkraft ausgerichteten Zentrierung, wird den neuen Anforderungen nicht gerecht. Wie diese neue, flexible Schularchitektur aussehen könnte, kann man auf den Seiten der Montags-Stiftung sowie bei der schwedischen Architektin Rosan Bosch sehen.“[71]

12.3.1 Architektur von Schulen

> „Die Krankheit unserer heutigen Städte und Siedlungen ist das traurige Resultat unseres Versagens, menschliche Grundbedürfnisse über wirtschaftliche und industrielle Forderungen zu stellen." Walter Gropius, Totale Architektur[72]

Gilt das auch für Schulen? Wird für Sanierung und Neubauten genügend Geld investiert? Wenn Gropius dies den Städten der 1950er Jahre attestiert, wie würde er wohl heutige Schulbauten beurteilen? Für die Großstädte zumindest kommen oft zwei Sanierungswellen zur gleichen Zeit: Die Bauten der Jahrhundertwende und die weniger nachhaltig gebauten Nachkriegsbauten werden in manchen Großstädten ungefähr zur gleichen Zeit marode.

In einem Interview des Deutschlandfunks nennt Gerd Landsberg, derzeitiger Hauptgeschäftsführer beim Deutschen Städte- und Gemeindebund, diese Zahlen: „Die Kreditanstalt für Wiederaufbau KfW beziffert den Rückstand der deutschen Kommunen bei Bildungseinrichtungen auf rund 48 Milliarden Euro. Im Vergleich zum Vorjahr ist das ein Anstieg um

71 https://unterrichten.digital/2020/04/10/burow-bildung-schule-digitalisierung/ (recherchiert am 5.5.2020)

72 Gropius, W. (1956): Architektur – Wege zu einer optischen Kultur. Fischer Bücherei Frankfurt/M., S. 129 f. Zitiert nach https://beruhmte-zitate.de/zitate/133745-walter-gropius-die-krankheit-unserer-heutigen-stadte-und-siedlung/ (recherchiert am 5.5.2020)

50 Prozent.“ [Für 2018 gesprochen, *Anm. d. Autorin*] „Undichte Dächer, bröckelnder Putz, kaputte Heizungen – was Bildung in Deutschland wert ist, lässt sich ganz schön an den Schulgebäuden ablesen“, so urteilt dann auch die Moderatorin Stephanie Gebert und attestiert einen „enormen Investitionsrückstand“.[73]

Was das für Schulen bedeutet, wird in einem weiteren Text auf den Online-Seiten des Deutschlandfunks deutlich: Umbauten, Sanierungen und Neubauten kosteten die Schulgemeinde Kraft und Zeit, die für pädagogische Entwicklung in solchen Situationen nicht zusätzlich vorhanden ist. „Einstürzende Schulbauten“ in Berlin, titelte der Deutschlandfunk, und beschreibt dort exemplarisch eine Schule in Berlin:

> „Baufällig ist an der Schule vieles: regelmäßig kommt es zu Wasserleitungsbrüchen, die Heizung und Gasleitung funktionieren nicht richtig, kürzlich ist ein Dach eingestürzt. Allein in diesem Schuljahr gab es schon vier Schäden. Und: es wird immer schlimmer, sagt Bärbel Pobloth (Schulleiterin) …‚viel Krach, viel Schmutz und ständige Umorganisation, unter der Schüler und Kollegen natürlich leiden.‘“[74]

In ländlichen Gebieten gibt es ebenfalls Probleme: Die Erhaltung der Gebäude ist Angelegenheit der Kommunen, die sich teure Sanierungen und Neubauten oft nicht leisten können. „Einmal in den Miesen, immer in den Miesen“, schreibt DIE ZEIT am 10.7.2019. Nach der dortigen Grafik ist ein Großteil der deutschen Gemeinden verschuldet, wenn auch in unterschiedlicher Höhe.[75]

12.3.2 Räume: pädagogisch betrachtet

Räume und ihre Ausgestaltung unterstützen (oder behindern) pädagogische Wirkungen, und doch ziehen wenige Schulen und deren Träger daraus Konsequenzen.

73 Interview mit Gerd Landsberg: Schulen sind eher Baracken der Bildung (7.8.2018). In: https://www.deutschlandfunk.de/sanierungsfall-schule-schulen-sind-eher-baracken-der-bildung.680.de.html?dram:article_id=424902 (recherchiert am 5.5.2020)

74 Von Lieben, M. (18.6.18): Einstürzende Schulbauten in Berlin. In: https://www.deutschlandfunk.de/gebaeudesanierungen-einstuerzende-schulbauten-in-berlin.680.de.html?dram:article_id=420661 (recherchiert am 5.5.2020)

75 Gaul, S./Tröger, J. (10.7.2019): Seit Jahren das Konto überzogen. Seehofers Bericht zu ungleichen Lebensverhältnissen problematisiert die Altschulden vieler deutscher Gemeinden. In: https://www.zeit.de/wirtschaft/2019-07/verschuldete-kommunen-deutschland-kassenkredite-altschulden-karte (recherchiert am 5.5.2020)

„Die Lehrmethoden haben sich in den letzten 100 Jahren grundlegend geändert. Die Architektur von Schulen entspricht dagegen – ganz im Gegensatz zu vielen Büros, Krankenhäusern oder Fabrikgebäuden – meistens immer noch der Bauweise des frühen 20. Jahrhunderts."[76]

Johanna Forster und Christian Rittelmeyer haben pädagogische Räume und ihre Wirkung erforscht. Forster benennt Faktoren für pädagogische Räume, die das Wohlbefinden von Kindern und Jugendliche beeinflussen (vgl. ebda., S. 177 ff.):

- Licht und Farben,
- Ausblicke in eine natürliche Umgebung,
- Möglichkeiten, sich zu bewegen,
- Balance zwischen Anregung (Reizvielfalt) und strukturierter Umgebung,
- Balance zwischen Möglichkeiten der Begegnung und Distanz,
- Bedürfnisse nach Aneignung, Identifikation und Zugehörigkeit. (ebda., S. 185)

Nach meiner persönlichen Erfahrung spielt die Raumgestaltung sowohl im Schulgebäude als auch im Außengelände eine viel zu gering beachtete Rolle. Viel zu selten werden Räume aus der Sicht von Kindern und Jugendlichen und deren Nutzungsvorlieben betrachtet, die ja dort neun Jahre oder mehr verbringen. Viele weiterführende Schulen ähneln Kliniken, wenn man die Schulflure betrachtet – dieser Umstand wird dann häufig mit dem Brandschutz begründet. In abgegrenzten Klassenräumen, wenig genutzten oder vermüllten Schulfluren wird sich jedoch nur sehr schwierig schulische Veränderung vollziehen: Räume befördern oder behindern kooperative Lernformen und individuelles Lernen, sie schaffen Platz für Inklusion oder erschweren sie.

Neue Konzepte sollten unbedingt die neuen Anforderungen berücksichtigen. Inklusion, Ganztag und neuere Lernformen sowie Digitalisierung erfordern eine multifunktionelle Raumnutzung, die in älteren Gebäuden nur schwer umzusetzen ist.[77] Folgende Modelle sind denkbar:

---

76 Roßmann, N. (30.10.2018): Der Raum als „dritter Pädagoge“: Über neue Konzepte im Schulbau. In: https://www.bpb.de/lernen/digitale-bildung/werkstatt/278835/der-raum-als-dritter-paedagoge-ueber-neue-konzepte-im-schulbau (recherchiert am 5.5.2020)

77 Vgl. Schulen planen und bauen 2.0 (2017), S. 26/27

- Das Klassenraum-Plus-Modell, bei dem das herkömmliche Klassenzimmer um weitere Flächen ergänzt wird, die eine größere Differenzierung möglich machen. So werden beispielsweise Rückzugsorte oder Gruppenräume geschaffen oder die Klassenzimmer so vergrößert, dass eine Differenzierung innerhalb eines Raumes möglich ist.
- Das Cluster-Modell, bei dem mehrere Klassen einen Pool von Räumen nutzen. Die Räume sind hier so angeordnet, dass verschiedene Kombinations- und Trennungsvarianten möglich sind.
- Die Lernlandschaft, die völlig ohne Klassenzimmer auskommen kann und in der Lernsituationen in einem offenen Raum arrangiert werden.

Ein wichtiger Bestandteil vieler neuer Schulbauten ist außerdem die Einbindung der Schule in die städtische Umgebung. Daher werden Schulen so konzipiert, dass zentrale Funktionsbereiche von den Anwohnerinnen und Anwohnern oder auch Institutionen und Vereinen mitgenutzt werden können. Genauso wie Räume und die Architektur des Gebäudes Kooperation und Begegnung ermöglichen kann, kann sie sie auch verhindern. Das muss in der Planung von Schulgebäuden ebenso mitbedacht werden. Folgende Fragen helfen dabei, dem Wohlbefinden und der Funktionalität aus Sicht der Schulgemeinschaft nachzuspüren:

- Sieht die Schule aus der Perspektive von Kindern und Erwachsenen schön aus?
- Wie hoch sind Lärmbelastung und die Hitzebelastung im Sommer?
- Wohin ziehen sich Schülerinnen und Schüler zurück?
- Welche Gelegenheiten zum Lernen und zur Begegnung schaffen die Räume, auch im Ganztag?
- Welche Räume werden besonders von den Schülerinnen und Schülern angenommen und häufig genutzt?
- Wo gibt es am häufigsten Streit oder Stau?
- Gibt es anregende Plätze, die zur Bewegung einladen, und wenig genutzte Räume?
- Gibt es Experimentier- und Präsentationsflächen?
- Gibt es Online- und Offlineräume?
- Gibt es Räume außerhalb des Schulgebäudes / im Quartier, die zum Lernen genutzt werden können?
- Gibt es Teamräume, und wo findet Kooperation statt?
- Wo beheimaten sich pädagogische Kräfte im Gebäude?
- Wo finden Eltern- und Schülergespräche statt?

Dänemark gilt als Vorreiter in Bezug auf das offene Klassenzimmer. Die Fragen nach pädagogisch wirksamer Raumgestaltung hat sich beispielsweise die Fredrikschule in Aarhus gestellt und wurde mit ihrer Architektur bereits mit mehreren Preisen ausgezeichnet.[78] Aber auch in Deutschland gibt es gute Beispiele, wie der Textausschnitt aus dem Deutschen Schulportal zeigt. Dort geht es um die Alemannenschule in Wutöschingen, einem kleinen Ort unweit der Schweizer Grenze im Kreis Waldshut, Baden-Württemberg. Sie errang 2019 einen zweiten Platz beim Deutschen Schulpreis:

> „Die Alemannenschule in Wutöschingen zum Beispiel verbindet geschlossene Inputräume mit offenen Orten des gemeinschaftlichen und eigenständigen Lernens. Auch politische Bestrebungen, neue Raumkonzepte flächendeckend umzusetzen, gibt es bereits. Als erstes Bundesland hat Berlin im Februar 2018 neue Standards im Schulbau eingeführt. Zuvor haben bereits München und Herford in Nordrhein-Westfalen das vom ehemaligen Stadtschulrat Rainer Schweppe entwickelte Lern- und Teamhauskonzept zum Standard für Schulbauten erhoben. Die Schule besteht nach diesem Ansatz aus mehreren Lern- und Teamhäusern. In deren Mitte befindet sich ein großes Forum, um das herum Unterrichtsräume angeordnet sind, die durch Trennwände wiederum flexibel teil- und erweiterbar sind. All diese Räume haben mindestens eine gläserne Wand, durch die hindurch man zum Forum in der Mitte blicken kann. Vorteil dieser Aufteilung im Sinne des Cluster-Modells ist es, dass ein Teil der Kinder eigenständig in den kleineren Unterrichtsräumen arbeiten kann und dabei jedoch die Verbindung zu den anderen Klassenkameradinnen und -kameraden und der Lehrkraft visuell aufrechterhalten wird. Hinzu kommt jeweils ein Ruheraum und eine Teamzone für die Lehrerinnen und Lehrer“.[79]

Wie wichtig die Ausgestaltung von Räumen und vor allem auch deren Instandhaltung ist, mag das Beispiel der Broken-Windows-Theorie belegen. Die Sozialforscher James Q. Wilson und George L. Kelling argumentierten 1982, dass eine zerbrochene Fensterscheibe, Graffitis oder andere Beschädigungen schnell weitere Beschädigungen und Vandalismus nach sich ziehen und deshalb unverzüglich ersetzt werden sollten.

---

78 Larsen, N. (08.03.2017): Klettertreppen und Tarzanschwingen. Schule in Aarhus. In: https://www.baunetz.de/meldungen/Meldungen-Schule_in_Aarhus_von_Henning_Larsen_4997874.html (recherchiert am 5.5.2020)

79 Anders, F. (3.5. 2018): Das Ende der Flurschule. In: https://deutsches-schulportal.de/schulkultur/das-ende-der-flurschule/ (recherchiert am 5.5.2020)

> „Die räumliche und soziale Verwahrlosung sind damit Symptome für den Zusammenbruch grundlegender Standards des zwischenmenschlichen Verhaltens. Das gilt nicht nur für Wohnbezirke, sondern auch für öffentliche Räume."[80]

Wenn nun aber der Zustand öffentlicher Gebäude Auswirkung auf das Miteinander in diesen Räumen hat, wird offenbar, dass Sanierungsstau an Schulen, Baufälligkeit der Gebäude und als unhygienisch empfundene Toiletten zu einem teils massiven Problem werden. Auch Semir Zeki, Neurobiologe aus London, beschäftigt sich vorrangig mit der visuellen Wahrnehmung. In einem Interview mit der ZEIT[81] sagte er: „Schönheit ist lebensnotwendig. Wann immer Sie Schönheit empfinden, betrifft diese Erfahrung einen großen Teil Ihres emotionalen Gehirns. Nehmen Sie die Architektur. In hässlichen Räumen neigen Menschen zu asozialem Verhalten."[82]

12.3.3 Bildungsräume

Die Deutsche Kinder- und Jugendstiftung formuliert:

> „Bildungslandschaften sind langfristige, professionell gestaltete, auf gemeinsames, planvolles Handeln abzielende, kommunalpolitisch gewollte Netzwerke zum Thema Bildung, die (…) sich auf einen definierten lokalen Raum beziehen."[83]

Ziele sind mehr Teilhabechancen für Kinder und Jugendliche und eine orchestrierte Kooperation bei wachsenden Aufgaben in Bildung. Das Bildungssystem soll durchlässiger werden und der Bildungsbegriff über Schule hinaus erweitert werden. Hier wird zwischen *formeller, nicht formeller, informeller* und *wilder* Bildung unterschieden, um verschiedene Bildungsorte und -aktivitäten zu lokalisieren und auf einer Bildungslandkarte festzuhalten.

Ein weiteres gutes Beispiel fand ich an der Ernst-Reuter-Gemeinschaftsschule in Karlsruhe, das aufzeigt, wie stark Bildung vor dem Hintergrund der Digitalität Einfluss auf Raumgestaltung haben muss – und unter Beteiligung der Schülerinnen und Schüler gewinnbringend umgesetzt werden kann. Dabei hat sich nicht nur die räumliche Ausgestaltung an der Schule verändert, es sind auch neue virtuelle Räume und Denk-Räume entstanden.

80 https://de.m.wikipedia.org/wiki/Broken-Windows-Theorie (recherchiert am 5.5.2020)

81 ZEIT-Magazin 2/2019, S. 29–33

82 Was bedeutet eigentlich Schönheit? In: https://www.luettes-laecheln.de/was-bedeutet-eigentlich-schoenheit/ (recherchiert am 5.5.2020)

83 Praxisbuch Wie geht's zur Bildungslandschaft?, 2014, Seelze, S. 10

Interview mit Micha Pallesche: ein Videogespräch über die Chancen digitaler Schulkultur

Micha Pallesche ist Schulleiter der Ernst-Reuter-Gemeinschaftsschule in Karlsruhe, der ersten „smart school“ in Baden-Württemberg. Er war viele Jahre ans Landesmedienzentrum Baden-Württemberg abgeordnet, ist Mitglied im Programmbeirat des Forums Digitalisierung, Berater des BMBF zum Digitalgipfel, forscht an der Pädagogischen Hochschule Heidelberg und entwickelt dort Medienkonzepte mit und für Schulen. Er befasst sich also ausführlich mit dem Thema Digitale Bildung, die rund um die Corona-Krise einen enormen Aufschwung erhalten hat. Pallesche richtet seinen Fokus auf die neue digitale Kultur, die daraus entstehen kann. Gleichzeitig ist er als Vater mit dem Medienkonsum von Kindern vertraut.

Kati Ahl: *Herr Pallesche, was ist eine „smart school“?*

Micha Pallesche: Es ist ein Label, das von der Bitkom, dem Digitalverband Deutschlands, vergeben wird. Für mich ist „smart school“ eine Schule, die es in der heutigen Zeit besonders gut versteht, Bildung und Lernen vor einer sich digital verändernden Welt zu sehen und umzusetzen.

KA: *Das ist ja ein hochspannendes und aktuelles Thema und beschäftigt uns seit der Corona-Krise in einem bis dahin kaum vorstellbarem Maße. Während wir miteinander sprechen, sind die Schulen geschlossen und die Lehrkräfte bemühen sich um digitale Lösungen. Wie gehen Sie an Ihrer Schule damit um? Ich habe von einer virtuellen großen Pause für Lehrkräfte gehört.*

Pallesche: Genau. Uns fällt es aktuell vielleicht etwas leichter als anderen Schulen, mit der Situation umzugehen. Für viele Schulen kam die aktuelle Schließung plötzlich und sie wussten nicht, wie sie den Kontakt zu den Schülerinnen und Schülern halten können. Das war bei uns kein großes Thema, weil wir die Infrastruktur haben. Wir haben ein digitales Lernmanagementsystem und auch eine schuleigene Cloud, die datenschutzrechtlich abgesichert ist. Viel entscheidender ist aber, was Schule sonst ausmacht. Das hat wenig mit Technik zu tun, sondern mit Haltung. Vor allem der Sozialraum Schule, in dem man sich trifft, austauscht und vernetzt, den gibt es gerade nicht. Deswegen haben wir andere Instrumente ins Leben gerufen, wie zum Beispiel eine große Pause für die Kolleginnen und Kollegen und virtuelle Räume für Schülerinnen und Schüler, in denen man sich treffen kann. Wir haben auch ein Angebot für die Eltern, sodass die Gemeinschaft der Schule ein Stück weiter lebt.

KA: *Höre ich heraus, dass sie diesen Sozialraum für noch für wichtiger erachten als den Lernfortschritt, zumindest in dieser Phase der geschlossenen Schulen und des Shutdowns des gesellschaftlichen Lebens?*

Pallesche: Ich glaube tatsächlich, dass die Bedeutung der Sozialkontakte zunehmen wird. Gerade jetzt wird die soziale Ebene wichtiger, weil wir ja wissen, dass Lernen nur über Beziehungen geht. Eine gute Beziehung kann ich als Lernender aber nur mit einem Gegenüber aufbauen. Da helfen Videokonferenzen nur zum Teil. Aber was sich durch den Shutdown verstärkt, ist, dass der Schulerfolg ganz eng zusammen hängt mit der Bildungsnähe des Elternhauses und den finanziellen Möglichkeiten der Eltern. Das wissen wir ja schon seit PISA. Das wird sich durch den Shutdown verschlechtern. Außerdem denke ich, dass im Moment in vielen Schulen falsch gelernt wird.

KA: *Was meinen Sie damit?*

Pallesche: Aktuell geben viele Schulen die Materialien an Schülerinnen und Schüler aus. Das ist aber eine Einbahnstraße. Vielleicht gibt es bei manchen Schulen noch ein Feedback, sodass das Material wieder zurückkommt. Es reicht aber nicht aus, wenn Schulen gerade den schlechten analogen Unterricht nun auf digitale Weise machen. Das ist nicht Digitalisierung.

KA: *Wenn die Schulen wieder geöffnet werden, was werden die Schulen nach Ihrer Ansicht aus dieser Phase mitnehmen? Die Lehrerin meiner Tochter hat beispielsweise geschrieben: Ich vermisse euch. Das ist neu!*

Pallesche: Ich sehe eine Chance in einer solchen Situation wie jetzt, etwas Neues auszuprobieren. Ich hoffe, dass es für viele Schulen anschließend schwerer wird, in alte Strukturen zurückzukehren, in den 45-Minuten-Takt, bei der jede Stunde anders ist als die Stunde davor und ohne Zusammenhang zwischen den einzelnen Themen, die dort behandelt werden. Ich wünsche mir, dass man darüber nachdenkt, dass Schule mehr ist als eine Lernanstalt, denn es geht ja nicht nur der Kopf der Schüler in die Schule, sondern der ganze Mensch. Viele Schulen haben den bisherigen Unterricht auf dieselbe Weise fortgesetzt wie schon immer, nur digital. Das vermittelt den Eindruck, dass sie hinterher so schnell wie möglich zum alten System zurückkehren wollen. Das ist meine große Befürchtung. Jetzt der beste Moment, um zu merken, wie man Strukturen öffnet! Denn wir arbeiten ja gerade ohne Zeitpläne und feste Strukturen. Das bedeutet auch: Bildungspläne müssten ein Stück agiler gestaltet werden, sodass sie schneller angepasst werden können und nicht für zehn Jahre festgelegt sind. Die Schulen werden jetzt sicher viel stärker die Gelder des Digitalpakts abrufen. Sie merken nun, dass wir mehr Infrastruktur und Tools brauchen. Die eine oder andere Lehrkraft hat sicherlich auch Hemmschwellen und Berührungsängste mit digitalen Medien abgebaut. Ob der Unterricht allerdings besser wird, wenn man Schulen nun klassenweise mit Tablets ausstattet, bezweifle ich. Das allein ist für mich noch keine Digitalisierung.

KA: *Was ist denn für Sie Digitalisierung?*

Pallesche: Dafür muss man zuerst die Begrifflichkeiten klären. Der Begriff „digitale Bildung“ ist für mich beispielsweise nicht zutreffend, denn es gibt keine digitale Bildung und auch keine analoge Bildung. Es gibt Bildung vor einer sich digital verändernden Welt. Im aktuellen Denken ist die Technik sehr dominant. Man findet ja jetzt im Netz zahlreiche Listen von Tools und Plattformen. Aber das ist nicht das Entscheidende: Es geht darum, eine Kultur der Digitalität zu entwickeln, bei der die Lernenden an realen Projekten arbeiten. Dafür sollen sie sich vernetzen und gemeinschaftlich Probleme lösen, so wie es die 4 Ks vorgeben. Sie sollten dabei ein Stück Freiheit haben und eine hohe Eigenständigkeit, vielleicht sogar eine Agilität entwickeln. Die werden sie später brauchen, weil sich die Welt immer schneller verändert. Wir wissen ja nicht, wie die Welt in 10 oder 20 Jahren aussieht.

KA: *Wann setzt diese digitale Mediennutzung am besten ein? Wir haben beispielsweise in meiner Schule zu Beginn der Arbeit am Medienbildungskonzept ein Video von einem Kindergarten gesehen, in dem Kinder Regenwürmer mit dem Tablet gefilmt haben. Das war für uns fragwürdig: Wo bleibt da die sinnliche Auseinandersetzung? Sollte man den Regenwurm nicht besser anfassen und erforschen, anstatt ihn zu filmen? Anders gefragt: Wann ist das digitale Medium das richtige?*

Pallesche: (nickt) Wir brauchen natürlich sinnliche Erfahrungen, die sind wichtig. Aus Sicht des Regenwurms wäre es vielleicht tatsächlich angenehmer, gefilmt zu werden, als von 20 Kindern angefasst zu werden, (lacht.) Man kann den Regenwurm zeichnen, man kann ihn fotografieren oder filmen, man kann seine Arbeitsergebnisse mit anderen teilen. Es braucht eine neue Methodik und eine neue Didaktik, welche analoge und digitale Methoden kombiniert.

KA: *Wenn Sie von einer neuen Didaktik sprechen, sind ja die Medienbildungskonzepte gefragt. Damit beschäftigen sich landesweit gerade jetzt viele Schulen. Wo fängt man da am besten an? Fängt man bei der Haltung an? Fängt man bei den technischen Mitteln und der Ausstattung an? Wie nähert man sich diesem Wandel?*

Pallesche: Ich glaube, die Haltung ist das Entscheidende: Eine Haltung zu entwickeln, mit der man die Schule von Schülerinnen und Schüler ausdenkt. Wie sieht deren Lebenswelt aus? Wie sieht die Welt aus, die sie später mal erwartet? Ich habe zu diesem Entwicklungsprozess ganz starke Bilder aus unserer Schule. Wir haben zum Beispiel einmal eine „FishBowl" initiiert [*Anm. d. Autorin:* demokratische Methode für Großgruppen, bei der der Innenkreis diskutiert und der Außenkreis zuhört]. In der Mitte saß der Kreis der Schülerinnen und Schüler. Im Außenkreis saßen die Lehrkräfte. Die Schülerinnen und Schüler haben erzählt, wie sie ihre Schule sehen, wie sie aussehen sollte und wie sie sich die Schule der Zukunft vorstellen. Sie saßen als Expertinnen und Experten im Innenkreis, die wissen, was sie brauchen. Dass sich die Lehrkräfte darauf eingelassen haben, das hat viel mit einer veränderten Haltung zu tun. Mit Digitalität geht auch Partizipation einher. Beteiligungsprozesse müssen mit Schülerinnen und Schülern, mit Eltern und Lehrkräften gedacht werden, in verschiedenen Formaten. Schule und ihre Entwicklung kann dann nicht mehr von einer Steuergruppe top-down geregelt werden, sondern muss gemeinschaftlich gedacht werden. In meinen Beratungsprozessen mit Schulen zur Entwicklung von Medienkonzepten löse ich mich deswegen zunächst komplett von der Technik. Man kann tatsächlich Unterricht vor dem Hintergrund der Digitalität machen, ohne direkt digitale Medien zu nutzen. Es geht um Arbeitsweisen und Methoden, die diese Offenheit und Agilität abbilden.

KA: *Wo sollten Schulen mit diesem Wandel starten?*

Pallesche: Aktuell sollen Schulen ein Medienkonzept entwickeln; mit Mitteln, von denen sie noch gar nicht wissen, dass es sie gibt. Das ist eine unglaublich große Herausforderung. Ich berate solche Schulen so, dass sie sich zunächst mal vollständig von der Technik lösen und sich über die 4Ks der Schule der Zukunft nähern. Wenn man beispielsweise mehr Kollaboration fördern möchte, gelingt das durch analoge oder digitale Wege. Wenn man das als Ziel definiert, kann man unterschiedliche technische Werkzeuge dafür nutzen. So gelingt der Zugang zur Kultur der Digitalität, bei der die Technik Nebensache ist.

KA: *Habe ich Sie richtig verstanden: Sie bleiben bei der Definition der digitalen Medien als Werkzeuge, die aber gleichzeitig einen viel größeren Kulturwandel in der Bildung eröffnen können, als vielen Menschen bewusst ist? Sind digitale Medien also eine neue Chance zum Lernen für das 21. Jahrhundert?*

Pallesche: Exakt. Dabei ist der Begriff „Werkzeug“ ein bisschen verbrannt und vielleicht auch zu techniklastig. Ich halte den Begriff der „Brücke“ für besser. Vielleicht müssen wir für das 21. Jahrhundert auch einen ganz neuen Lernbegriff schaffen. Der Unterricht in Schulen stammt ja noch aus dem Preußentum. Wir müssen fragen: Wie wollen wir in Zukunft lernen, was brauchen wir wirklich? Dann werden wir feststellen, dass digitale Medien diesen Prozess gut unterstützen können. Kinder und Jugendliche werden in Zukunft gemeinschaftlich komplexe Probleme lösen, die ein einzelner Mensch gar nicht mehr lösen kann. Diese Kompetenz muss in Schulen abgebildet werden. Das kann ich analog fördern, aber das kann ich auch sehr gut digital fördern. Ein guter Lehrervortrag, ein guter Input ist immer noch wichtig, weil ich dabei Emotionen transportieren kann. Es geht zukünftig jedoch viel mehr um „project progress learning“, um das Vernetzen und Strukturieren in Projekten. Das werden wir in Zukunft brauchen, weil wir nicht mehr diese Linearität der eindeutigen Probleme haben.

KA: *Wenn es keine eindeutigen Probleme gibt, gibt es sicher auch keine eindeutigen richtigen Lösungen?*

Pallesche: Dann gibt es nicht mehr nur eine Lösung, sondern die Lösung, die partizipativ erarbeitet und von den meisten getragen wird. Dahin muss sich Schule einfach verändern. Ein Kennzeichen der Digitalität ist es gerade, dass man bei dem projektartigen Arbeiten auch Fehler macht, sie gehören dazu. Wir brauchen also eine andere Fehlerkultur. Im Moment werden ja Fehler noch angestrichen. Das steckt auch in den Lehrern drin. Da muss man umdenken.

KA: *Wie verändert sich neben dem Unterricht und dem Lernbegriff die Schule als Lernort?*

Pallesche: Schule wird in Zukunft ein sogenannter dritter Ort sein. Also ein Ort, an dem Schülerinnen und Schüler sich austauschen und vernetzen und auch gemeinsam arbeiten. Aber es wird nicht mehr der alleinige Lernort sein. Es kann viel mehr Lernorte im Quartier geben, beispielsweise der Gemeinderatssaal für den Politikunterricht, das Mehrgenerationenhaus oder der Kindergarten. In der Schule kommt man wieder zusammen. Schule muss sich dafür radikal öffnen.

KA: *Sehen Sie Schule eher als Knotenpunkt?*

Pallesche: Ja, wie ein Knotenpunkt. Und die digitalen Medien ermöglichen dabei Zugriff auf Informationen und Wissen, überall wo wir sind. Wie man Informationen filtert und herausfindet, was Fake News sind, das muss Schule ebenfalls vermitteln. Aber man kann sich eben auch vernetzen und Wissen teilen. Das finde ich hochspannend.

KA: *Wenn die Schule sich so öffnet und das Lernen überall stattfinden kann wie zum Beispiel auf dem Schulhof, gibt es denn dann noch eine Kontrolle? Sind die Jugendlichen dann nicht vielleicht eher auf TikTok oder Youtube unterwegs, anstatt digital zu lernen?*

Pallesche: Das ist eine gute Frage. Die Möglichkeit der Ablenkung ist bei digitalen Medien deutlich größer als analog. Es gibt bei uns unterschiedliche Freiheitsgrade. Es gibt natürlich Schüler und Schülerinnen, die brauchen viel mehr Struktur als andere. Eine Schule muss eben beides bieten. Wir versuchen Selbstständigkeit durch das neue Fach „Leben" anzubahnen. Der Schwerpunkt in Stufe 5 ist, Verantwortung für sich zu übernehmen. Ab Klasse 7 übernehmen die Schülerinnen und Schüler außerschulische Verantwortungsberufe. Sie sind dann gut vorbereitet und es erwächst eine Haltung. So funktioniert es erstaunlich gut.

KA: *Können Sie mir die „außerschulischen Verantwortungsberufe" erklären?*

Pallesche: Mit Verantwortung in der Stufe 5 ist zum Beispiel nicht der klassische Tafeldienst gemeint, sondern zum Beispiel ein „Freudebereiter", der darauf achtet, wem es nicht gut geht, oder auch die „Müllpolizei". Es geht darum, für die Gemeinschaft da zu sein und für sich Verantwortung zu übernehmen. In Stufe 6 wird die Verantwortung intensiviert: Hier werden Kinder auf die außerschulischen Verantwortungsberufe vorbereitet, die sie in Stufe 7 alle übernehmen. Wir haben jede Woche 90 Minuten für die Schülerinnen und Schüler, die in Altenheime, in Kindergärten oder in die benachbarte Grundschule gehen. Dort halten zum Beispiel gerade Achtklässler Fortbildungen für die Lehrkräfte in digitalen Medien. Ich finde die Haltung der anderen Schulen dazu toll. Die haben wir vielleicht schon „infiziert". Da wächst bei den Schülerinnen und Schülern eine Haltung wie „Ich bekomme Vertrauen geschenkt, ich bekomme Verantwortung übertragen". Das läuft erstaunlich gut. Natürlich gibt es auch Einzelfälle, bei denen es nicht klappt. Man kennt seine Schülerinnen und Schüler ja. Wir nennen die Kinder, die am Anfang wenige Freiheiten haben, „Entenkinder". Die müssen enger geführt werden und mit ihrer Lehrerin oder dem Lehrer mitlaufen, so wie bei den Enten. Die sehen allerdings auch, dass die anderen Kinder mehr dürfen und wollen das auch erreichen. Das motiviert sie.

KA: *Wird der Medienkonsum kontrolliert? Oder ist das Netz einfach offen?*

Pallesche: Ja, das Netz ist offen. Wir haben schuleigene Geräte und es gibt die Möglichkeit, dass die Schülerinnen und Schüler mit ihren Smartphones arbeiten, wenn es der Lehrer freischaltet. Ich möchte dazu noch ein Beispiel bringen. Wir haben das „Wunderland" als neuen Lernort. Dafür wurden wir letzte Woche mit dem Innovationspreis ausgezeichnet [*Anm. d. Autorin:* Zukunftspreis des Verlags Cornelsen für Innovationen an Schulen]. Das ist ein sehr spannendes Projekt. Wir haben die Kompetenzen des 21. Jahrhunderts in Räumen verortet. Es gibt einen „Denkraum", in dem gemeinschaftlich und kollaborativ gedacht werden soll, einen „Achtsamkeitsraum", um „digital detox" zu machen, also wirklich abzuschalten. Das müssen Kinder und Jugendliche wirklich lernen, bewusst offline zu gehen. Wir haben einen Raum als „Makerspace" für Experimente und andere Räume. Es ist unglaublich spannend, zu sehen, wie akzeptiert diese Räume sind.

KA: *Ich möchte noch einmal auf einen anderen kritischen Aspekt zu sprechen kommen. Es wird ja neben der Ablenkung auch viel über die Suchtgefahr durch digitale Medien berichtet. Ein Beispiel dafür sind Mütter und Väter, die auf das Smartphone schauen, während sie den Kinderwagen schieben. Ist nicht gerade da „social distancing" impliziert?*

Pallesche: Absolut. Ich teile die Bedenken, dass wir alle aktuell eine zu hohe Bildschirmzeit haben und dass dies Menschen verändert.

Keine Medien im Unterricht einzusetzen, halte ich trotzdem für den falschen Weg. Es entspricht nicht der Lebenswelt der Schülerinnen und Schüler. Ich finde eine hohe Mediennutzung dann problematisch, wenn Jugendliche nur konsumieren, wenn sie wenig kreativ damit arbeiten oder eigene Inhalte schaffen. Vielen ist diese Möglichkeit gar nicht so bewusst. Schule hat die Aufgabe, diese Möglichkeiten aufzuzeigen und vorzuleben, etwa indem sie Erklär-Filme selbst erstellen. Und Schulen müssen die Eltern mit ins Boot holen. Da gibt es einen Riesenbedarf.

KA: *Neben der Ablenkbarkeit durch eine ständige Onlineverfügbarkeit sehe ich aber auch die Gefahr, dass ein hoher Medienkonsum Menschen verändert. Ich erlebe das bei meinen eigenen Kindern. Wenn sie am Tag einen hohen Medienkonsum hatten, erlebe ich sie eher unausgeglichen, weniger ansprechbar und eher desinteressiert an anderen Themen. Liegt das dann am hohen Konsum?*

Pallesche: Ja, das denke ich schon. In der Schule soll es nicht so sein, dass Schülerinnen und Schüler sechs oder acht Stunden vor digitalen Geräten sitzen. Es geht um eine andere Arbeitsweise. Ein Beispiel aus meiner Schule: Wir haben diesen „Achtsamkeitsraum“ eingerichtet. Wir haben das bewusst so eingerichtet, dass die Kinder offline gehen müssen, wenn sie diesen Raum betreten. Die Handys laufen ja immer nebenher, man ist ständig online. Das sieht man auch bei Schulaufführungen, wenn Eltern Vorführungen abfilmen und die ganze Zeit schauen, ob der Bildausschnitt stimmt, anstatt die Vorführung gemeinsam zu erleben und den Moment zu genießen. Wir hoffen, dass Kinder bei uns lernen, auch mal bewusst abzuschalten und das dann auch zu Hause umsetzen können. Das sieht man auch bei uns im „Makerspace“. Da können Kinder und Jugendliche mit dem 3D-Drucker arbeiten, sie können aber auch mit den Händen arbeiten. Wir zeigen beide Möglichkeiten auf. Was ich aber auch beobachte: Je digitaler wir wurden und je mehr technische Geräte wir hatten, desto wichtiger und relevanter wurde der persönliche Austausch und Kontakt. Dadurch, dass wir viele Aufgaben digital bewältigen, haben wir uns mehr Zeit für analoge Erfahrungen genommen.

KA: *Das ist ja auch eine Erfahrung, die wir jetzt während des Shutdowns machen. Unsere Arbeiten erledigen viele online im Homeoffice, und soziale Kontakte werden dadurch gerade sehr wichtig.*

Pallesche: Genau. Plötzlich hat man Kontakt mit Freunden, die man schon seit Jahren nicht mehr gesprochen hat! Das zweite, was ich beobachtet habe, ist, dass das Mehrgenerationen-Lernen bei uns wichtiger geworden ist. Das haben wir forciert. Neben unserer Schule ist ein Mehrgenerationenhaus, das hat sich für unser Projekt mit den außerschulischen Verantwortungsberufen angeboten. Wir haben zum Beispiel ein Ideenbüro, in das eine 80-jährige Dame kam, um sich zur Anschaffung eines Smartphones beraten zu lassen. Die Schülerinnen und Schüler sind sogar beim Kauf mit ins Geschäft gegangen. Jetzt haben wir als Außenstelle ein Ideenbüro im Mehrgenerationenhaus eingerichtet. Das ist sehr gut besucht! Wir müssen die Vernetzung von Jung und Alt unterstützen.

KA: *Warum ist das so wichtig?*

Pallesche: Ich glaube, da wächst eine vollkommen andere Generation heran. Die denkt anders, die tickt anders, für die ist das ganz normal, sich auch mal virtuell zu vernetzen und sich auszutauschen. Das sieht man am YouTube-Video von Rezo und der Reaktion der CDU darauf. Er hatte Millionen Klicks und die Partei konnte damit nicht umgehen. Da entsteht eine Art Graswurzelbewegung, bestehende Systeme kommen damit nicht mehr klar. Denken Sie an das Phänomen Greta und die Bewegung, die daraus entstanden ist. So etwas wäre vor 20 Jahren nicht möglich gewesen. Es entstehen weltweit Veränderungen und spürbare Bewegungen. Wir als ältere Generation müssen gleichzeitig etwas weitergeben; Werte, soziales Miteinander, das Entwickeln einer Streitkultur.

Meine vierzehnte These lautet als Konsequenz:

Gute Schulen brauchen neue (Denk-)Räume.

12.4 Mehr Geld! – oder: Wie viel ist Bildung wert?

Mehr Ressourcen, mehr Geld – diese Forderungen ziehen sich bekanntermaßen seit vielen Jahren durch alle Diskussionen über bessere Schulen. Aber was tun eigentlich Schulen, wenn sie über eine gute finanzielle Ausstattung verfügen? Wie und worin investieren sie? Eine Antwort gibt allein schon eine Überschrift der Wochenzeitschrift DIE ZEIT. Sie titelte am 22.8.2019: „Drei Bibliotheken, zwei Sporthallen, zwei Theater, sieben Labore, ein Fitnesscenter sowie Tanz- und Kunsträume".

Leider bezieht sich diese Aufzählung auf jeweils eine Schule in Düsseldorf und Bremen, die als Privatschulen im Verdacht stehen, nicht nur hohes Schulgeld erhoben, sondern womöglich auch zu Unrecht staatliche Subventionen erhalten zu haben. Angesichts der teilweise desaströsen Zustände von öffentlichen Schulen drängt sich mir die Frage auf, warum nicht auch staatliche Schulen so gut ausgestattet sind. Luxusausstattung und Laptops als Normalität werden für die Privatschule in Düsseldorf beschrieben. Zudem erhalte der Schulleiter ein Managergehalt, die Schule nennt es „marktkonform". Auch dies ein Zustand, der für Regelschulen unvorstellbar erscheint, obwohl Schulleiter sozusagen einen mittelständischen Betrieb leiten und hohe Verantwortung tragen – bis hin zur Haftung mit dem sogenannten Privatvermögen.

Warum sind für öffentliche Schulen bröckelnder Putz, zu wenig Platz in der Turn- und Schwimmhalle und nicht ausreichende Fachräume die Regel? Zeigen uns diese Privatschulen nicht, wie gute Schulen aussehen könnten?

Auf der anderen Seite steht der verantwortungsvolle Umgang mit Steuergeldern, zu dem alle Ministerien verpflichtet sind, auch das Kultusministerium. Es stimmt jedoch nachdenklich, wenn für bundesweite Projekte wie die Digitalisierung große Milliardenbeträge fließen können – das Grundgesetz sogar verändert wird, um dies tun zu können –, jedoch für Bereiche wie Lehrkräftemangel oder Inklusion keine Zuschüsse in dieser Höhe bereitstehen; und folglich als Mangellösung wahrgenommen werden.

Was ist uns Bildung also tatsächlich wert? Warum rangiert Deutschland mit den Bildungsausgaben auf Platz 11 der von der OECD verglichenen Länder und wird im Anteil der Bildungsausgaben am Bruttoinlandsprodukt überholt von Staaten wie Kuba, Kenia, Slowenien oder Nepal?[84]

84 https://de.wikipedia.org/wiki/Liste_der_L%C3%A4nder_nach_Bildungsausgaben (recherchiert am 5.5.2020)

Anschaulich belegen dies auch Beispiele von Auslandsschulen, die über ganz andere finanzielle Mittel verfügen als deutsche Schulen. Pädagogische Arbeit kann viel konzentrierter vorangetrieben werden, wenn günstige Rahmenbedingungen geschaffen werden. Lehrkräfte, Schulleitungen und die gesamte Schulgemeinde profitieren von einer guten Versorgung. Das bedeutet zum Beispiel, dass Klassenräume am Wochenende nicht in Eigenregie gestrichen werden müssen, der Mangel an Fachräumen behelfsmäßig gelöst und zum wiederholten Mal die Kisten selbst gepackt werden müssen, da Renovierungsarbeiten anstehen. Ich frage mich: Welches größere Unternehmen würde so arbeiten?

12.4.1 Staatliche und private Mittel als Bildungsinvestition

Stiftungen haben diese Mangelsituation erkannt und bieten Hilfe an durch

- Finanzierung von Ausstattung,
- Finanzierung und Organisation hochwertiger Fort- und Weiterbildungsangebote,
- Kooperationen mit Schulen zur Unterstützung von pädagogischen Ideen und deren nachhaltige Implementierung.

Mittlerweile werden die Ausgaben von Stiftungen zu Bildungsthemen im Vergleich zu den Mitteln des Bundes in etwa gleich hoch eingeschätzt. Der Bundesverband deutscher Stiftungen schätzt die Ausgaben von Stiftungen aller Rechtsformen auf mehr als 4,28 Milliarden Euro für die Verwirklichung gemeinnütziger Zwecke.

Er schränkt aber gleichzeitig ein:

> „Ausfallbürgen für Kürzungen öffentlicher Haushalte können und wollen Stiftungen nicht sein. Wenn in Zeiten knapper werdender öffentlicher Kassen die Mittel für bestimmte gesellschaftliche Bereiche zurückgefahren werden – etwa für Kultur oder Bildung –, geraten private Förderer, auch Stiftungen, immer stärker unter Druck, hier einzuspringen. Doch Stiftungen wollen ihrem Selbstverständnis nach komplementär und nicht kompensatorisch wirken." (Zahlen, Daten, Fakten zum deutschen Stiftungswesen, S. 34 f.)

Ein Beispiel: Die Stiftung „Polytechnische Gesellschaft" in Frankfurt hat seit ihrem Bestehen zahlreiche pädagogische Projekte ins Leben gerufen, die Nachahmung in ganz Deutschland findet. Dazu gehören das *Diesterweg-Stipendium* für Kinder und ihre Eltern und der *Deutschsommer*, in dem Schülerinnen und Schüler in den Ferien intensive Deutschförderung erhalten. Mit dem *Polytechnik-Preis* werden darüber hinaus neue Konzepte in die Schulen geholt:

> „Alle zwei Jahre lobt die Stiftung deutschlandweit diesen Preis für die Didaktik der Mathematik, Informatik, Naturwissenschaften und Technik aus. Jedes preisgekrönte Konzept wird im Anschluss in einem bis zu zweijährigen Prozess in Frankfurter Bildungseinrichtungen eingeführt."[85]

In Großstädten haben solche Stiftungen zunehmend größeren Einfluss auf das Bildungsgeschehen. Gerd Landsberg, Hauptgeschäftsführer beim Deutschen Städtetag, äußert sich in einem Beitrag aus 2018 wie folgt:

> „Wir haben das ja als kommunaler Spitzenverband immer angemahnt, und es hat sehr, sehr lange gedauert, bis das in den Hinterköpfen der Politiker angekommen ist. Das ist es jetzt. Es gibt ja auf der Bundesebene auch die Initiative, das sogenannte Kooperationsverbot [zwischen Kommunen und Bund, *Anm. d. Autorin*] aufzuheben. Das heißt, nach der jetzigen Verfassungslage darf der Bund unmittelbar für eine Schule in einer Kommune gar kein Geld geben. Das soll aufgehoben oder gelockert werden".[86]

Mit der sogenannten „Schuldenbremse" konnte seit 2008 der Haushalt des Bundes die Verschuldung reduzieren. Lag sie 2007 noch bei 67 Prozent der Wirtschaftsleistung, so wird sie aktuell auf 58 Prozent geschätzt. Aber diese Entwicklung hat eine Kehrseite.

> „138 Milliarden Euro beträgt nach Angaben der Staatsbank KfW die Investitionslücke bei den Kommunen, überall im Land fehlen Schulplätze, Kitas, Straßenbahnen, Bibliotheken. Wenn in den letzten Jahren mehr investiert worden wäre, dann gäbe es heute mehr Schulplätze, die Züge wären pünktlicher, und die Internetversorgung wäre besser."[87]

Geringere Verschuldung ist eine politische Entscheidung – genauso wie Investitionen in staatliche Aufgaben.

Als irreführend empfinde ich die Schlagworte aus den Landtags- und Bundestagswahlkämpfen; beispielweise das Schlagwort „Bildungsnation", das von verschiedenen Parteien genutzt wird. Sie geben nicht realistisch

85 Prägungen. In: https://www.sptg.de/fileadmin/fileadmin/SPTG/Dokumente/Taetigkeitsbericht/festschrift.pdf (recherchiert am 5.5.2020)

86 a.a.O

87 Artikel „Ausgespart", in: DIE ZEIT, Nr. 35, 22.8.2019

wieder, wie die Verteilung der Finanzen in den einzelnen Ressorts letztendlich vorgenommen wird. Denn dort ist keine wirkliche und eindeutige Priorisierung der Bildung zu erkennen.

Meine fünfzehnte These ist daher schon oft formuliert worden und gleichzeitig immer noch gültig:

Gute Schulen brauchen mehr Geld, das heißt: Deutschland muss mit seinen Bildungsausgaben zur Spitze der OECD gehören.

Auszüge aus einem Gespräch mit René Behrendt auf der Didacta: die German European School in Singapur

Die Auslandsschulen in anderen Ländern arbeiten an deutschen Lehrplänen orientiert, werden von der Bundesrepublik beraten, inspiziert, zertifiziert und unterstützt und ermöglichen deutsche, nationale und internationale Schulabschlüsse. Sie haben in der Regel wenig Kontakt zu Nachbarschulen und dem Schulsystem vor Ort, bieten aber Unterricht in der deutschen und der Landessprache an. Getragen werden diese Schulen in der Regel von gemeinnützigen Schulvereinen.

René Behrendt hat über zehn Jahre Erfahrung als Schulleiter. Als er eine neue berufliche und private Herausforderung suchte, ging er aus Interesse an der besonderen Schule und dem Land als Grundschulleiter nach Singapur und wurde dort Leiter der Grundschule der German European School Singapore. Ich traf ihn auf der Didacta als Vertreter seiner Schule. Er schätzt an seiner neuen Herausforderung die besonderen Faktoren, die eine bessere Umsetzung von pädagogischen Ideen ermöglichen:

> „Insbesondere die exzellente Ausstattung, die großzügigen Ressourcen und die gezielt ausgewählten und eingestellten Kolleginnen und Kollegen sorgen dafür, dass wir Schulentwicklung schneller vorantreiben. Es gibt andere Arbeitszeiten und keine Einzelkämpfer, Lehrerkooperation ist für alle selbstverständlich."

Auch in der Inklusion macht sich die bessere Ausstattung bemerkbar:

> „Unsere Rahmenbedingungen sind deutlich besser als an deutschen öffentlichen Schulen. Wir haben beispielsweise einen Inklusionsbeauftragten an der Schule. Kinder die besondere Unterstützung benötigen, können teilweise durch eine Assistenzlehrkraft unterstützt werden. Zusätzlich gibt es eine Förderlehrkraft und eine Sprachförderlehrkraft an der Schule. Lehrkräfte und die Schulleitung haben insgesamt viel weniger Verwaltungsaufgaben."

Das Schulleben scheint sich ebenfalls deutlich zu unterscheiden:

> „Wir halten etwa alle sechs Wochen eine Grundschulversammlung mit Klassenpräsentationen ab. Hier wird beispielsweise auch ein Freundlichkeitspokal verliehen, für den Kinder andere Kinder vorschlagen können. Es gibt Ehrungen für besondere Leistungen. Außerdem gibt es eine Talentshow, bei der Schülerinnen und Schüler singen, ein Vorspiel auf einem Instrument haben oder auch selbstausgedachte Theaterstücke vorführen. Dadurch sind alle daran gewöhnt, zu präsentieren und können das auch wirklich gut! Das ist ein großer Teil des Schullebens."

Die Auslandsschule in Singapur wird vorrangig von Kindern aus Familien besucht, die international ausgerichtet sind und beispielsweise beruflich international arbeiten. An die Schule wird daher die Erwartung gestellt, dem nationalen und internationalen Vergleich standzuhalten. Sie hat eine Zertifizierung mit dem Gütesiegel als Exzellente Deutsche Auslandsschule. Es gibt ein eigenes Schulcurriculum, basierend auf deutschen Curricula und ein besonderes *classroom design* mit Stehpulten, Konferenztischen zum Beschriften und Sitzgelegenheiten auf dem Boden.

Weiter gibt es für jedes Kind ein schuleigenes Ipad für die Dauer des Schulbesuchs und *educational technological coaches*, die die medienpädagogischen Aspekte für den Unterricht in Zusammenarbeit mit den Lehrkräften unterstützen. Digitale Medien werden als Werkzeuge im Unterricht eingesetzt; und nach der Maxime, dass der Einsatz den Unterricht weiterbringen, also die Nutzung den Unterricht verbessern muss. Es ergeben sich kleine Medienprojekte wie das Erstellen von E-books über einen Zoobesuch, aber auch der Einsatz des Ipads als Mittel für Recherchezwecke und zur Nutzung eines *digitalen Learning-Portfolios*, in das auch Eltern und Kinder Einblick erhalten. Auf die Frage, welche Veränderungen der Schulleiter aus der Ferne Asiens und durch die Erfahrung in einem anderen System für deutsche Schulen empfiehlt, gibt Behrendt sehr konkrete Hinweise:

> „Es muss deutlich mehr in Bildung investiert werden. Auch große strukturelle Veränderungen müssen mit mehr Ressourcen ausgestattet werden. Digitales Lernen kann nur mit Unterstützung von Coaches integriert werden, am besten integriert in alle Fächer und nicht als zusätzliches Angebot. Lehrer werden mit diesen neuen bildungspolitischen Anforderungen viel zu oft allein gelassen und sind dann überfordert. Für Veränderungsprozesse in Schulen sollten alle an einem Tisch zusammen sitzen und überlegen, was brauchen wir? Man muss alle anhören!"

13 Der BETA-Zirkel als Zusammenschau

Damit alle Thesen für die Veränderung von Schulen noch einmal deutlich werden, habe ich sie in einem Konzept zusammengefasst, das ich den „BETA-Zirkel" nenne. In der IT-Branche gelten BETA-Versionen als die Versionen einer Software, die ständig verändert und weiterentwickelt werden – ein Gedanke, der mir auch für die Schulentwicklung und deren Modelle außerordentlich gut gefällt.

Abb. 2: Der BETA-Zirkel.

13.1 Der BETA-Zirkel für förderliche Bedingungen

Alle Thesen verständlich und anschaulich zusammenzustellen, das war das Ziel: So entstand die Idee zum **BETA-Zirkel**. BETA, das steht für **B**eziehung, **E**ntwicklung, für das gemeinsame **T**un und **A**ufgabe. und Das Kind steht dabei im Mittelpunkt. Dass dazu gleichzeitig – etwas in den Hintergrund gerückt – die Lehrkraft in den Mittelpunkt gehört, wurde mir im

Laufe des Schreibens klar: Das Wohlergehen und der Lernerfolg der Schülerinnen und Schüler hängen maßgeblich von der Qualität der Beziehungen im Lern- und Entwicklungsprozess an der Schule ab. Nur Lehrkräfte, die sich wohlfühlen und ihre Arbeit gerne tun, die entspannt und gut vorbereitet in den Schulalltag gehen, können Schülerinnen und Schüler angemessen unterstützen. Das will auch der jährliche Teacher's Day unterstützen, der seit 1966 von der UNESCO ausgerufen wird, dessen Empfehlungen aber bis heute nicht vollständig umgesetzt sind.

13.1.1 Der BETA-Zirkel im Detail:

Das gemeinsame Tun: Zwischen den beiden Akteuren Kind und Lehrkraft findet idealerweise das gemeinsame Tun statt, also die Gestaltung von professionellen Beziehungen und vielfältigen Lehr-Lernprozessen, das Interesse an guten Aufgaben und die entwicklungsfördernden Momente. Lehren heißt dabei auch, vom Kind zu lernen, vom Kind aus denken und das Kind selbst sprechen lassen. Dafür benötigen die Prozesse eine Metaebene der Reflexion über Evaluationen, Feedback und Gespräche über das Lernen und Leben an der Schule. Die **drei Kreissektoren**, die die Akteure umgeben, sind

1. Beziehungsorientierung: Die pädagogische Kraft stellt das Kind in seiner Entwicklung und seinem Lernfortschritt in den Fokus. Daraus ergibt sich eine Verantwortung für die Gestaltung eines professionellen Beziehungsangebots zum Kind. Dafür ist wichtig, dass der Lehrende sich auf Augenhöhe des Kindes begibt – ganz körperlich in der Begegnung, aber auch in der Passgenauigkeit des Lernangebots und der Präsenz als Bezugsperson. Wie man eine Beziehung anbietet, auch und gerade bei Kindern mit schwierigem Verhalten, kann man beispielsweise mit dem Unterstützungsprogramm **Marte Meo** lernen. Insbesondere für Kinder und Jugendliche mit unsicheren Bindungserfahrungen bietet die Schule als der Erfahrungsraum von sechs bis sechzehn Jahren und älter Chancen, an Bindungen mit Ankerfunktion anzuknüpfen. Jesper Juul hat dazu formuliert: „Kinder brauchen keine Grenzen, sondern Beziehungen zu Menschen, die Grenzen haben.“[88] Dass dies bei geringer Wochenstundenzahl im Fachlehrerunterricht kaum gelingen kann, muss uns zu denken geben.

88 Cadeggianini, G. (26.7.2919): Der Beobachter. In: https://www.sueddeutsche.de/panorama/jesper-juul-nachruf-1.4540588 (recherchiert am 5.5.2020)

2. Die Entwicklungsorientierung: Der Bildungsauftrag von Schulen beinhaltet neben der Weltorientierung auch die Persönlichkeitsentwicklung. Überfachliche und personale Kompetenzen, wie sie in den Kerncurricula formuliert sind, werden nicht implizit im Unterricht erworben. Sie müssen zeitlich und inhaltlich in der Planung mitgedacht und in Lern- und Lebenssituationen der Schule gestaltet werden. Das betrifft die Gestaltung der Pausensituation, die Form der Klärung von Konflikten, die Raumgestaltung, aber explizit auch den Unterricht. Der Neurobiologe Gerald Hüther fand für die Persönlichkeitsentwicklung den Begriff der **Potenzialentfaltung**. Sie erfordert eine bewusste Haltung, die der Aufgabenorientierung pädagogischer Arbeit die Entwicklungsorientierung gegenüber stellt.

3. Aufgabenorientierung: Die Aufgabenorientierung stellt den Sachaspekt in den Fokus. Die Sache so darzustellen, dass Motivation geweckt und die Anstrengungsbereitschaft der Schülerinnen und Schüler hervorgeholt wird, ist eine Kunst. Aber guten Lehrern gelingt es immer wieder, Kinder so zu begeistern, dass sie mit glühenden Wangen vor einer Aufgabe sitzen und knobeln, dass sie scharf nachdenken und hart arbeiten müssen – und es gerne tun. Welche Aufgaben eignen sich dafür? Dazu braucht es ein tieferes Verständnis der Sache – oder der Welt: „Die Sache war für Wilhelm v. Humboldt schlicht die ‚Welt', an der wir uns abarbeiten und unsere Kräfte bilden. Ohne eine gewisse Leidenschaft für diese Welt fehlt dem Lehrberuf fast alles, jedenfalls das Wichtigste", so schreibt Roland Reichenbach, Professor für Allgemeine Erziehungswissenschaft in Zürich. (Reichenbach, 2013, S. 37)

Die Aufgabenorientierung leuchtet vielen Lehrkräften ein, insbesondere auch denen, die ausschließlich als Fachlehrkräfte eingesetzt sind. Dass die anderen Dimensionen gleichermaßen das Lernen bedingen, ist weniger bekannt und findet erst in neueren Modellen Berücksichtigung. Zu guten Aufgaben gibt es zahlreiche Hinweise im Kapitel 6. Die Reflexion auf der Meta-Ebene, inwieweit diese Aufgabe das Lernen anregt, steigert den Lerneffekt besonders.

Aus diesen Schwerpunkten ergeben sich neue Überlegungen für die Rolle der Lehrkraft. Sie trägt eine hohe Gelingensverantwortung für die individuelle Entwicklung jeden Kindes und Jugendlichen. Lehrkräfte benötigen dafür eine besonders gute Ausbildung und die Unterstützung des multiprofessionellen Teams. Einzelne Schulen, die mit dem Deutschen Schulpreis ausgezeichnet wurden, haben es vorgemacht (vgl. Interview mit Nicole

Schäfer in Kap. 4.2.3): Eine Doppelbesetzung mit einer zweiten Kraft im Unterricht ist möglich. Das ändert das Lehrerbild, schafft Entlastung und bietet die Möglichkeit des mehrperspektivischen Blicks.

Gleichzeitig benötigen sie genügend professionelles Selbstvertrauen, um Feedback anzunehmen und ihre Arbeit als sinnstiftend zu schätzen: Es gibt eine „unzureichende Anerkennung der Lehrertätigkeit in der Gesellschaft und auch die vergleichsweise geringen Aufstiegschancen spielen eine Rolle. Dabei handelt es sich bei der Lehrer- und Erziehungsarbeit um eine der anspruchsvollsten und wichtigsten zukunftssichernden Tätigkeiten in unserer Gesellschaft. Lehrer müssen – etwa durch Eltern – und Öffentlichkeitsarbeit selbst dafür sorgen, dass ihre Leistungen wertgeschätzt werden, und jeder Lehrer sollte sich von Zeit zu Zeit fragen: Wo empfinde ich heute in meiner Tätigkeit Selbstwertschätzung? (…) Ist sie in meinem Umfeld vorhanden? Was kann ich dafür tun?“ (Prof. Burow, 2017, S. 25 f.) Ergänzend wird gesellschaftliche Wertschätzung der pädagogischen Arbeit notwendig sein.

Meine sechzehnte These dazu:

An guten Schulen sind sich Lehrkräfte ihrer Rolle und Verantwortung für Beziehung, Entwicklung und das Unterrichtsfach bewusst.

13.1.2 Der Innenkreis im BETA-Zirkel

Den Anspruch an Partizipation auf den verschiedenen Ebenen in Schulen grafisch darzustellen, ist herausfordernd. Der geneigte Leser mag sie in den Schlaufen des inneren Dreiecks erahnen, die sich um die wesentlichen Schwerpunkte der pädagogischen Arbeit schließen.

An der Organisationsgrenze – hier durch den blauen Kreis dargestellt – befindet sich die Zuständigkeit der Schulleiterin. Auch sie trägt die Verantwortung, die BETA-Sektoren im Sinne eines Doppeldecker-Prinzips zu steuern. Sie stellt sicher, dass die Beziehungsorientierung, die Entwicklungsorientierung, die Aufgabenorientierung und das gemeinsame Tun für die Schülerschaft Berücksichtigung finden. Sie gestaltet auch für die Mitarbeitenden deren professionelle Beziehungen, setzt Schwerpunkte der Aufgabenorientierung im Unterricht und schafft förderliche Räume zur Entwicklung, auch im Sinne von Personalentwicklungsprozessen.

Das Modell zur Salutogenese von Aaron Antonovsky[89] zeigt auf, was gegen Überforderung und Burn-out getan werden kann, hier wird es von Burow ausgeführt:

> „Wenn wir eine gute, gesundheits- und leistungsförderliche Schule entwickeln wollen, dann müssen wir für Umgebungen sorgen, in denen Lehrer und Schüler Verstehbarkeit, Bedeutsamkeit und Handhabbarkeit erfahren. (…) Positive Pädagogik setzt auf salutogene Führung und den Aufbau von wertschätzenden Schulen." (Burow, 2017, S. 28 f.)

Der Prozess, Schulen zu verändern, beginnt dabei immer an der eigenen Schule und im dortigen Kontext. Dabei steht die Visionssuche, die Formulierung von Zielen am Anfang. Denn „wer keine Ziele hat, kann auch keine Wege finden." (Brägger nach Rolff, 2019, S. 43) Gleichzeitig ist es hilfreich, voneinander zu lernen, nicht nur durch die kooperativen und partizipativen Prozesse an der eigenen Schule, sondern durch „horizontale Schulentwicklung" in Netzwerken: „Horizontale Schulentwicklung ist weder Top-Down noch Bottom-up konzipiert." (Rolff, 2019, S. 18 f.) Gemeint ist die Entwicklung in Netzwerkverbünden und Bildungslandschaften. Für besonders erfolgreich hält Rolff dabei die Netzwerke, die durch staatliche Einrichtungen und der Arbeit von Trägern, Stiftungen und anderen gleichzeitig unterstützt werden. Dabei ist nicht die reine Adaption erfolgreicher Konzepte anderer

89 https://de.m.wikipedia.org/wiki/Salutogenese (recherchiert am 5.5.2020)

Schulen das Ziel, sondern die Überarbeitung und kreative Anpassung von Nützlichem in das eigene System. Schulen brauchen damit Zeit für Netzwerkarbeit und Hospitationen. Sie können inspirieren und für Entspannung sorgen.

> „Wenn in der Schule ein größeres Wohlbefinden herrscht, dann sind auch die Leistungen besser und dann hat das auch Auswirkungen auf Chancengerechtigkeit. (…) Auf dieser Ebene kann man sofort etwas machen, etwa für das Schulklima, für die Gesundheit, für das Engagement, für die Senkung von Fehltagen." (Burow, Einladung zur positiven Pädagogik, 2017, S. 14)

13.1.3 Der Außenkreis im BETA-Zirkel

Im Außenkreis dargestellt sind die äußeren förderlichen Bedingungen, die gute Schulen brauchen. Die Auswahl ist im jeweiligen dazugehörigen Kapitel begründet. Auslandsschulen veranschaulichen eindrucksvoll, wie Schulen sich unter guten Bedingungen entwickeln können. Als deutsche Pädagogin schaut man nicht frei von „Futterneid" auf so gut aufgestellte Systeme als Ermöglichungsorte. Was wäre an Schulen möglich, wenn die Bedingungen so begünstigend wären! Nicht umsonst sind in den letzten Jahren immer wieder Auslandsschulen unter den preisgekrönten Schulen des Deutschen Schulpreises zu finden.

13.1.4 Wandel der Arbeitszeitmodelle

Ohne ausreichend Zeit für Reflexion und Evaluation gelingt die Weiterentwicklung von Unterricht nicht. Ich frage mich: Wie effizient kann ein Fachlehrer arbeiten, der in einer weiterführenden Schule am Tag mindestens 150 verschiedene Jugendliche vor sich hat? Professionelle Beziehungsgestaltung, individuelle Unterstützung beim Lernen und Evaluation von Unterricht sind auf diese Weise wohl kaum möglich. In der Wirtschaft gibt es neuere Überlegungen zu Arbeitszeitmodellen, bei denen unter dem Schlagwort Leistungskultur von einer reinen Anwesenheitspflicht abgerückt wird. Stattdessen soll die Leistung kultiviert werden, also das Ergebnis der Arbeitszeit. Vorreiter ist hier beispielsweise Lasse Rheingans, der in seinem Unternehmen mit einer Arbeitszeit von fünf Stunden pro Tag experimentiert hat.[90]

90 Vgl. Lasse Rheingans, Unternehmer und Autor des Buches „Die 5-Stunden-Revolution"

Große, auf Innovation ausgerichtete Konzerne wie Google, sprechen sich für Arbeitszeitmodelle von 80/20 aus: 80 Prozent Arbeit und 20 Prozent Zeit für Innovation. Auch für Lehrkräfte, deren reflektierende Haltung für Innovation erforderlich ist, sollte das Arbeitszeitmodell überdacht werden. Das mag für pädagogische Kräfte weniger Unterrichtsverpflichtung, möglicherweise aber mehr verpflichtende Kooperationszeit als Präsenz bedeuten. Wer eine leistungsstarke Schule will, gibt ihr Zeit für Entwicklung!

13.1.5 Autonomie und Verantwortung

Die Aspekte mehr Geld, neue Räume und Multiprofessionalität wurden hinlänglich erörtert. Jetzt soll es um Autonomie, Bildungshierarchie und die Elemente der Partizipation an Bildungsprozessen gehen. Das betrifft den äußeren Rahmen der Führung durch die vorgesetzten Behörden, das betrifft aber auch die gelebte Autonomie der Schulen. Schließlich ist der Gestaltungsrahmen der Schulgesetze für viele Schulen kaum ausgeschöpft. (Vgl. Interview Rasfeld in Kap. 2.4). Mehr Autonomie bedeutet dabei gleichzeitig mehr Verantwortung für das Gelingen der pädagogischen Arbeit und – ganz wesentlich – den Willen zur Gestaltung. So kann aus der Perspektive „Ich und meine Klasse“, die für viele Lehrkräfte maßgeblich ist, im Rahmen der gemeinsamen Weiterentwicklung die Perspektive „Wir und unsere Schule“ und möglicherweise auch „Wir und unser Netzwerk“ erwachsen. (Vgl. Rolff, 2019, S. 9)

Der Zirkel als Begriff der Kreisbewegung ist ebenfalls geeignet, anzuzeigen, dass der Prozess der Schulentwicklung nie wirklich zu einem Ende kommt. Nach meiner Erfahrung aus Beratungskontexten verändern sich die beteiligten Personen, die Rahmenbedingungen und Vorgaben immer wieder und so gibt es kein Prozessende, sondern immer nur Schritte. Auch bereits gute Schulen verändern sich, den Unterricht, die Schule immer wieder weiter. Um es mit Virginia Satir zu sagen: „You can´t move a boat without rocking it“.

Meine siebzehnte These dazu:

Gute Schulen setzen gezielte Schwerpunkte für ihre Entwicklung im Sinne des BETA-Zirkels.

13.2 Meine 17 Thesen auf einen Blick

1. Gute Schulen brauchen Lehrkräfte,
die in multiprofessionellen Teams gut kooperieren.

*

2. Gute Schulen sehen Heterogenität grundsätzlich als Chance.

*

3. Gute Schulen sind Lebens- und Lernorte für
Schülerinnen und Schüler, in denen sie sich
wohlbefinden und angenommen fühlen.

*

4. In guten Schulen steht das Kind
im Mittelpunkt aller Bemühungen.

*

5. In einer guten Schule hat jedes Kind
mindestens eine Vertrauensperson.

*

6. Gute Schulen stärken Stärken und fördern Spezialisierung.

*

7. Gute Schulen fördern das Können und Denkenlernen,
sie vertiefen also das heuristische Lernen.

*

8. Gute Schulen brauchen eine veränderte Hierarchie
in der Schulaufsicht und mehr lokale Autonomie.

*

9. Gute Schulen brauchen eine engagierte Schulleitung
mit ausgeprägten Führungs- und Gestaltungsqualitäten.

*

10. Gute Schulen verbessern stetig die Qualität des Unterrichts.

*

11. Gute Schulen brauchen mehr Zeit für Entwicklung, Reflexion und Netzwerkarbeit.

*

12. Gute Schulen entwickeln Strukturen der Partizipation auf allen Ebenen.

*

13. Gute Schulen brauchen den Bildungsoptimismus der Gesellschaft und deren Willen zur gemeinsamen Verantwortung für Schulen.

*

14. Gute Schulen brauchen neue (Denk-)Räume.

*

15. Gute Schulen brauchen mehr Geld, das heißt: Deutschland muss mit seinen Bildungsausgaben zur Spitze der OECD gehören.

*

16. An guten Schulen sind sich Lehrkräfte ihrer Rolle und Verantwortung für Beziehung, Entwicklung und das Unterrichtsfach bewusst.

*

17. Gute Schulen setzen gezielte Schwerpunkte für ihre Entwicklung im Sinne des BETA-Zirkels.

*

14 Ausblick und Dank

Wer als Leserin oder Leser an einer Schule arbeitet und sich nun motiviert fühlt, sich mit der eigenen Schule auf den Weg zu machen, kann eines der unten genannten Angebote kontaktieren:

- „Schule im Aufbruch“ als Netzwerk und Fortbildungsangebot,
- Deutsche Schulakademie und das Angebot der Werkstätten und Hospitationen an Preisträger-Schulen,
- „Initiative Neues Lernen“, um die Methode des *design thinking* zu erlernen und sich zu vernetzen.

Für Schulen gibt es Angebote der Länder, die je nach Bundesland anders organisiert sind und andere Bezeichnungen tragen:

- Schulberatung,
- Unterrichts- oder Fachberatung,
- Fortbildner der Lehrkräfteakademie oder vergleichbarer Institutionen,
- Angebote der Bildungsstiftungen.

Manche der in diesem Buch aufgeführten Autorinnen und Autoren sowie Interviewpartnerinnen und Interviewpartner können für Fortbildungen, Vorträge oder Workshops gebucht werden. Wer sich dem Veränderungsprozess spielerisch nähern möchte, dem empfehle ich das *„Planspiel Gute Schule“*. Gemeinsam wird hier eine eigene Vision von guter Schule durchgespielt. Die Inhalte orientieren sich an den sechs Qualitätsbereichen des Deutschen Schulpreises und bringen Mitglieder der Schulgemeinschaft auf leichte Weise ins Gespräch, sodass die eigene Schule neu gedacht werden kann. (Klett, 2019) Für den Umbau oder Neubau von Schulen empfehle ich das Schul-Visionenspiel *„Unsere perfekte Lernlandschaft“*, das die spielerische Verhandlung von Raumgestaltung unter pädagogischem Blickwinkel ermöglicht (mehr unter www.baupiloten.com).

Zu guter Letzt: Woher weiß die Raupe, wie sie zum Schmetterling wird? Imago-Zellen entstehen im Raupenkörper und implantieren dort die neue Zellstruktur, das System der Zukunft. Nach einigen Entwicklungsstufen verbinden sie sich zu Clustern. Diese Inseln verbinden sich durch Straßen, bis der Kipp-Punkt eintritt und die Veränderung sehr schnell geschieht, in der die Raupe zum Schmetterling wächst. Nicanor Perlas, philippinischer Soziologe, entwarf dieses Bild als Vorbild für gesellschaftliche Prozesse. Ich freue mich auf neue Ideen und Ergänzungen von anderen und die Möglichkeiten, die entstehen, wenn wir Kräfte bündeln und an einer gemeinsamen Vision für gute Bildung mitwirken, denn dieses Buch ist eine BETA-Version. Die Phase des Shutdowns 2020 war für viele Menschen ein einschneidender und auch schmerzhafter Prozess, aber ein Gutes lag zumindest darin: Wandel und Veränderung war in einer Geschwindigkeit möglich, die auch neue Wege für Schulen angestoßen hat. Wenn Neuseeland als Land, das besonders offen für Innovation scheint, das in 14 Monaten schafft (vgl. Tomorrow's Schools in Kap. 12.1), können doch auch wir wagen, in überschaubaren Zeiträumen Schulen ganz langfristig zu mehr Wohl und Erfolg zu verändern!

Ich danke von Herzen allen Interviewgästen, ohne die dieses Buch nicht in dieser Form entstanden wäre: Prof. H. Anand Pant, Prof. Andreas Schleicher, Prof. Olaf Burow und Micha Pallesche, Prof. Ulf Ehlers, Margit Rasfeld, Nicole Schäfer, Paul Harder und Kevin Saukel, der Schülerrunde mit Mala, Falk und Helene, Anna Schneider als Mutter, Jürgen Kaube, René Behrendt, Thomas Bachmeier, Brigitte Schulz, Jürgen Müller und Nils Reubke von der Initiative Neues Lernen und Björn Lengwenus. Ebenso danke ich der Redakteurin Inge Michels für die geduldige Überarbeitung.

Wie weiter? Zu dieser Frage befinde ich mich mit diesem Buch in einem Spannungsfeld: Wie kann es morgen weitergehen? Nach Friedrich Glasl, österreichischer Ökonom, Organisationsberater und Konfliktforscher, brauchen Veränderungsprozesse zum Gelingen insbesondere Sicherheiten als stabilisierende Faktoren. Er empfiehlt, nicht spontan neue Organisationsmodelle in ein bestehendes System zu geben, sondern anzuknüpfen an dem, was schon da ist. (Tagung Veränderung und Stabilität, Hanau 2019) Dazu liefere ich Orientierung mit dem BETA-Zirkel und gebe konkrete Hinweise für die Weiterarbeit.

Gleichzeitig öffnet die Frage nach dem „Wie weiter?“ aber auch den Blick zum Horizont: Wo wollen wir in Zukunft hin? Was und wie sollen Kinder und Jugendliche zukünftig lernen? Hier sind internationale Vergleiche, große Bewegungen wie Globalisierung und Digitalität mitzudenken – und die passen kaum in diesen schmalen Band. Möglicherweise liefert die nun beschleunigte Bewegung der Digitalisierung in Schulen ja auch ausreichend Synergieeffekte für eine Beschleunigung von Veränderungsprozessen für Schulen? So sagt Andreas Schleicher beispielsweise eine stärkere Demokratisierung voraus. Fest steht: Auch ohne diesen gerade beginnenden Prozess der Digitalisierung fokussiert zu beleuchten, stehen zahlreiche strukturelle und konzeptionelle Veränderungen an. Es gibt bereits viele Bewegungen, Ideen und Ansätze.

Wie unterstützt nun die Hochschule bei der Bewältigung der großen Herausforderung? Was liefert die Theorie für die Praxis vor Ort? Inwiefern bereitet die Ausbildung zur Lehrkraft auf die neuen Anforderungen an Partizipations- und Feedbackkultur sowie Ko-Konstruktion vor? Diese Fragen sind noch zu klären. Zur Vision gehören für mich auch die Nachhaltigkeitsziele der UN[91], die im Weltbildungsbericht der UNESCO aufgegriffen werden. Nur durch gute Bildung lässt sich Nachhaltigkeit im Sinne eines Rahmens für ein gutes gemeinsames Leben von morgen erhalten und neu kreieren. Ute Stoltenberg von der Universität Lüneburg formuliert: „Bildung für eine nachhaltige Entwicklung ist keine zusätzliche Aufgabe, sondern eine neue Perspektive." In diesem Zusammenhang möchte ich auch die Bedeutung der MINT-Fächer betonen: Wie entstehen Blitze? Lässt sich daraus Energie gewinnen? Warum sind die Meere salzig? Wie funktioniert der Antrieb mit Salzwasser? Wie funktioniert das Gehirn und wie können wir es trainieren?[92]

Die Naturwissenschaften erklären die Welt um uns herum. Denn schließlich gilt: „Wenn Sie wissen, wie etwas funktioniert, können Sie es kontrollieren." (Stephen Hawking, 2018, S. 225) Sie sind damit auch die Grundlage für eine nachhaltige Entwicklung in ökologischer Hinsicht. Auf gleicher Augenhöre müssen die Geisteswissenschaften ihren Auftrag einer kritischen ethischen Reflexion erfüllen: „Wer für die Naturwissenschaften und die Technik marschiert, ohne die Geisteswissenschaften gleichzeitig und mit denselben Argumenten zu stärken, zerstört die Grundlagen des Projekts der Aufklärung, dem wir den Begriff des kritischen Denkens verdanken", kritisiert Markus Gabriel, Professor für Philosophie an der Universität Bonn, den Hype um die Naturwissenschaften. Er fragt: „Was nützen diese Disziplinen dem Menschen, wenn sie, wie bisher, weitgehend ohne ethische Reflexion voranschreiten?"[93]

91 BMU (Hg.). Die 2030-Agenda für Nachhaltige Entwicklung. In: https://www.bmu.de/themen/nachhaltigkeit-internationales/nachhaltige-entwicklung/2030-agenda/ (recherchiert am 5.5.2020)

92 Einfache Antworten auf komplexe naturwissenschaftliche Zusammenhänge fand ich in „Erklär's mir, als wäre ich 5", Petra Cnyrim (2018)

93 Gabriel, M. (28.11.2019). Geisteswissenschaften sind unentbehrlich. Sie lehren uns das, was wir mehr und mehr brauchen: kritisches Denken. In: https://www.nzz.ch/feuilleton/kritisches-denken-wieso-wir-die-geisteswissenschaften-brauchen-ld.1521256?utm_source=pocket-newtab (recherchiert am 5.5.2020)

Was fehlt? Das Thema Digitalisierung habe ich im Sinne der Nutzung als Vehikel oder als Brücke, wie es Pallesche im Interview formuliert, eher kurz abgehandelt. Wenn die Medialisierung zu einer neuen Ebene des Miteinanders führt und gesellschaftliche Entwicklungen verändert, muss das auch für Schulen neu gedacht werden. So sagt Frank Lipowsky, Professor für Schule- und Unterrichtsforschung:

> „Wir sind in Deutschland mitunter schnell mit Schulreformen bei der Hand, aber im Vorfeld wird oft nicht geprüft, unter welchen Bedingungen sie gelingen können und wie sinnvoll sie überhaupt sind."[94]

Hier ist es meines Erachtens noch zu früh für verallgemeinerbare Handlungsanleitungen, die über die 4Ks (vgl. Kap. 9.) hinausgehen.

Und: Der Blick der Lehrkraft ist in diesem Band nur durch die Perspektive von Schulleitungen eingeflossen, die selbst zuvor engagierte Lehrkräfte waren. Da bleiben noch einige Fragen offen – das ist ein guter Anfang für eine Fortsetzung des Buches …

94 Verena F. Hasel, 2019, S. 161

15 Literatur

Aarts, Maria/Aarts, Josje (2019): Marte Meo – Das Goldene Geschenk. Eindhoven.

Aarts, Josje (2007): Marte Meo-Methode für Schulen. Entwicklungsfördernde Kommunikationsstile von Lehrern. Förderung der Schulfähigkeit von Kindern. Eindhoven.

Ahl, Kati (2019): Elterngespräche konstruktiv führen. Systemisches Handwerkszeug. Göttingen.

Ainscow, Mel / Booth, Tony (2017): Index für Inklusion, Weinheim.

Altrichter, Herbert (2015): Governance – Steuerung und Handlungskoordination bei der Transformation von Bildungssystemen. In: Abs, H.-J. / Brüsemeister, Thomas (Hg.), Governance im Bildungssystem. Analysen zur Mehrebenenperspektive, Steuerung und Koordination. Wiesbaden.

Arnold, Rolf / Prescher, Thomas (Hg.) (2014): Schulentwicklung systemisch gestalten. Köln.

Beutel, Silvia-Iris u. a. (2017): Handbuch Gute Schule. Sechs Qualitätsbereiche für eine zukunftsweisende Praxis (2016). Seelze.

Biermann, Brigitte (2009): Tod einer Lehrerin. Wie Pädagogen am System Schule zerbrechen. Wiesbaden.

Bregman, Rutger (2020): Im Grunde gut. Eine neue Geschichte der Menschheit. (2019) Hamburg.

Breidenbach, Joana / Rollow, Bettina (2019): New Work needs Inner Work. Berlin.

Buhren, Claus G. (2018): Selbstevaluation in Schulen. Weinheim.

Burk, Karlheinz / Deckert-Peaceman, Heike (Hg.) (2006): Auf dem Weg zur Ganztags-Grundschule. Beiträge zur Reform der Grundschule, Band 122. Frankfurt/M.

Burow, Olaf-Axel / Gallenkamp, Charlotte (2017): Bildung 2030. Sieben Trends, die die Schule revolutionieren. Weinheim u. a.

Burow, Olaf-Axel u. a. (2017): Einladung zur Positiven Pädagogik. Wie Lehrerinnen und Lehrer neue Wege beschreiten können. Weinheim.

Burow, Olaf-Axel (2015): Team-Flow. Gemeinsam wachsen im kreativen Feld. Weinheim u. a.

Ciompi, Luc / Endert, Elke (2011): Gefühle machen Geschichte. Göttingen.

Cnyrim, Petra (2019): Erklärs mir, als wäre ich 5. Komplizierte Sachverhalte einfach dargestellt. München.

Csikszentmihalyi, Mihaly (2017): Flow. Das Geheimnis des Glücks. (1992) Stuttgart.

Deutsche Kinder- und Jugendstiftung (Hg.) (2014): Wie geht's zur Bildungslandschaft? Die wichtigsten Schritte und Tipps. Ein Praxishandbuch. (2012) Seelze.

Eilert, Dirk u. a. (2013): Mimikresonanz: Gefühle sehen. Menschen verstehen. Paderborn.

Elias, Norbert (2010): Über den Prozess der Zivilisation. Soziogenetische und psychogenetische Untersuchungen, Bd. 1: Wandlungen des Verhaltens in den weltlichen Oberschichten des Abendlandes. (1997) Berlin.

Erbring, Saskia (2016): Einführung in die inklusive Schulentwicklung. Heidelberg.

Fadel, Charles u. a. (2017): Die vier Dimensionen der Bildung. Was Schülerinnen und Schüler im 21. Jahrhundert lernen müssen. Hamburg.

Fthenakis, Wassilios / Wustmann, Corina (2016): Resilienz: Widerstandsfähigkeit in Tageseinrichtungen fördern. Beiträge zur Bildungsqualität. (2013) Berlin.

Geissler, Karlheinz A. / Geissler, Jonas (2015): Time is honey. Vom klugen Umgang mit der Zeit. München.

Gladwell, Malcolm (2016): Tipping point. Wie kleine Dinge Großes bewirken können. München.

Glasl, Friedrich (1999): Das Unternehmen Zukunft. Moralische Intuition in der Gestaltung von Organisationen. Stuttgart.

Grabbe, Michael/Tsirigotis, Cornelia u.a. (Hg.) (2013): Autorität, Autonomie und Bindung. Die Ankerfunktion bei elterlicher und professioneller Präsenz. Göttingen.

Green, Norm und Kathy (2012): Kooperatives Lernen im Klassenraum und im Kollegium. (2007) Seelze.

Grünewald, Stephan (2015): Die erschöpfte Gesellschaft. (2013) Frankfurt/M.

Hasel, Verena F. (2019): Der tanzende Direktor. Lernen in der besten Schule der Welt. Zürich.

Hattie, John (in der Übersetzung von Bewyl, Wolfgang und Zierer, Klaus) (2018): Lernen sichtbar machen für Lehrpersonen. Baltmannsweiler.

Hawellek, Christian (2012): Entwicklungsperspektiven öffnen. Grundlagen beobachtungsgeleiteter Beratung nach der Marte-Meo-Methode. Göttingen.

Heberle, Krishan/Stolzenberg, Kerstin (2013): Change Management (2006). Heidelberg.

Helmke, Andreas (2009): Unterrichtsqualität und Lehrerprofessionalität. Diagnose, Evaluation und Verbesserung des Unterrichts. Seelze.

Hengstschläger, Markus (2012): Die Durchschnittsfalle. Gene – Talente – Chancen. Salzburg.

Hessisches Kultusministerium (2010): Berufsbild Schulleitung. Wiesbaden.

Institut für Qualitätsentwicklung Hessen (2011): Hessischer Referenzrahmen Schulqualität. Wiesbaden.

Hormann, John (1998): Future Work. Wiesbaden.

Hüther, Gerald/Renz-Polster, Herbert (2016): Wie Kinder heute wachsen. Natur als Entwicklungsraum. Ein neuer Blick auf das kindliche Lernen, Fühlen und Denken. (2013) Weinheim.

Juul, Jesper (2013): Schulinfarkt. Was wir tun können, damit es Kindern, Eltern und Lehrern besser geht. München.

Kaube, Jürgen (2019): Ist die Schule zu blöd für unsere Kinder? Berlin.

Kahl, Reinhard (2011) (DVD): Individualisierung. Das Geheimnis guter Schulen. Hamburg.

Kegler, Ulrike (2009): In Zukunft lernen wir anders. Wenn die Schule schön wird. Weinheim.

Kegler, Ulrike (2018): Lob den Lehrerinnen. Wer Beziehungen stärkt, macht Schule gut. Ein Weckruf. Weinheim.

Kotter, John (2018): Leading change. Wie Sie Ihr Unternehmen in acht Schritten erfolgreich verändern (2011). München.

Kruip, Gerhard/Heimbach-Steins, Marianne (Hg.) (2011): Educational Governance und kooperative Bildungsverantwortung. Kooperative Bildungsverantwortung. Sozialethische und pädagogische Perspektiven auf „Educational Governance". Bielefeld.

Kurzweil, Ray (2014): Menschheit 2.0: Die Singularität naht. Berlin.

Layard, Richard/Neubauer, Jürgen (2009): Die glückliche Gesellschaft: Was wir aus der Glücksforschung lernen können. Frankfurt/M.

Lesch, Harald/Forstner, Ursula (2020): Wie Bildung gelingt. Ein Gespräch. Darmstadt.

Lungershausen, Helmut (2013): Schule professionell leiten und entwickeln. Basiswissen kompakt – Tipps aus der Schulleitungspraxis. Köln.

Mays, Daniel (2016): Wir sind ein Team! Multiprofessionelle Kooperation in der inklusiven Schule. München.

Miller, Reinhold (2011): Beziehungsdidaktik. Weinheim.

Miller, Reinhold (2006): 99 Schritte zum professionellen Lehrer. Erfahrungen Impulse Empfehlungen. (2004) Seelze.

Montag Stiftung Jugend und Gesellschaft (Hg.) (2017): Schulen planen und bauen 2.0: Grundlagen, Prozesse, Projekte. Seelze.

Neißer, Barbara u. a. (Hg.) (2012): Gemeinsam erfolgreich! Kooperation und Teamarbeit an Schulen. Köln.

Nolting, Hans-Peter (2017): Störungen in der Schulklasse. Ein Leitfaden zur Vorbeugung und Konfliktlösung (2002). Weinheim.

Omer, Haim / von Schlippe, Arist (2016): Stärke statt Macht. Neue Autorität in Familie, Schule und Gemeinde. Göttingen.

Osann, Isabell u. a. (2018): Design Thinking Schnellstart. Kreative Workshops gestalten. München.

Pink, Daniel H. (2008): Unsere kreative Zukunft: Warum und wie wir unser Rechtshirnpotential entwickeln müssen. (2005) München.

Potthoff, Ulrike u. a. (2008): Gespräche mit Kindern. Gesprächssituationen. Interaktionsfähigkeiten. Methoden und Übungen für die Klassen 1 bis 4. Berlin.

Reichenbach, Roland (2013): Für die Schule lernen wir. Plädoyer für eine gewöhnliche Institution. Seelze.

Rheingans, Lasse (2019): Die 5-Stunden-Revolution: Wer Erfolg will, muss Arbeit neu denken. Frankfurt / M.

Rolff, Hans-Günter (2016): Schulentwicklung kompakt. Weinheim.

Rolff, Hans-Günter / Philipp Elmar (2006): Schulprogramme und Leitbilder entwickeln. Weinheim.

Rolff, Hans-Günter (2019): Schulentwicklung auf den Punkt gebracht. Frankfurt / M.

Sauerland, Frank (Hg.) (2012): Selbständige Schule. Hintergrundwissen und Empfehlungen für die eigenverantwortliche Schule und die Lehrerbildung. Köln.

Schleicher, Andreas (2018): World class. How to build a 21st century school system. OECD Paris.

Schmitt, Rudolf (Hg.) (2019): Bildung für nachhaltige Entwicklung. Eine Aufgabe für alle Fächer und Lernbereiche. Grundschulverband 174. Frankfurt/M.

Schönburg, Alexander v. (2018): Die Kunst des lässigen Anstands. 27 altmodische Tugenden für heute. München.

Schratz, Michael u. a. (2018): Lernseits denken – erfolgreich unterrichten. Personalisiertes Lernen und Lehren in der Schule. Hamburg.

Schratz, Michael, u. a. (2019): Planspiel Gute Schule. Qualität dynamisch erfahren – Schulentwicklung gemeinsam anstoßen. Seelze.

Stone, Brad (2017): Die Sharing Economy. Teile und herrsche. Kulmbach.

Terhart, Ewald (Hg.) (2014): Die Hattie-Studie in der Diskussion. Probleme sichtbar machen. Seelze.

Thüringer Institut für Lehrerbildung, Heft 126 (2013): Das gehirngerechte Klassenzimmer. Handreichungen für die Unterrichtspraxis. (2007) Bad Berka.

Ullmann, Marianne (2012): Schule verändern. Offenheit als Herausforderung in der Governance von Bildungsinnovationen. Wiesbaden.

Weinert, Hans W. (2001): Leistungsmessungen in Schulen. Weinheim.
Winterhoff, Michael (2019): Deutschland verdummt. Wie das Bildungssystem die Zukunft unserer Kinder verbaut. Gütersloh.
Yogeshwar, Ranga (2017): Nächste Ausfahrt Zukunft. Geschichten aus einer Welt im Wandel. Köln.

Aufsätze/Zeitschriften

Deutsche Gesellschaft für Systemische Therapie, Beratung und Familientherapie e.V., Tagungsunterlagen (November 2019):„Das Geheimnisse der Veränderung und die Kraft der Stabilität". Hanau (unveröffentlicht).
Didacta digital Heft 1 (2019): Zoom. Unterrichtsideen mit Handy und Tablet. München.
Roth,Gerhart (2018): Wirksamkeit von Psychotherapie. In: GEO kompakt Heft 75, S. 12.
Grundschule aktuell Heft 140 (November 2017): Zeiten zum Lernen und Leben. Frankfurt/M.
Grundschule aktuell Heft 143 (September 2018): Zukunftsfragen. Frankfurt/M.
Grundschule aktuell Heft 144 (November 2018): Bindung – Beziehung – Bildung. Grundschule und emotional-soziale Entwicklung. Frankfurt/M.
Grundschule aktuell Heft 145 (Februar 2019): Die Kraft der Kinder. Frankfurt/M.
Grundschule aktuell Heft 147 (September 2019): Die Grundschule der Zukunft ist … Frankfurt/M.
Grundschule aktuell Heft 148 (November 2019): Forum Zukunft Grundschule. Bildung Gerechtigkeit Demokratie. Frankfurt/M.
Grundschulverband (2018): Faktencheck Grundschule. Populäre Vorurteile und ihre Widerlegung. Frankfurt/M.
Lernende Schule Heft 78 (2017): Schulaufsicht. Seelze.
Lernende Schule Heft 80 (2017): Vertieftes Lernen. Seelze.
Lernende Schule Heft 84 (2018): Baustelle Leistungsbeurteilung. Seelze.
Klasse leiten Heft 5 (2018): Lernumgebungen gestalten. Seelze.
Schule leiten Heft 13 (2018): Stadt Land Bildung. Schule am Ort. Seelze.
Zeitschrift für Pädagogik 62. Beiheft (April 2016): Schulische Inklusion. Weinheim.

Zitierte Studien

ICILS (2018): International Computer and Information Literacy Study. Computer- und informationsbezogene Kompetenzen von Schülerinnen und Schülern im zweiten internationalen Vergleich und Kompetenzen im Bereich Computational Thinking. In: https://kw.uni-paderborn.de/institut-fuer-erziehungswissenschaft/arbeitsbereiche/schulpaedagogik/forschung/forschungsprojekte/icils-2018/.
INTAKT Studie (2016): Lehrforschungsprojekte zur Qualität pädagogischer Beziehungen. In: BEITRÄGE ZUR LEHRERINNEN- UND LEHRERBILDUNG, 34 (2), S. 154.
OECD und Vodafone Stiftung (2018): Erfolgsfaktor Resilienz. In: https://www.oecd.org/berlin/publikationen/VSD_OECD_Erfolgsfaktor%20Resilienz.pdf.
PISA-Studie (2018). In: http://www.oecd.org/pisa/.
STRESS-STUDIE (2015:) Burn-Out im Kinderzimmer: Wie gestresst sind Kinder und Jugendliche in Deutschland? In: https://www.bepanthen.de/static/documents/stress-bei-kindern/03_abstract_ziegler.pdf.

UNICEF (2013): UNICEF-Bericht zur Lage der Kinder in Industrieländern. In: https://www.unicef.de/blob/18782/7417138f1edd5058dce29dde29d01c8b/unicef-bericht-2013-zusammenfassung-data.pdf.

Gerold, Markus / Schneider, Helmut (2018): Demokratiebildung an Schulen – Analyse lehrerbezogener Einflussgrößen. In: https://www.bertelsmann-stiftung.de/fileadmin/files/Projekte/Jungbewegt/Lehrerbefragung_Demokratiebildung_final.pdf

Mußmann, Frank, u.a. (2018): Zeiterfassungsstudien zur Arbeitszeit von Lehrkräften in Deutschland. Konzepte, Methoden und Ergebnisse von Studien zu Arbeitszeiten und Arbeitsverteilung im historischen Vergleich. In: https://kooperationsstelle.uni-goettingen.de/fileadmin/user_upload/Hardwig_Mussmann_MTS-Expertise_-_Zeiterfassungsstudien_zur_Arbeitszeit_von_Lehrkraeften_in_Deutschland.pdf. Pant, H. Anand/ Richter, Dirk (2016): LEHRERKOOPERATION IN DEUTSCHLAND. Eine Studie zu kooperativen Arbeitsbeziehungen bei Lehrkräften der Sekundarstufe I. In: https://www.telekom-stiftung.de/sites/default/files/files/media/publications/studie_lehrerkooperation_in_deutschland_1.pdf

Plünnecke, Axel, u.a. (2019): INSM-Bildungsmonitor 2019. Ökonomische Bildung und Teilhabechancen. Studie im Auftrag der Initiative Neue Soziale Marktwirtschaft (INSM). In: https://www.insm-bildungsmonitor.de/pdf/Forschungsbericht_BM_Langfassung.pdf

Röhner, Charlotte / Hausmann, Andres: Studie zur Qualität von Ganztagsschule (SteG). In: Beiträge zur Reform der Grundschule, Band 122.